预算绩效管理教学与研究系列丛书
丛书主编：马海涛

鲁版“绩效立方”
——山东预算绩效管理改革研究

晁毓欣◎著

中国财经出版传媒集团
中国财政经济出版社
·北京·

图书在版编目（CIP）数据

鲁版“绩效立方”：山东预算绩效管理改革研究 / 晁毓欣著 .-- 北京：中国财政经济出版社，2025.4.（预算绩效管理教学与研究系列丛书）.--ISBN 978-7-5223-3655-8

Ⅰ. F812.752

中国国家版本馆CIP数据核字第2025A54L97号

责任编辑：张晓丽　　责任校对：张　凡
封面设计：陈宇琰　　责任印制：史大鹏

鲁版“绩效立方”——山东预算绩效管理改革研究
LUBAN “JIXIAO LIFANG” —SHANDONG YUSUAN JIXIAO GUANLI GAIGE YANJIU

中国财政经济出版社 出版

URL：http：//www. cfeph. cn
E-mail：cfeph@ cfeph. cn

社址：北京市海淀区阜成路甲28号　邮政编码：100142
营销中心电话：010-88191522
天猫网店：中国财政经济出版社旗舰店
网址：https：//zgczjjcbs. tmall. com
涿州汇美亿浓印刷有限公司印刷　各地新华书店经销
成品尺寸：185mm × 260mm　16开　21.75印张　401 000字
2025年4月第1版　2025年4月河北第1次印刷
定价：80.00元
ISBN 978-7-5223-3655-8
（图书出现印装问题，本社负责调换，电话：010-88190548）
本社图书质量投诉电话：010-88190744
打击盗版举报热线：010-88191661　QQ：2242791300

丛书总序

全面实施预算绩效管理是建立现代财政制度的重要组成部分，是政府治理和预算管理的深刻变革。党中央、全国人大、国务院高度重视预算绩效管理工作，多次强调要深化预算制度改革，加强预算绩效管理，提高财政资金使用效益和政府工作效率。党的十六届三中全会提出“建立预算绩效评价体系”，党的十七届二中、五中全会分别提出“推行政府绩效管理和行政问责制度”“完善政府绩效评估制度”。国务院还专门批准建立了由监察部牵头的政府绩效管理工作部际联席会议制度，推进包括预算绩效管理的政府绩效管理试点。《预算绩效管理工作规划（2012—2015年）》大力推进了预算绩效管理工作。2015年开始实施的新《预算法》六次提及“绩效”，奠定了预算绩效管理的法律基础。党的十八届三中全会提出“财政是国家治理的基础和重要支柱”，确立了包括预算绩效管理在内的财政活动的重要地位。

进入新时代，习近平总书记在党的十九大报告中强调，要加快建立现代财政制度，“建立全面规范透明、标准科学、约束有力的预算制度，全面实施绩效管理”。李克强提出，要将绩效管理覆盖所有财政资金，贯穿预算编制、执行全过程，做到花钱必问效、无效必问责。2018年9月《中共中央 国务院关于全面实施预算绩效管理的意见》印发，要求力争用3—5年时间基本建成全方位、全过程、全覆盖的预算绩效管理体系，实现预算与绩效管理一体化，这是党中央、国务院对全面实施预算绩效管理作出的顶层设计和重大部署，为预算绩效管理指明了方向、规划了路线、明确了措施。预算是政府活动和宏观政策的集中反映，也是规范政府行为的有效手段。预算绩效是衡量政府绩效的主要指标之一，本质上反映的是各级政府、各部门的工作绩效。全面实施预算绩效管理是推进国家治理体系和治理能力现代化的内在要求，是增强政府公信力和执行力、提高人民群众满意度的有效途径，是建设高效、责任、透明政府的重大措施。

《意见》印发以来，全国上下积极响应、扎实推动，各地区、各部门、各单位掀起了贯彻落实全面实施预算绩效管理的高潮，对预算绩效管理的理论、知识、技能的需求也与日俱增，亟须提质拓围，拓宽国际视野，以“顶天立地”的思维，高质量发展。作为我国经济学、管理学学科领域的重要科研创新基地，中央财经大学在应用经济学领域处于全国领先，形成了以经济学、管理学和法学学科为主体，文学、理学、工学、教育学、艺术学等多学科协调发展的学科体系，在协同创新中推动预算绩效管理理论研究和实践创新是新时代赋予我们的光荣使命。中央财经大学历来重视预算绩效管理的教学和研究，积累了一批研究成果和教学案例，形成了一支教学研究队伍，设立了预算绩效管理博士和博士后研究方向，形成了全校多学科协同创新的发展态势。

在新时代全面实施预算绩效管理背景下，我们依托中央财经大学中国财政发展协同创新中心等单位力量，编撰了“预算绩效管理教学与研究系列丛书”。丛书主要包括典型国家预算绩效管理制度、预算绩效管理理论研究、预算绩效管理实践发展报告、分行业分领域预算绩效管理研究等方面的选题，力图反映国内外预算绩效的最新理论和实践，为预算绩效管理学科建设、人才培养奠定坚实的基础，打造预算绩效管理的教学和研究高地。

本丛书的根本目的是为我国建立“全方位、全过程、全覆盖”的预算绩效管理体系提供一张思维网、施工图和操作法，聚焦国家重大需求提出的理论热点问题，推动我校“双一流”学科建设，提高学科建设水平和人才培养质量，推动学校财政理论协同创新。丛书编写过程中我们虽然已经付出了巨大的努力，由于受各种客观因素影响和作者水平限制，书中难免有疏漏和不足，恳请同行和读者批评指正。

马海涛

2019年1月1日于中央财经大学

序言

绩效化改革是我国21世纪以来国家预算改革的主旋律。这场改革始于上个世纪末对西方绩效理念和方法的引进、学习与讨论，从21世纪的项目绩效评价试点起步，不到20年，绩效的星星之火就乘“全面预算绩效管理”之东风而渐成燎原之势，“预算绩效管理”成为中国对绩效预算改革的特有表达。

作为经济大省，山东省一直是绩效化改革的排头兵。山东预算绩效化改革起步于2009年，到2022年初步建立全方位、全过程、全覆盖的预算绩效管理体系，整个改革过程可分为初步探索（2009—2013年）、逐步规范（2014—2018年）、全面发展（2019年至今）三个阶段。第一阶段从世行项目绩效评价起步，以项目绩效评价探索为主；第二阶段以绩效目标改革和项目绩效评价的规范化为基本特征，实现了绩效目标的全面覆盖和重点绩效评价范围的逐年递增，逐步向以“五有”为标志的全过程预算绩效管理体系扩展；第三阶段围绕“三维一体”的预算绩效管理体系建设，全面开展各项改革。

中共中央、国务院《关于全面实施预算绩效管理改革的意见》提出“加快建成全方位、全过程、全覆盖的预算绩效管理体系”。在研究过程中，笔者一直尝试给“三全”找一个形象化、通俗化的“昵称”。“三全”之中，“全方位”是关于空间维度的要求，“全过程”是关于时间维度的要求，“全覆盖”则是关于资金维度的要求，三个维度结合起来恰好构成一个立方体。2022年北京冬奥会上由“水立方”变身而来的“冰立方”吸引了全世界的目光。受此启发，感觉将“绩效立方”作为中国预算绩效管理体系的“昵称”比较恰当，地方模式则冠以各省市的简称。因此，本书用鲁版“绩效立方”指代山东预算绩效管理体系，将其改革过程视为这一立方体的建设、完善过程。

在内容方面，本书延续了笔者在《政府预算绩效评价TSE模型及应用》一书中提出的预算绩效“三维一体观”——预算绩效是预算决策绩效、预算执行绩效与预算监督绩效的有机统一。相应地，除概论和基础篇外，全书内容主要由绩效决策、绩效执行、绩效监督三大板块构成，共十章。

第一章为概论，总结“鲁版绩效立方”的结构与特色。山东预算绩效管理改革的重点包括：①围绕事前、事中、事后三个关键环节，建立全周期预算绩效管理体系；②以项目绩效评价为起点，从政策绩效、到部门整体绩效和一级政府财政运行绩效逐层推进，打造预算绩效“金字塔”；③建设预算绩效指标标准体系，使改革有标可依；④探索成本绩效管理，强化绩效根基。经过省市县三级政府的艰苦努力，到2022年5月，山东省已基本建成符合“全方位、全过程、全覆盖”要求、彰显“山东特色”的预算绩效管理体系。依靠多样化的绩效协同机制，鲁版“绩效立方”正在发挥较为规范的激励约束机制，绩效信息透明度也在逐年提高。全面化、规范化、协同化、“双刃剑”成为预算绩效管理“山东模式”的鲜明特色。

第二、九两章构成基础篇。其中，第二章介绍山东预算绩效管理制度体系，颇具特色的“1+2+N”预算绩效制度网构成山东预算绩效化改革的制度基础；第九章介绍山东省在成本预算绩效分析方面的探索。由于成本管理在我国预算管理领域一直未得到足够的重视，导致预算编制缺乏充分的信息基础，各种预算定额的制定缺乏客观性。这一问题在绩效化改革中充分暴露，成为制约改革深入推进的一大障碍。因为如果缺少成本信息，预算项目的经济性将无从谈起，效率和有效性自然也就成了无本之木。因此，成本绩效分析方面的探索在功能上起到了为预算管理“补短板”的作用。这一内容构成山东预算绩效化改革的信息基础。

第三、四章为绩效决策篇。绩效目标管理是预算绩效管理周期的龙头和基础，设置绩效目标是对预算资金管理的门槛性要求。山东省一方面在制度上不断完善绩效目标管理，同时也在实践中不断夯实“最先一公里”。事前绩效评估是预算决策走向科学化理性化的基本保障，也是实现决策民主化的重要途径。本书通过典型案例详细展示三类评估结论与相关项目预算“命运”的关系，同时也通过笔者完成的“山东首例”展示其探索过程（详见中小微企业融资费用补贴政策事前绩效评估案例）。另外，对于事前绩效评估与预算评审一体化融合的探索既是山东省在过程绩效改革方面的一大特色，也是政—学—研结合的典范。

第五章至第八章构成绩效执行篇。第五章主要介绍全周期跟踪问效“山东模式”的基本内容。第六章、第七章、第八章分别从微观、中观、宏观三个层面介绍山东省在绩效评价方面的探索与创新过程。在微观层面，山东省在落实财政部相关管理办法的同时，积极探索制订操作规程，“两个《规程》”已经成为指引各方开展绩效评价的基本操作规范。在中观层面，山东省是较早探索部门整体绩效评价的省份之一。在宏观层面，山东省不仅在对下级政府财政运行综合绩效评价方面进行的探索卓有成效，而且在此基础上开展了财政运行健康指数编制的实践创新。

第十章为绩效信息的公开和运用，构成绩效监督篇。山东省预算绩效信息主要采用“随预决算公开”的方式，由财政厅和各主管部门分别在其官网同步公开。本书的调查结果显示，2024年省级预算绩效透明度总体上达到60.45%；四成以上的部门预算绩效目标透明度在50%以上。从决算信息公开来看，部门自评和重点绩效评价结果均高于财政评价一个等级。预算绩效的实现离不开各级财政与人大、政协、审计等部门和第三方机构之间有效的合作与协同，本书将这种机制称为“绩效共治”。这种共治在山东各地相继涌现出多种有效的实践模式，参与主体多元化、参与动机多样化，绩效监督正在焕发勃勃生机。

面向未来，山东预算绩效管理改革面临着提质增效、协同共治、公开透明、法治化等方面的挑战。既要持续完善

“1+2+N”体系，又要不断深化市县改革；既要优化绩效目标管理，不断提升绩效信息质量，又要追求事前绩效评估模式的 多样化。既要提升绩效服务质量，又要重视绩效人才供给；既要优化预算管理信息化系统，又要积极推进绩效法治化。同时，还要充分发挥协同治理的优势和潜能，不断提高预算绩效管理的社会关注度、参与度和绩效信息的透明度，以促进政府公信力和执行力的不断提升。

“把论文写在祖国大地上”乃中国学者使命之天然所在。跟踪、观察、参与、记录、思考、反映中国绩效化改革的“生命周期”是笔者近年来研究工作的全部。在此过程中，笔者个人的身份经常在“一线”和“二线”之间随时切换：作为参与者，笔者参加了财政部2016年10月绩效目标集中审核、山东省财政厅2018年预算绩效目标审核，参与了山东省《关于全面推进预算绩效管理的实施意见》（鲁发〔2019〕2号）、《山东省省级预算绩效管理委托第三方机构评价管理办法（试行）》（鲁财绩〔2014〕4号）、《山东省省级预算支出项目第三方绩效评价工作规程（试行）》（鲁财绩〔2018〕7号）等文件的制订；作为第三方，带队完成了山东首例重大政策事前绩效评估（见案例“A市中小微企业融资费用补贴政策事前绩效评估”）、B大学研究院事前绩效评估；作为预算审查专家顾问，参加山东省人大预工委相关会议；作为绩效专家参与了本书多个案例的评估、评价过程；作为绩效“种子”的传播者，足迹遍布齐鲁大地，先后授课50多场，受益人数过万人。更多的时候，是作为一个旁观者，跟踪记录、反复思考绩效管理本身以及其相关的财政、预算问题。因此，本书为全面反映鲁版“绩效立方”的建设过程而作，为记录这段历史而作。

本书在写作过程中先后得到山东省财政厅绩效处、山东省财政绩效评价中心、济南市财政局、济宁市财政局、菏泽市财政局、滨州市财政局、日照市财政局、青岛市财政局等单位诸多领导和朋友的大力支持，在此一并致谢！

本书的写作与笔者在山东财经大学政府绩效评价研究中心的工作经历密不可分。该中心成立于2012年，2016年与山东省财政厅联合成立预算绩效研究与评价中心。笔者2012年作为首批兼职研究员加入，志愿服务10年，先后承担了《山东预算绩效管理蓝皮书》(JX201901)、《重大政策项目事前绩效评估与预算评审融合机制》(JX201903)、《重大政策项目全周期跟踪问效研究》(JX202004)、《预算绩效目标优化及应用研究》(JX202105)等项目的研究，相关成果构成本书的基本内容。第七章、第九章部分内容借鉴了中心王贯忠副教授的相关成果。笔者在财税学院的研究生姜银铃、彭蕾、吕景国、赵淑贤、焦竞、赵玉浩等同学先后参与了不同项目的研究。贺敬楠、侯奥成同学参加了本书第八章财政“健康指数”和第十章绩效透明度的调研与写作。在此向中心领导、各位同事及研究生同学致以衷心的感谢和美好的祝福！

鲁版“绩效立方”的建设同样离不开众多第三方机构的“添砖加瓦”。在此过程中脱颖而出的一流机构成为绩效化改革的有效助力。在多年的交流与合作中，笔者与他们中的不少优秀代表成为并肩奋斗的“战友”，如中景瑞晟(北京)管理咨询公司总经理董华超、山东国政咨询院董事长李臻、总经理李舒月等。他们不仅贡献了不少典型案例，而且经常走进我们的课堂，带来绩效咨询行业的前沿信息。在此也向他们表示由衷的谢意！

由于缺少经费支持，本书的出版颇为曲折。最终得以面世首先需要感谢母校中央财经大学马海涛校长的鼎力支持！马校长热情邀请本书加入“预算绩效管理教学与研究系列丛书”，作为该丛书的地方实践系列。本书既可以作为财经类院校高年级本科与研究生教学用书，也可供财政部门、预算部门单位、第三方机构等从事预算绩效管理实践和研究的专业人员学习参考，并作为关注政府管理的广大公众了解政府预算的有益参考。

同时，本书的出版同样感谢中国财政经济出版社高进水副总编辑的大力支持！责任编辑热情耐心的沟通和认真细致的工作为这本书的及时出版提供了保障，编校人员的辛勤付出为本书穿上了漂亮的“嫁衣”，在此同样表示衷心的感谢！

本书以实践研究为主，对中国绩效化改革的理论思考将通过下一本(暂定书名《中国式预算绩效治理》)予以呈现。

本书的写作过程尽管投入巨大，但受各类主客观条件的限制，加之本人水平有限，书中难免存在疏漏和不足，恳请同行专家、读者批评指正！

晁毓欣

2025年3月19日

前　言

山东省预算绩效管理改革起步于2009年，2022年初步建立起全方位、全过程、全覆盖的预算绩效管理体系，整个过程可分为初步探索（2009—2013年）、逐步规范（2014—2018年）、全面发展（2019年至今）三个阶段。第一阶段从世行项目绩效评价起步，以项目绩效评价探索为主；第二阶段侧重于绩效目标改革和项目绩效评价的规范化，逐步向以“五有”为标志的全过程预算绩效管理体系扩展；第三阶段围绕“三维一体”的预算绩效管理体系建设，全面开展各项改革。

山东预算绩效管理改革首先强调制度建设。2019年1月29日，中共山东省委、山东省人民政府印发《中共山东省委、山东省人民政府关于全面推进预算绩效管理的实施意见》（鲁发〔2019〕2号），与随后出台的两个办法——《山东省省级部门单位预算绩效管理办法》和《山东省省对下转移支付资金预算绩效管理办法》（鲁政办字〔2019〕20号）一起构成“1+2+N”制度体系的基本框架；在此基础上，相继出台了一系列制度办法，形成以“全过程”“全方位”为骨架、“全覆盖”为血肉的预算绩效管理“1+2+N”制度网。

山东预算绩效管理改革的重点包括：（1）围绕事前、事中、事后三个关键环节，建立全周期预算绩效管理体系；（2）做实事前绩效评估，提升决策科学性；（3）以项目绩效评价为核心，向重大政策绩效评价、部门整体支出绩效评价和政府财政运行综合绩效评价逐步扩展；（4）建立健全预算绩效指标与标准体系，使改革有标可依；（5）探索成本绩效分析，强化绩效根基。

经过省市县三级政府的艰苦努力，山东已基本建成符合“全方位、全过程、全覆盖”要求、彰显“山东特色”的预算绩效管理体系，即鲁版“绩效立方”。依靠多样化的绩效协同机制，鲁版“绩效立方”正在发挥较为规范的激励约束作用，绩效信息透明度也在逐年提高。全面化、规范化、协同化、“双刃剑”成为预算绩效管理“山东模式”的鲜明特色。

面向未来，山东预算绩效管理改革面临着提质增效、协同共治、公开透明、法治化等方面的挑战，既要持续完善鲁版“绩效立方”，又要不断深化市县改革；既要优化绩效目标管理，不断提升绩效信息质量，又要追求事前绩效评估模式的多样化。既要提升第三方绩效服务质量，又要重视绩效人才供给；既要优化预算管理信息化系统，又要积极推进绩效法治化。同时，还要充分发挥协同治理的优势和潜能，不断提高预算绩效管理的社会关注度、参与度和绩效信息的透明度，以促进政府执行力和公信力的不断提升。站在鲁版“绩效立方”这一新的起点，面对均衡发展、提质增效的新任务，以协同治理为手段、以大数据、信息化为支撑、以法治化为保障的预算绩效治理将是山东预算绩效化改革新的奋斗目标。

目 录

图表目录

图目录

表目录

专栏目录

▶ 第一章

鲁版"绩效立方"——预算绩效管理"山东模式"

内容提要

山东省预算绩效管理改革起步于 2009 年。到目前为止整个改革过程可分为三个阶段：初步探索阶段（2009—2013 年），以项目绩效评价探索为主；逐步规范阶段（2014—2018 年），重点建设以"五有"为标志的全过程预算绩效管理体系；全面发展阶段（2019 年至今），围绕"全方位、全过程、全覆盖"建设预算绩效管理体系。第三阶段改革从构建"1+2+N"制度体系入手夯实基础，通过三年行动方案设定改革时间表，聚力关键环节，逐步建立全周期预算绩效管理体系；由点到面，从项目绩效、政策绩效、向部门整体绩效、一级政府财政运行绩效层层推进。目前已基本建成"三维一体"的预算绩效管理体系，简称鲁版"绩效立方"，绩效激励约束机制已在有效发挥作用，绩效信息透明度也在逐年提高。全面化、规范化、标准化、协同化、"双刃剑"成为预算绩效管理"山东模式"的鲜明特色。

第一节 山东预算绩效管理改革的起步与发展

一、初步探索阶段

在我国预算绩效管理体系中，项目绩效评价处于核心地位。这也是大多数国家预算绩效改革的切入点。山东省对预算绩效管理改革的探索同样起步于项目绩效评价，沿着“国际金融组织贷款项目→国内资金项目”的路径不断拓展，制度建设与实践探索同步推进。

没有规矩、不成方圆。2011年来，为落实财政部《财政支出绩效评价管理暂行办法》(财预〔2011〕285号)、《财政部关于推进预算绩效管理的指导意见》(财预〔2011〕416号)等要求，山东省先后出台了《山东省省级财政支出绩效评价管理暂行办法》(鲁财预〔2011〕67号)、《山东省县级财政支出管理绩效综合评价方案》(鲁财预〔2012〕82号)、《山东省财政厅关于全面推进预算绩效管理的意见》(鲁财预〔2013〕86号)等；在财政支出管理绩效评价规范方面，山东省先后出台了《山东省县级财政支出管理绩效综合评价方案》(鲁财预〔2012〕82号)、《山东省部门支出管理绩效综合评价方案》(鲁财预〔2012〕85号)、《各市财政管理绩效综合评价方案(试行)》等文件。随着制度规范的深入，绩效意识逐步渗入财政预算管理过程，得到越来越多的重视。

实践探索方面，对于世行贷款资金，2009—2014年，山东省财政厅先后组织开展了世界银行贷款山东环保一期、山东城建环保二期、黄台电厂、鲁北电厂环保项目、山东生态造林等项目绩效评价工作①。对于国内资金，2011年首次开展了山东省小型农田水利重点县项目、现代农业生产发展资金小麦产业项目、农业综合开发等项目的绩效评价。2013年首次聘用第三方机构展开了山东省国有资本经营预算绩效评价。

① 评价期间项目尚未完工，属于在建项目绩效评价。

该阶段的绩效评价工作主要由山东省财政投资评审中心承担，采用“财政+专家+三方机构”的工作模式。为保证绩效评价的质量和效率，他们坚持“细化指标、统一标准、先行先试、逐步推开”的原则，与业务部门就评价内容、指标体系、评价方式等内容多次讨论、反复磋商，在达成一致意见的基础上，分组开展绩效评价工作。这些项目绩效评价的开展起到了树立绩效理念、传播绩效“种子”、积累工作经验、培养绩效人才的效果。

二、逐步规范阶段

2014年2月初，山东省财政厅正式成立预算绩效管理处（简称“绩效处”），为全省预算绩效管理工作走向规范化提供了组织保障。该阶段的工作重点从绩效目标和项目绩效评价的规范化逐步向全过程预算绩效管理扩展。在绩效目标管理方面，山东省出台了《山东省省级财政项目支出绩效目标管理办法（试行）》（鲁财绩〔2014〕2号）；在绩效评价方面，从评价项目筛选与确定、评价机构遴选与培训、评价工作指导与监督，初步形成了较为规范的工作流程，并在实践探索基础上出台了《山东省省级预算绩效管理委托第三方机构评价管理办法（试行）》（鲁财绩〔2014〕4号）；在绩效信息运用方面出台了《山东省省级预算绩效评价信息公开办法（试行）》（鲁财绩〔2015〕1号）。到2018年底，山东省省级绩效目标覆盖率实现了从0到100%的飞跃；重点绩效评价项目从33个增加到65个，涉及资金规模达到303.4亿元，对于普及和强化绩效理念、实现绩效对预算的反馈、培育第三方绩效服务市场起到积极的推动作用。

三、全面发展阶段

2018年9月1日，中共中央、国务院发布《关于全面实施预算绩效管理的意见》（中发〔2018〕34号，以下简称“34号文”），标志着我国预算绩效管理改革从“全过程”阶段走向“全面化”时代。对山东省而言，34号文的发布还具有更深一层的含义——对《意见》的落实成为全省深化预算管理改革的“启动键”：2019年1月1日，山东省人民政府同时发布了《关于深化省级预算管理改革的意见》（鲁政发〔2019〕1号，以下简称“1号文”）、《关于深化省以下财政管理体制改革的实施意见》（鲁政发〔2019〕2号），构成预算绩效管理改革的制度基础。

根据党的十九大报告关于“建立全面规范透明、标准科学、约束有力的预算制度，全面实施绩效管理”的新目标、新要求，针对山东省级预算存在的突出问题，“1号文”以明确权责、创新机制、提升绩效为重点，提出了很多既利当前、又利长远的基础性、关键性举措。对于预算绩效管理，该文提出了全面实施预算绩效管理的总体要求：

认真落实《中共中央、国务院关于全面实施预算绩效管理的意见》（中发〔2018〕34号），将绩效理念和方法深度融入“全口径”预算管理全过程，加快构建事前事中事后绩效管理闭环系统。建立重大政策和项目事前绩效评估机制，评估结果作为省业务主管部门申请预算的必备要件。硬化预算绩效目标约束，绩效目标与预算同步批复和下达。省业务主管部门要对预算执行情况以及政策、项目实施效果全面开展绩效自评，加大省财政部门重点绩效评价力度。强化预算绩效结果应用，将其纳入政府绩效考核和干部政绩考核体系，并与预算安排直接挂钩，对绩效结果达不到优良等次的，原则上按不低于10%压减预算规模，必要时应及时调整支出政策。①

① 资料来源：http：//www.shandong.gov.cn/art/2019/3/4/art_100623_26307.html。

▶ 第二节 鲁版“绩效立方”的基础与打造

预算绩效管理改革的核心，是将绩效理念和方法全面融入我国传统的投入式预算管理体系，通过“一场静悄悄的革命”来实现对传统预算的“绩效化升级”。这场改革的起点，必然放在对传统预算制度的“绩效化升级”方面。因此，制度建设是预算绩效化改革需要攻克的第一个“堡垒”。山东特色的绩效化改革正是以建立健全预算绩效管理制度体系为抓手，以此推动省级、带动市县启动改革并逐步走向深入。

一、鲁版“绩效立方”的制度根基

面对山东省预算绩效管理中存在的突出问题，如绩效理念淡薄、绩效管理的深度和广度不足、绩效激励与约束作用不强等问题，根据党中央、国务院提出的构建全方位、全过程、全覆盖预算绩效管理体系的总目标，2019年1月29日，中共山东省委、山东省人民政府印发《中共山东省委、山东省人民政府关于全面推进预算绩效管理的实施意见》（鲁发〔2019〕2号，以下简称“2号文”），对山东省预算绩效管理改革作出了全面规划，提出要坚持全面实施，统筹推进，通过建机制、扩范围、抓重点、补短板，力争省级用3年时间、市县用5年时间基本建成全方位、全过程、全覆盖的预算绩效管理体系（即打造鲁版“绩效立方”），实现预算和绩效管理一体化，改变预算资金分配的固化格局，提高预算管理水平和政策实施效果，为开创新时代现代化强省建设新局面提供有力保障。“2号文”提出了全面实施预算绩效管理的“山东方案”，标志着山东预算绩效管理改革正式迈入“全面化”的新时代。

为确保中央及省委、省政府改革精神全面贯彻落实，山东省政府办公厅专门印发了《山东省省级部门单位预算绩效管理办法》和《山东省省对下转移支付资金预算绩效管理办法》（鲁政办字〔2019〕20号），由此构成具有山东特色的“1+2”预算绩效管理顶层制度体系。在此基础上，山东省出台了一系列预算绩效管理制度办法，重点编织以“全过程”“全方位”为骨架、“全覆盖”为血肉的“1+2+N”预算绩效管理制度网，构成鲁版“绩效立方”的制度根基。

2019年10月12日，山东省财政厅会同省委组织部、省编办、省审计厅出台了《山东省省级预算绩效管理三年行动方案（2019—2021年）》（鲁财绩〔2019〕6号），将工作任务分解，制定了工作任务清单，并逐一明确工作内容、实施主体、完成时限，确保每项改革任务都有落实的时间表、路线图和责任部门。

二、鲁版“绩效立方”的打造过程

（一）聚力关键环节，建立全周期预算绩效管理体系

预算绩效管理各环节依托于预算周期、又相对独立运行组成一个新的周期——预算绩效管理周期。为打造这个新周期，山东省抓住“事前、事中、事后”三个关键环节重点发力，从绩效目标、事前绩效评估，经预算、绩效“双监控”，到事后绩效评价，将绩效理念和方法融入预算管理各环节，又将各阶段产生的绩效信息进行反馈、运用，从而形成一个完整的预算绩效管理周期。

1. 事前强调绩效与决策的融合

首先，对所有支出项目全部实行绩效目标管理，没有编制绩效目标的，拒绝纳入财政预算“盘子”。其次，从2019年起，对新增重大政策和项目开展事前绩效评估试点，2020年起在全省全面推开。例如，2022年，山东省自然资源厅经事前绩效评估就压减项目30余个①，挤出预算编制环节的“水分”，使之更“实”，充分发挥了绩效对预算的导向功能和刚性约束。在普遍“过紧日子”的背景下事前绩效评估的节支意义尤为重要。

2. 事中重视预算执行与绩效目标的匹配

在预算执行过程中，对预算执行进度和绩效目标实现程度进行“双监控”，可以判断预算是否按照计划进度执行，绩效目标能不能顺利实现。通过监控可以及时发现预算项目执行中的偏差和管理漏洞，就像给财政资金戴上“矫正器”一样，推动预算部门定期校准方向，发生偏离及时纠正，以此推动其改善管理。

3. 事后重点评价客观反映预算绩效

经过几年来的探索实践，山东各级逐步建立了“单位自评+财政抽查复核”和“部门评价+财政重点评价”的全方位绩效评价机制，财政评价抽查复核与重点评

① 资料来源：山东省财政厅：山东省预算绩效管理改革进展与成效新闻发布会实录（shandong.gov.cn）。

价不断扩围。2019年来，各级各部门对9万多个项目开展了绩效自评，财政部门选择1.1万余个项目开展重点评价，涉及资金规模7814亿元。同时强化绩效评价结果应用，通过评价完善制度办法522项，整改问题4119条，取消或调整专项资金382项，压减预算234亿元。绩效管理在提升财政资金管理效率、优化财政支出结构方面的作用日益显现。

（二）聚焦关键层次，逐级打造预算绩效“金字塔”

预算绩效管理改革的内容涵盖项目、政策、部门整体和一级政府财政运行，从空间维度来看，山东省“全方位”预算绩效管理体系的建设路径，可归纳为“点、线、面、体”四个层级的逐步推进，由简到繁、由易到难，逐步积累经验、渐次攻坚克难。

1.构建全生命周期项目政策绩效管理机制，夯实绩效“塔基”

预算项目既是预算绩效管理改革的起点，也是地方预算绩效管理工作的重点和基础，构成预算绩效“金字塔”的底座。2019年以来，山东省通过事前绩效目标管理、重大项目事前绩效评估、事中绩效运行监控、事后绩效评价与结果运用，构建起覆盖整个项目生命周期的预算绩效管理机制，使项目库管理制度不断走向完善，在强化绩效意识、落实绩效责任、培养绩效人才、促进绩效管理各项制度落实方面起到了很好的效果。

与单个项目相比，政策绩效更加复杂，影响面更大。政策绩效不仅需要关注财政资金的直接产出和效果，更需要在中期财政规划视角下关注宏观政策目标的实现程度。某项政策是否应该获得财政支持，支持力度多大合适，需要通过事前绩效评估作出回答；正在实施的政策效果怎么样，到期之后是保留还是取消，继续实施的话是原样延续、还是换“汤”或者换“药”，皆需站在政策整个生命周期的高度，通过绩效跟踪来反映其实施绩效，对政策的完善和调整提供全面科学的基础信息。山东省通过探索政策全生命周期管理，对实施期超过1年的重大政策，在不同实施阶段，各有侧重地组织开展前期论证、中期评估、到期评价和综合评定4个环节的工作，重点关注政策设计的科学性和资金使用的有效性，通过提高政策实施精准度以实现政策绩效。

2.探索部门整体预算绩效管理机制，搭建绩效“塔体”

部门预算是政府预算的主体。部门与单位既是预算绩效的“生产”主体，又是预算绩效的责任主体。部门预算绩效管理既不应局限于某一项目绩效的高低，也不是项目绩效的简单加总，应该更加重视整体绩效，特别是部门核心业务绩效的实现情况。

为探索部门整体绩效的评价与管理，2019年，山东省级选取8个省级部门单位和8市、8县共115个部门开展部门整体绩效管理试点。从建立部门整体绩效目标体系入手，对部门使用各类资金所应达到的效果，从运行成本、管理效率、履职效能、社会效应、可持续发展能力和服务对象满意度等多个维度进行反映。2020年将试点范围扩大到33个省级部门、2284个市县部门。2021年实现了对省级的全面覆盖，对16市的覆盖率超过了七成，在县级的试点也全面铺开。

3.破冰政府财政运行综合绩效评价，构造绩效“塔尖”

对一级政府财政运行绩效进行全面评价，是预算绩效评价最难啃的硬骨头，处于“绩效金字塔”之塔尖。在实施中，为避免绩效自评的结果虚高等固有问题，山东省采取“上评下”方式，由上级财政部门牵头组织，统筹协调、全面推进，以保证评价的独立性和权威性，以及评价结果的客观性和整改的严肃性、及时性。2021年选择济南、济宁、临沂、日照等市开展县、乡政府财政运行综合绩效评价试点①。在总结试点经验的基础上，研究政府财政运行综合绩效评价办法②，将财政收支预算全面纳入绩效管理，促进地方政府不断提高收入质量、优化支出结构，提升公共服务供给质量和效率。

三、鲁版“绩效立方”的技术根基

（一）建立预算绩效管理标准体系，使改革有标可依

预算绩效管理标准体系是保障改革顺利推进的“基础设施”，绩效指标和标准体系建设是预算绩效管理改革的“关键核心”技术。对此，2020年5月制订了《山东省省级绩效指标标准体系建设方案》（鲁版绩函〔2020〕6号），自2021年起，一直努力打造分行业、分领域、分层次的预算绩效指标标准体系③，为提升绩效管理质量和效率提供有力支撑。为进一步提升绩效目标质量，2024年5月，在全省调研的基础上，山东省财政厅制订了《全省政策项目预算绩效目标指标标准体系建设工作方案》，举全省之力强化绩效指标标准体系建设，以夯实绩效管理“最先一公里”④。这次指标标准体系强化工作坚持四个原则：

---

① 资料来源：山东省财政厅：我省启动省对下财政运行综合绩效评价（shandong.gov.cn）。

② 如济南市出台了《济南市下级政府财政运行综合绩效评价管理办法》，建立了一套完整规范的评价指标体系，用来对辖区内15区（县）进行评价。

③ 资料来源：http：//czt.shandong.gov.cn/art/2021/2/20/art_21859_10286321.html。

④ 李嘉亮.山东财政夯实绩效管理“最先一公里”[N].中国财经报，2024-08-20（002）.

（1）需求导向、分类构建。根据绩效管理实际需要，建立“通用+专用”型指标标准体系。该体系包含22项共性通用指标和16类分行业、分领域的专用指标标准。

（2）全省动员、共同参与。运用“赛马机制”，引导各市积极参与建设，实现指标标准体系共建共享、可比可测、动态调整目标。

（3）着眼长远、耐心培育。计划用3—5年时间，持续丰富完善指标标准体系。同时，坚持求精不求全，遵循“二八定律”，找出最核心的产出效益指标，提高工作效率和指标质量。

（4）注重实效、实践检验。将指标体系嵌入预算管理一体化系统，服务预算编制，在实践中检验指标，淘汰不科学、不合理的指标和标准，留下精华，逐步优化指标体系。

（二）探索成本绩效管理，重塑预算和绩效管理的技术根基

1.试点先行，边探索边总结

预算投入转化为产出是产生预算绩效的前提因之而投入的全部资源经货币化而凝结为成本。因而，成本是决定预算绩效水平的基础因素。而政府成本管理一直是我国预算管理的“短板”，导致预算和绩效管理改革缺乏足够的技术支撑。在推进绩效管理改革过程中，山东省各级也深切体会到成本因素的制约作用，在学习借鉴北京等省市经验的基础上，2021年起，省级和济南、临沂、菏泽等16市相继开展了成本绩效管理探索。通过“核成本、评绩效、出定额、调机制、促管理”环环相扣的方式，通过探索建立不同行业成本核算方式；通过成本管理实现压实成本、节约投入、提升绩效的目标，从根本上促进预算管理的精细化、科学化。

例如，济南市以道路保洁项目为突破口，积极探索将公共服务标准与项目成本定额、公共支出定额标准衔接统一的成本预算绩效管理模式，突出“以事定钱”“成本管控”，将成本理念融入预算绩效管理全过程。通过测算，全市道路保洁平均支出标准低于执行标准7.13%，机扫大队高架路桥保洁支出标准低于执行标准15.20%，由此压减部门项目预算15.01%。通过试点，该市逐步建立预算支出定额标准的应用和调整机制，指导各区县和市级部门全方位开展成本预算绩效分析工作，推动形成“预算安排核成本、资金使用有规范、综合考评讲绩效”的精准预算管理制度。[①]

菏泽市通过对项目支出历史成本的测算，厘清公共项目成本核算与分摊方法，同时逐步建立项目（政策）成本预算绩效指标体系和标准体系。通过标杆分析和趋

① 资料来源：济南市首创“四个标准”探索成本绩效管理新模式，大众日报数字报（dzwww.com）。

势分析，剔除历史成本中的不合理因素，进一步明确财政支出标准，促进部门节约财政支出；同时促进建立有效的政策保障机制①。该市通过实施成本管理，使绩效意识更加深入地融入预算管理，切实促进财政资源配置效率和使用效益的提高。

日照市围绕核成本、评绩效、出定额、出标准四个关键环节，探索构建了以"四个一"为特征的成本绩效管理体系②：对某一公共服务领域，实行"一套成本定额、一组评价指标、一类服务标准、一项激励机制"。该体系下的成本、效益双激励制度颇为有效：如公共交通补贴项目，采用"基础补贴+绩效奖励"的补贴方式，基础补贴按照测算补贴定额的85%计算，绩效奖励与测算补贴定额的15%挂钩。假如单位将成本控制在定额以内，实现成本节约可获得第一重激励；完成既定绩效目标，则可获得第二重激励；既节约成本，又完成绩效目标，则获得成本、效益双重激励。

2. 实现制度化，形成规范性约束

在总结试点经验的基础上，2022年5月，山东省出台《关于开展成本预算绩效管理的实施意见》（鲁财绩〔2022〕4号），将"34号文""强调成本效益"的要求具体落实到预算周期各环节：项目入库环节开展成本—效益分析，提出最优方案；预算编制环节细化成本、与绩效目标设定实现一体化；预算审核环节核定成本；预算执行环节控制成本；预算完成评价成本。

2023年，在预算绩效管理"增质提效"行动中，山东省财政厅以全面实施成本绩效管理为重点，先后出台《关于全面实施成本预算绩效管理的通知》（鲁财绩〔2023〕4号），研究出台《山东省省级成本预算绩效管理工作规程》（鲁财绩〔2023〕6号），引导部门单位规范开展成本预算绩效管理，推动该项工作在省市县三级全面推开，组织各级财政部门对636个项目开展重点成本效益分析。各级根据成本预算绩效管理成果，修订完善592项支出标准，核减预算63.44亿元，有效缓解财政支出压力，将昔日预算管理的"短板"转化为节本增效的"利器"。

四、山东预算绩效管理改革的机构与人员保障

山东省财政厅2014年设立预算绩效管理处，负责预算绩效管理的制度建设，牵头开展预算绩效管理各环节工作，并指导市县预算绩效管理工作的开展。

在市级，到2020年9月30日③，山东省16市均已设立绩效管理专门机构。其

① 资料来源：http：//finance.dzwww.com/cypd/xmdtd/202111/t20211111_9414383.html。

② 资料来源：日照市构建"四个一"体系做深做实成本预算绩效管理，大众日报数字报（dzwww.com）。

③ 资料来源：山东预算绩效管理改革进展调查问卷（财政版）。调查时间为2020年10月1—20日。

中，以“绩效管理科（处）”命名的有12个市，将财政监督与绩效管理合署办公设立科室（或局）的有日照、潍坊、东营三市；青岛市预算绩效管理处成立于2010年，为山东省最早，与青岛市财政预算评审中心合署办公。

从县区级来看，到2020年9月30日，全省设立绩效管理专门机构的县区已达116个。其中，以预算绩效管理科（股）或绩效科（股）命名的82个，以绩效评价科（股/中心）命名的12个，二者合计占县区的70.15%；其余一般采用与财政监督、投资评审、预算管理等部门合署办公的方式。

在专职绩效管理人员配备方面，市县两级一般为2—3人，如图1-1所示；专职工作人员中，年龄在30—50岁的占72%、学历则以本科为主，占81%（见图1-2）。

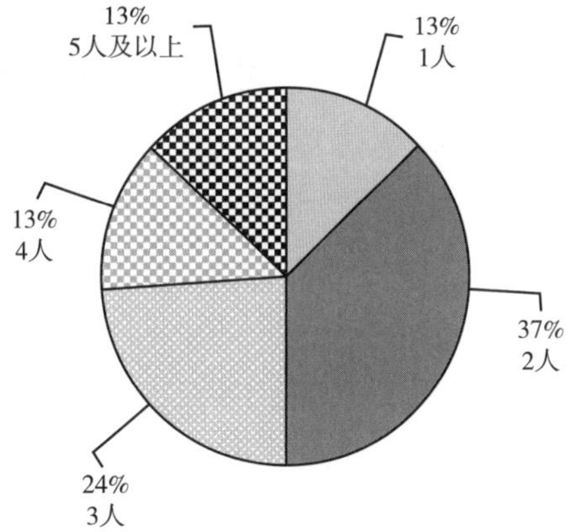

图1-1　市县绩效管理专职人员配置情况

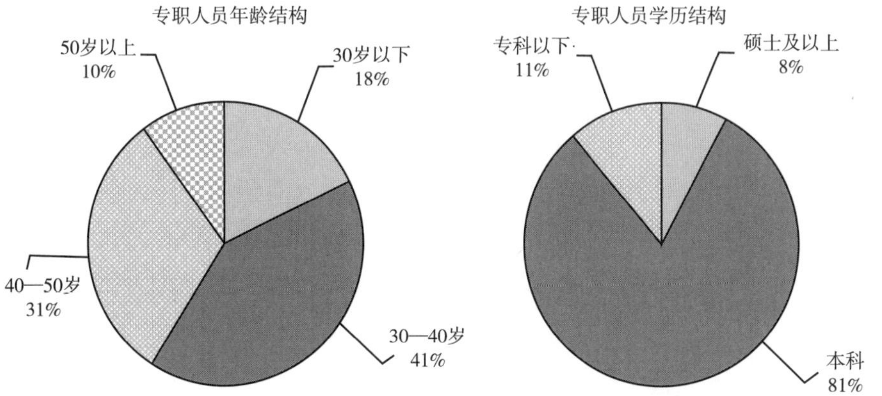

图1-2　市县绩效管理专职人员年龄与学历结构

因此，到2020年底，山东省、市、县三级均已建立健全预算绩效管理机构，专职人员队伍已超过400人，成为预算绩效管理改革的中坚力量。

在专业绩效评价队伍建设方面，2019年省级设立“山东省预算绩效评价中心”，专门承担重点项目绩效评价任务；2021年8月，在整合原有7个事业单位职能和力量的基础上成立“山东省财政绩效评价中心”，以全面开创山东省财政绩效评价工作新局面为目标，通过发挥参谋、桥梁、监督三项功能，重点开展政策评价、预决算评价、资产资源评价工作[①]。到2022年5月，已有13个市先后成立绩效评价专职机构，省市两级绩效评价专业力量达到1000多人[②]。

五、着力培育第三方机构，规范预算绩效服务市场

在三方机构培育和绩效服务市场管理方面，山东省先后于2014年、2018年、2021年、2023年先后四次专门出台文件，对三方机构边培养、边扶持，对绩效服务市场边培育、边规范（详见本书第六章第一节相关内容）。到2020年底向山东省、市、县提供绩效服务的第三方机构已超过140家，专业人员近3300人。

① 资料来源：http：//czt.shandong.gov.cn/art/2021/8/10/art_21859_10292622.html。

② 资料来源：山东省预算绩效管理改革进展与成效新闻发布会实录（shandong.gov.cn）。

第三节　山东预算绩效管理改革的成效与挑战[①]

一、山东预算绩效管理改革的主要成效

（一）鲁版“绩效立方”基本建成

2022年5月，山东省政府新闻办举办山东省预算绩效管理改革进展与成效新闻发布会，宣布省、市两级基本建成全方位、全过程、全覆盖的预算绩效管理体系[②]。

1. 时间维度——全周期预算绩效管理闭环基本形成

建立全周期绩效管理体系是我国实施全面预算绩效管理的基本要求。“山东版”采用了分阶段、分模块“施工”的建设方式，各阶段主要内容如图1-3所示。

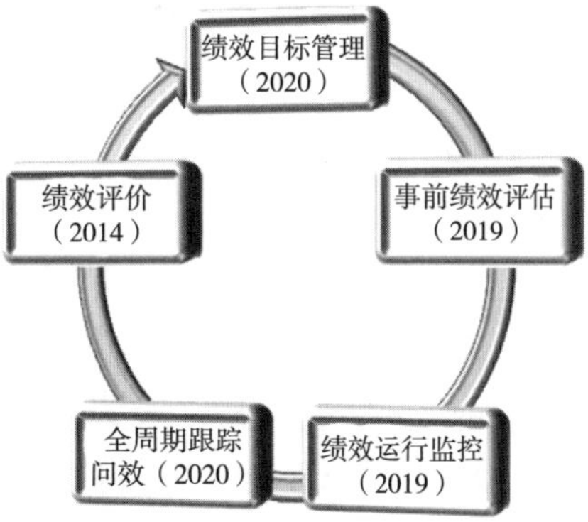

图1-3　全周期预算绩效管理体系建设年表

2. 空间维度——全方位预算绩效管理格局初步形成

按照全面实施预算绩效管理的要求，山东省级预算绩效管理的实施对象已经从项目扩展到政策、部门整体绩效，从转移支付资金绩效扩展到政府财政运行综合绩效，全方位预算绩效管理体系基本形成。

3. 资金维度——全覆盖的预算绩效管理体系基本建成

“1+2+N”制度体系建设之初就已覆盖一般公共预算和政府性基金预算，因此

---

① 晁毓欣. 鲁版绩效立方：预算绩效管理改革“山东模式”的结构与特色［J］. 中国财政，2024（11）：32-35.

② 资料来源：山东省预算绩效管理改革进展与成效新闻发布会实录（shandong.gov.cn）。

预算绩效管理体系的“核心功能区”已经建成；同时也已展开对部分社保基金（失业保险基金）、国有资本预算、PPP项目、专项债资金、股权投资基金等多个领域绩效评价的探索和试点。具有“4+X”结构特征的预算“绩效化”范围处于不断扩展之中。

综上所述，山东省已基本建成符合“全方位、全过程、全覆盖”要求、彰显“山东特色”、三维一体的预算绩效管理体系，其结构可以表示为图1-4所示的3D图形，简称鲁版“绩效立方”。

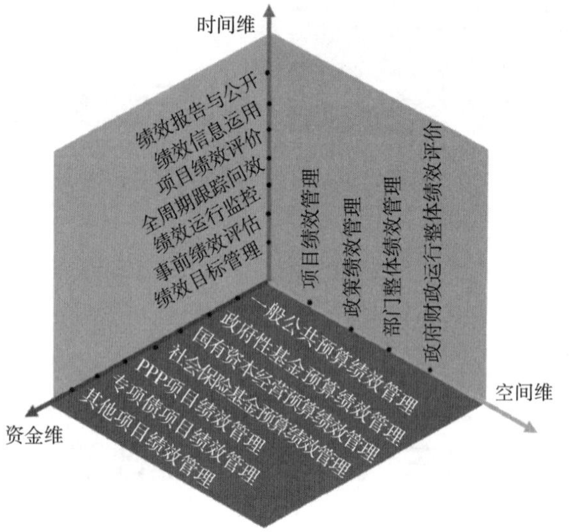

图1-4　鲁版“绩效立方”结构

（二）规范的绩效信息利用机制铸就激励约束“双刃剑”①

1.预算绩效信息运用的规范化

预算绩效信息是预算绩效管理各环节所产生的数据、报告、结果、结论等信息的统称，是预算绩效管理的“产出”。绩效目标、事前评估、绩效监控和绩效评价等预算绩效管理环节源源不断地产生大量的绩效信息；同时，预算周期的各个环节，如预算编制、预算审批、预算执行和决算、审计等又在持续产生对绩效信息的强烈需求，或用于提高决策科学性，或用于业务和资金管理的改善。因此，对绩效信息的供给和需求两股力量犹如DNA螺旋一样，相互促进、相互加强，成为预算绩效管理持续发展的内生动力②。为强化省级预算绩效管理实施效果，规范绩效信息运用，2020年12月，山东省出台《山东省省级预算绩效管理结果应用暂行办法》（鲁财办发〔2020〕36号），明确三类预算绩效管理责任主体——省财政部门、省级部门单位与市县财政部门，分别采用五种方式利用绩效信息：反馈与整

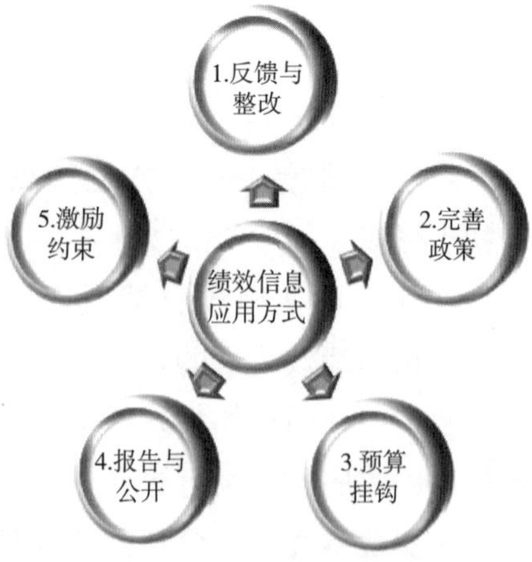

图1-5　预算绩效信息利用方式

① 资料来源：《山东省政策绩效和财政绩效审计三年行动计划（2021—2023年）》。

② 晁毓欣.论政府绩效评价的动力机制——政府绩效信息供需螺旋互动模型［J］.山东财政学院学报，2012（05）：20-25.

改、完善政策、与预算挂钩、报告与公开、激励约束（见图1–5），以提高财政资源配置效率和使用绩效。

2.绩效信息的激励与约束作用

绩效信息是促进绩效与预算实现一体化的最佳融合剂；而通过绩效信息的有效运用、实现以绩效为依据的奖优罚劣则是“绩效革命”的魅力和目标所在。“山东版”绩效信息运用方案通过绩效与预算资源配置、绩效与部门工作评价的双重挂钩①，以及绩效信息向省委省政府省人大的报告和向社会的公开，于预算资金运用各方而言，既抓住了“面子”，又抓住了“里子”，赏罚分明，绩效激励与约束的“双刃剑”已然成形。例如，山东省交通厅建立了绩效评价结果与预算安排和政策调整的挂钩机制，将评价结果作为有效配置和管理使用财政资金的重要依据。在安排普通国省道日常养护资金时，将上年度绩效评价结果作为管理因素纳入资金分配，对排名前十位的县（市区）在全省平均水平基础上增加20%给予激励，对排名后十的则下浮20%。再如，针对国际货运航线补贴资金绩效评价发现的问题，及时制定整改措施，进行航线调优、时刻优化、控制管理运营成本，有效匹配了山东省国际货运供给与全球需求，保障了外贸产业链、供应链稳定畅通②。

2023年，按照省政府“探索试行绩效末位淘汰制”要求，在全国率先出台《山东省省级财政项目支出绩效评价末位淘汰制实施细则（试行）》（鲁财绩〔2023〕5号），并进行首次应用，对2023年开展的省级财政重点绩效评价得分排名靠后的部分项目，予以取消或压减预算，涉及资金共计 2.94 亿元，使绩效导向和预算约束进一步增强。

▶ 专栏1–1　省属高校绩效拨款制度

山东预算绩效管理改革的深入正在推动预算部门绩效拨款制度的逐渐形成，这一成效已经体现在教育和科技领域近年来出台的相关制度之中。

---

① 如《山东省省级预算绩效管理结果应用暂行办法》第十五条规定，“将事前绩效评估结果与重大政策和项目设立挂钩。事前绩效评估结果作为重大政策和项目入库的必备条件，对未提供事前评估报告或者评估结果为不予支持的，不得纳入财政项目库”。第十六条规定，“将绩效目标设置作为预算安排的前置条件，……对未按要求设置绩效目标或绩效目标审核未通过的，不得安排预算”。第十七条规定，“对绩效运行监控发现预算执行或绩效目标预计无法完成的项目，主管部门应采取调整预算和绩效目标或停止项目实施等措施，省财政部门可暂缓、停止拨款或收回资金，提高财政资金使用效率”。第十八条规定，“建立重点绩效评价结果等级与年度预算挂钩机制”：优——下年预算优先保障；良——相关支出按零增长控制；中——原则上按照不低于预算总额的10%进行压减；差——应予以撤销或退出。第十九条规定，将部门整体评价结果与部门预算挂钩：中及以下者，按照不低于2%的比例压减部门下一年度业务经费。第二十条规定，将转移支付资金评价结果与资金分配挂钩：采用因素法分配的转移支付资金，应将绩效评价结果作为以后年度安排转移支付资金的分配因素，且权重不低于10%。

② 资料来源：山东省财政厅：山东省预算绩效管理改革进展与成效新闻发布会实录（shandong.gov.cn）。

如山东省财政厅、省教育厅联合印发的《关于改革完善省属本科高校预算拨款制度的实施意见》《山东省省属本科高校绩效奖补资金管理办法（试行）》，启动了省属本科高校预算拨款制度的改革。新制度以绩效和竞争为着力点，努力构建科学规范、导向清晰、讲求绩效、公平公正的高校预算拨款制度。主要内容包括：

（1）改革拨款结构。以“绩效引导、竞争分配、分类实施、全面推进”为基本原则，将高校预算拨款制度由原“学生定额拨款+项目拨款”的管理模式，优化调整为“基础拨款+绩效拨款+竞争性项目拨款”政策框架，实行“3个三分之一”的资金配置结构，三部分拨款分类施策、共同发力，引导支持高校提高水平、争创一流。

（2）强化绩效引导。增设绩效奖补资金，细化制定评价指标体系，对高校办学能力水平和财政财务管理情况分类开展考核赋分，逐校确定绩效拨款额度，办学绩效越好，获得资金越多，扭转“学生越多、拨款越多”的分配导向，引导高校树立绩效优先理念，聚焦内涵发展，全面提高教学科研水平和人才培养质量。

（3）优化竞争分配。重构高等教育竞争性项目支出体系，分类设置高水平大学和学科建设、人才创新发展等5类项目，严格规范竞争性项目遴选方式和流程，聚焦一流大学、优势学科专业、高层次人才队伍建设，突出“扶优、扶强、扶特”，发挥重大项目全局性、导向性、牵引性作用，激发高校竞争活力和内生动力。

3.预算绩效约束机制的扩展与深化

山东预算绩效管理改革除了在预算管理领域“攻坚克难”以外，逐步向审计领域扩展、深化，已经产生了“溢出效应”。山东省委审计委员会办公室、省审计厅2021年9月10日发布《山东省政策绩效和财政绩效审计三年行动计划（2021—2023年）》，提出要加大对重大政策措施落实情况和财政资金使用经济性、效率性和效果性的审计力度，力争用3年时间基本建成全方位、全过程、全覆盖的绩效管理审计体系，推动重大政策更好落实落地，促进财政资金充分发挥效益。围绕拓展审计监督范围、深化审计监督内容的目标任务，全省审计机关将把政府收支预算全面纳入绩效审计，2021年重点关注财政“家底”配置效率、使用效益，2022年重点关注国有企业国有资本经营预算收益，2023年重点关注社会保险基金预算的政策效果、基金管理、运行风险等，推进财政资源高效配置，增强财政可持续性。同时，审计机关将开展绩效评价结果运用审计，推动将评价结果作为预算资源配置、政策调整和管理改进的重要参考。绩效审计将成为各类绩效评价工作质量的有效约束机制①。

山东省审计厅将资金绩效管理列为2022年重点工作之一，提出对部门项目库建设、绩效目标设立、绩效运行监控、绩效评价各环节实施全过程监督，揭示项目立项随意性大、项目支出内容不清晰、绩效运行跟踪监控不到位等问题。通过揭示问题、剖析原因、提出建议，推动提高部门预算管理水平，促进全面实施预算绩效管理②。

（三）持续创新的绩效协同机制凝聚各方改革合力

“绩效共治”是山东省预算绩效管理改革的鲜明特色。形式多样且不断创新的绩效协同机制是助推山东预算绩效管理改革实践持续深入、又不断拓展的保障。我们将同级各类主体之间的协同称为横向协同，在实践中表现为财政—审计、财政—人大之间的双主体协同，以及在此基础上形成的各种多主体协同模式；各级财政之间、各级预算部门上下级之间构成纵向协同机制，上述部门与第三方机构和各类专家之间形成复杂多样的纵横双向协同机制；同时，独具特色的政产学研协同创新机制则有助于在更高层次上实现理论与实践、改革与育人等多重目标的统一。参与“绩效共治”的主体具有多元性，包括政府部门（包括财政、预算部门单位）、监督部门（包括人大、政协、审计、纪检监察、组织、编制等）、各类提供绩效管理服务的第三方机构和社会公众四大类；其参与动机主要体现为政府部门的管理动机、监督部门的监督动机、服务主体的盈利动机和社会公众的受益与监督动机③。

（四）绩效信息透明度逐年提高

自2016年度决算开始，山东省实现了预算绩效信息四个“首次”公开：一是首次通过省财政厅门户网站公开25个绩效评价报告，二是首次向人大提报绩效评价报告，三是首次在部门决算中公开绩效信息，四是首次向人大报送绩效目标。2019年起，重点项目重大政策绩效目标公开实现正常化。同时，各市县在绩效公开方面也纷纷展示自己的特色。日照市将项目支出绩效目标全部随部门预算在市政府与财政和部门单位网站公开，绩效评价结果随决算一起公开；主动向市人大联网监督平台推送绩效信息，并实行了人大代表政协委员绩效评议制度，邀请代表委员

① 资料来源：山东省人民政府：我省力争三年基本建成绩效管理审计体系（shandong.gov.cn）。

② 资料来源：山东省审计厅：2022年全省审计重点工作新闻发布会（shandong.gov.cn）。

③ 晁毓欣.从山东实践看预算绩效共治的典型模式与特征［J］.财政监督，2024（6）：5-10.

全程参与绩效目标评审、部门预算综合绩效评价等。2019年在对市直部门单位预算综合绩效评价中，向200名社会各界人大代表、政协委员提供部门单位预算管理和支出绩效详细情况，由代表委员进行书面评议、量化计分，从而提升了绩效评价的透明度、公信力和影响力①。

经过多年的努力，山东省已基本建成以鲁版“绩效立方”为代表的预算绩效管理体系，建立起广泛覆盖、动态更新的绩效指标与标准体系，形成比较规范的绩效激励约束机制，绩效信息透明度也在逐年提高。因此，全面化、规范化、标准化、协同化、“双刃剑”已成为预算绩效管理“山东模式”的鲜明特色。

二、山东预算绩效管理改革面临的挑战与应对

（一）扩大绩效管理覆盖面是改革目前面临的首要任务

1. 持续完善“4+X”体系，完成预算绩效管理全覆盖

在推进财税改革方面，《山东省国民经济和社会发展第十四个五年规划和2035年远景目标纲要》提出要“深化预算管理制度改革，健全预算绩效管理体系，加强中期财政规划管理”。与《关于全面实施预算绩效管理的意见》提出的改革目标相比，省级一般公共预算绩效管理体系的建立为“全口径”预算绩效管理体系建设提供了较为扎实的基础条件；同时，济南、济宁、临沂、日照等市在失业保险等社保项目、政府性基金和国有资本经营预算项目开展的绩效评价为健全预算绩效管理体系作出了有益的探索和研究。不过，“4+X”体系尚未健全，国有资本经营预算尚未建立起完整的预算绩效管理机制，对各类涉及预算资金的“X”项目绩效管理（如政府投资基金、主权财富基金、政府采购等）进行的探索尚不充分，有效的制度体系尚待建立健全。因此，预算绩效管理还存在不少空白需要填补，改革任务依然艰巨，实现“全覆盖”目标还需要继续付出艰苦的努力。

2. 稳步推进市县预算绩效管理改革，提高改革的均衡性

推动市县建立预算绩效管理体系是全面实施预算绩效管理改革第二阶段的工作重点，尤其是县级，改革的基础条件比较薄弱，被称为“最难啃的硬骨头”。不过，在省级“1+2+N”制度体系的引领和纵向协同机制的带动下，市县两级预算绩效化改革已经取得很大进展：全省16市、136个县级党委政府已出台贯彻落实意见、成立专门机构。济南市实施“三个精准”、向绩效管理要财力的做法更是得

① 资料来源：在创新中提质增效——日照市创新预算绩效管理改革实施路径_政务_澎湃新闻-The Paper。

到财政部的充分肯定，临沂市“开门编预算”试点被《人民日报（内参）》等主流媒体报道，省委主要领导同志批示推广；实施重点县推进计划，选择16个示范县、16个突破县“两张清单”，为其他县（市）树立了标杆和榜样，带动市县改革均衡发展。平阴、荣成、莒县、寿光等县（市）结合自身实际，在成本绩效、PPP、区块链、社保基金等领域大胆创新，探索出了各具地方特色的县级预算绩效管理改革之路。

（二）提质增效是未来预算绩效管理改革的主旋律

1.优化绩效目标管理，提升绩效目标质量

绩效目标是整个预算绩效管理体系的根基，目标质量是决定改革质量的关键因素。目前全省虽然已经实现了绩效目标从0到1的突破，但也只是做到了“绩效管理有目标”，不少部门单位绩效意识不强、绩效目标设置形式重于实质、与行业规划、重点工作之间缺乏必要联系、目标名称不规范、目标值偏低等问题，导致绩效目标在预算绩效管理体系中的基础性、引导性等功能难以充分发挥，应有的激励约束作用难以实现。因此，优化绩效目标设置、提升绩效目标质量是摆在眼前、必须尽快解决的重要问题。实践中除了可以从强化绩效目标设置与审核等环节入手外，还可以进一步发挥财政—审计协同的优势，将绩效目标质量问题作为重点审计问题提出，借审计监督的力量促使部门单位提高对目标质量问题的重视程度，通过审计问题整改促进绩效目标质量的提升。

2.通过持续创新实现事前绩效评估模式的多样化

对重点项目重大政策实行事前绩效评估目前已经成为山东省预算绩效管理的常规性要求，完成这一环节的项目才能取得进入项目库、获得财政支持的“入场券”。不过，在第三方绩效服务市场供给严重不足的现实条件下，第三方机构实施的外部绩效评估仅能起到引领和补充作用，部门主导的绩效评估简易模式亟待实现实践模式的丰富和创新。由预算部门单位+人大代表+政协委员+行业专家+社会公众等主体以不同方式组成的评估组完全可能以更低的成本完成所需要的事前评估任务。

3.提升绩效评价质量，提高结果可用性

作为预算绩效管理体系的核心环节，绩效评价质量决定着绩效信息的可用性，以及相关预算资源配置决策的科学性。提升绩效评价质量既需要评价技术和评价能力的提升，也需要评价管理流程的进一步优化，并提升评价结果的透明度。

（三）进一步夯实绩效根基，确保改革行稳致远

1. 优化预算绩效指标与标准体系，建立健全成本定额标准，强化改革的基础条件

部门预算绩效指标与标准体系建设是保障改革目标实现的基础条件。而指标与标准体系的不健全恰恰也是导致很多绩效目标质量低下的原因。山东省虽然已经建立起分行业、分领域、分层次的绩效指标标准体系，具备了较为扎实的基础条件，但整体质量还需要进一步的优化和提升，在预算管理一体化系统中及时更新完全融合，使之能够达到随时调得出、用得上、可比较、可参考。

政府成本管理是预算管理的基础。项目成本水平是预算投入决策的基本依据，是测算绩效水平的参照系。只有建立起完善的分行业、分领域成本定额标准，才能回答具体预算项目到底“该花多少钱”的问题，为预算编制提供科学合理的依据，才能解决预算申报和绩效评价中成本指标“虚化”、结果运用与绩效奖惩关联“软化”的问题，为预算绩效决策和监督提供有效的可循之“证”。

2. 优化预算管理信息化系统，强化改革的技术支撑

预算资金对于政府的意义犹如血液之于人体；预算绩效信息从“绩效环”源源不断地产生，经过分类、加工、储存，又根据需要送到预算管理各环节，犹如连接绩效管理和预算管理、促使二者走向一体化融合的“神经”。这一目标的达成需要依托安全高效的信息化系统，这也是维持“血液”和“神经”协调运行、保障政府有效作为的“基础设施”。目前预算管理一体化系统虽已上线运行，但整个系统还需要在运用中不断完善、优化，许多功能有待开发，不少模块之间还需要进一步磨合，以更好地满足不断增长的改革需要。以信息化促进绩效化是保障改革目标实现的最佳技术路径。

3. 完善第三方绩效服务市场，增强供给、提升质量

从山东绩效服务市场的供需匹配情况来看，目前的供给市场虽然已经得到初步发展，但还是难以满足省、市、县三级政府预算绩效管理改革的需要：2020年开展10个以下、10—30个绩效评价项目的机构均为49个，100个以上的机构只有10个。当年绩效管理类营业收入在100万元以下的接近七成，超过1000万元的只有6家①。市县两级高水平服务机构短缺的矛盾一直存在，并且随着县级改革范围的扩大而不断加剧。近2/3的市县将第三方机构缺乏视为阻碍改革深入推进的主要困难之一。因此，进一步培育第三方绩效服务市场、增强服务能力、增加服务供给、提升服务质量是保障改革深入持续推进的基础条件。

① 这些机构的营业收入来自全国各地分支机构，并非仅仅来自山东省。资料来源：2020年11月问卷调查。

4. 千方百计增加绩效人才供给，强化改革的智力支撑

面对普遍存在的、对绩效人才的强烈需求，首先需要规范专业培训的供给，选择熟悉预算绩效管理理论和政策的高水平师资，根据财政部门、预算部门和第三方机构的需求特征制订不同层次的培养计划。在后备人才培养方面，可以充分发挥财经院校的专业优势，通过增加本科、硕士层次预算绩效管理专业课程设置加速培养绩效“新人”；同时，尽快成立山东绩效管理行业协会，以发挥其规范管理、专业培训等优势，为有效增加专业绩效人才供给、打造“人人懂绩效、事事讲绩效”的改革环境提供组织保障。

（四）践行全过程民主，提高预算绩效透明度

我国民主制度的特色是“全过程人民民主”，人民代表大会制度是实现全过程人民民主的重要载体。这种民主是全链条、全方位、全覆盖的民主，它不仅有完整的制度程序，而且有完整的参与实践，能够确保党和国家在决策、执行、监督、落实各个环节都听到人民的声音。全面实施预算绩效管理是推进国家治理体系和治理能力现代化的内在要求，同样需要贯彻全过程人民民主的要求。而建立人民代表参与预算绩效管理的规范化工作机制则是落实全过程人民民主、深化预算绩效管理改革的重要途径。

《关于人大预算审查监督重点向支出预算和政策拓展的指导意见》要求人大对支出预算和政策开展全口径审查和全过程监管。对于重点支出与重大投资项目，要推动政府健全其决策机制、加强对其执行情况的监督、督促实现支出绩效和政策目标；在部门预算审查中，重点审查重大项目支出绩效目标设定、实现及评价结果应用情况。财政与人大之间已经建立的协同工作机制是实现全过程监管的重要手段；随着绩效管理改革的不断推进，第三方机构的作用愈发重要，在绩效评估评价工作中也迫切需要人大代表的深度参与。不过，第三方机构普遍面临着需要时无法及时联系到人大代表的现实困难。因此也有必要探索建立第三方机构与人大代表之间的沟通、协作机制，使人大代表、政协委员能够及时有效地参与绩效评价评估工作，这样既便于实现人大对预算的全过程监管，也便于提高事前绩效评估和事中、事后绩效评价的影响力，“双赢”本身也是预算绩效提升的表现。

（五）健全预算绩效协同网，充分发挥协同治理的潜能

预算绩效由预算参与主体协同作用而产生，财政、人大、政协、审计、组织、编制、媒体与公众等主体之间进行的协同配合非常必要。因此，在建立健全“绩效制度网”的同时，还需要建立一个“预算绩效协同网”。这张“网”已经存在

“财—审协同”（省级、青岛、菏泽等）、“财—审—人大三方联审”（临沂、济宁等）、“五方精准协同”（济南）、“纵横双向协同”（菏泽）等多种运行模式。在此基础上，还可通过持续创新，充分调动各类主体参与改革的积极性，以各种灵活有效的协同治理模式提升预算绩效，提高政府的公信力和执行力。

（六）加快推进地方绩效管理法治化，奠定改革的法治化基础

全面依法治国，是中国共产党领导人民治理国家的基本方略。在预算绩效管理方面落实依法治国，就是把改革取得的经验尽快上升到法律层面，通过法治化手段为绩效管理改革提供强大的基础和保障。青海、内蒙古两省区已经先后出台地方性预算绩效管理条例，为山东省走向绩效法治化提供了借鉴性很强的经验；青岛市早在2014年就出台了国内第一部预算绩效管理条例，酝酿之中的“青岛新条例”将为山东省各级政府提供近在咫尺的“标杆”。因此，加快地方预算绩效管理立法步伐，以法治手段为改革保驾护航并非遥不可及，而是经过努力可以实现的“绩效目标”。

总之，站在“三维一体”的新起点上，强基夯础、均衡发展、扩面提质增效、提升透明度是山东预算绩效管理改革面临的严峻挑战；在鲁版“绩效立方”的基础上，以协同治理为手段、以信息化为支撑、以法治化为保障的预算绩效管理体系将是山东预算绩效管理改革下一步的方向和目标。

第二章
规矩先行——山东预算绩效管理“1+2+N”制度体系

内容提要

预算绩效管理改革的核心，是将绩效理念和方法全面融入我国传统的投入式预算管理体系，通过“一场静悄悄的革命”来实现对传统预算的“绩效化升级”。俗话说，没有规矩，不成方圆。因此，制度建设是预算绩效化改革需要攻克的第一个“堡垒”。山东特色的绩效化改革正是从制度建设出发，从省级开始，向市县各级逐步拓展、深化。这一过程可以概括为：构建“1+2+N”制度体系，夯实改革的制度根基。“1+2+N”成为山东预算绩效管理规范化的代名词。

▶ 第一节　山东预算绩效管理改革的制度基础

2018年9月1日，中共中央、国务院发布《关于全面实施预算绩效管理的意见》(中发〔2018〕34号)，将我国预算绩效管理改革推向“全面化”时代。山东省以推动全面预算绩效管理改革为契机，开启了深化预算管理改革的序幕：2019年1月1日，山东省人民政府发布《关于深化省级预算管理改革的意见》(鲁政发〔2019〕1号，以下简称“1号文”)、《关于深化省以下财政管理体制改革的实施意见》(鲁政发〔2019〕2号，以下简称“2号文”)，描绘出山东省新一轮预算改革的蓝图。

一、山东省级预算管理改革主要内容

根据党的十九大报告“建立全面规范透明、标准科学、约束有力的预算制度，全面实施绩效管理”的要求，针对山东省级预算存在的突出问题，1号文以明确权责、创新机制、提升绩效为重点，提出了很多兼顾当前与长远的基础性、关键性举措，主要包括以下4个方面。

(一)“两放权”

通过深化预算管理“放管服”改革，把资金分配权交给部门，把项目确定权交给基层，进一步优化预算管理权责配置，形成协同高效的工作机制。首先，厘清部门预算管理权责，向业务部门放权。业务主管部门全面负责本部门预算编制和具体执行，自主决定资金分配、印发项目实施方案、组织项目立项和验收等；财政部门主要负责预算编制、支出政策审核和预算绩效管理，不参与项目申报、审批、验收等具体事务，确保资金得到合理配置、严格监管和有效使用。通过厘清预算管理权责，有利于各部门聚焦主责主业，减少工作环节，提高工作效率，促进财政预算与事业发展更好融合。其次，向下放权，增强市县资金使用自主权。改变层层申报、审批项目的做法，凡由市县实施更为便捷有效的资金，原则上都采取因素法或竞争性分配方式切块下达，严格控制省级项目法分配资金的规模，赋予基层更充分的决策权和自主权，改变以往项目审批链条长、环节多的状况，减少资金沉淀，提高管理效率。

（二）"两统筹"

通过统筹"全口径"预算编制、统筹专项资金安排，增强政府调控能力，集中资金保重点办大事。首先，统筹"全口径"预算资金。改变一般公共预算、政府性基金预算、国有资本经营预算、社会保险基金预算分头编制、各自平衡的做法，从2019年起一体化编制"四本预算"和政府债务预算，并将中央资金全部打入省级预算"盘子"，切实增强政府财力综合运筹能力。其次，统筹专项资金支出预算。以省委、省政府重大决策部署为统领，结合机构改革职能调整，将专项资金由93项压减至39项，实行"大专项+任务清单"管理模式，优化支出结构，更好保障省委、省政府重大决策部署落实。

（三）"两转变"

首先，转变财政资金分配方式，由项目法转为因素法。对适宜由基层实施的专项资金，主要采取因素法分配，由业务主管部门依据资金管理办法，科学确定分配因素和权重，确保资金分配公开透明；对确需实行项目法分配的资金，业务主管部门主要采取竞争择优的方式遴选项目，确保项目安排科学合理。其次，转变财政对市场主体的扶持方式，由行政化转为市场化。逐步取消竞争性领域专项资金，对市场主体面上扶持主要通过税费减免等普惠性方式实现，点上扶持主要通过政府引导基金、股权投资等市场化方式实现，引导性扶持主要通过以奖代补、先干后补等激励性方式实现，充分发挥市场在资源配置中的决定性作用，更好发挥政府作用。通过"两转变"，最大限度优化资金配置，提高资金使用效益。

（四）"两规范"

首先，规范预算编制。拉长预算编制周期，全面实行零基预算管理，加强项目库建设、预算评审等工作，确保将预算编细、编准、编实。其次，规范预算执行。扩大财政授权支付范围，优化政府采购流程，加大存量资金盘活力度，完善预算监管措施，确保改革后资金能够"接得住、用得好"。通过规范预算编制与执行，将各项管理要求制度化、常态化，使预算管理体系更加健全、理财科学化水平进一步提升。

二、省以下财政管理体制改革主要内容

2号文以“先集中、后均衡、强激励、促发展”为宗旨，通过进一步理顺各级财政分配关系，优化全省财政资源配置，强化财政调控保障作用，促进建立权责清晰、财力协调、区域均衡的省与市县财政关系，为开创新时代现代化强省建设新局面提供有力支撑。主要内容可以概括为。

（一）围绕促进区域协调发展，进一步优化省与市县财政分配关系

为增强省级对区域协调发展的统筹调控能力，本次改革通过对省以下财政收支划分的调整，加大对财力薄弱地区转移支付力度，努力缩小地区间财力差距，促进基本公共服务均等化。首先，调整省与市县收入划分方式。将省级与市县之间的主体税种及资源财产类税收增量的分享比例，由15% ∶ 85%调整为20% ∶ 80%，以适度提高省级财政调控能力，进一步均衡地区间、级次间财力差异，同时也有利于引导各地提高财政收入质量。其次，深化省与市县财政事权和支出责任划分改革。按照国务院要求，将八大类17项基本公共服务列为省与市县共同财政事权，并打破按东、中、西区域划分进行补助的老办法，改按人均财力和人均支出水平，精准确定省对市县的分档分担办法，减轻基层民生支出压力，更好地保障民生政策落实。最后，完善省级对财政困难地区转移支付制度。由此次体制改革而带来的省级新增财力，重点用于增加对财力薄弱地区的转移支付，提升其基本公共服务保障能力。

（二）围绕促进经济高质量发展，健全完善财政体制激励政策

为强化财政体制激励引导作用，省级聚焦新旧动能转换的重点领域和关键环节，建立完善与新旧动能转换成效挂钩的转移支付分配、高新技术企业税收增长奖励、重点园区“亩均税收”领跑者激励、收入结构优化奖励等“六项机制”，运用财税利益调节杠杆，鼓励先进、鞭策后进，树立起鲜明的高质量发展导向，调动各级加快发展的积极性。同时，实施增值税收入阶段性激励政策，对2019—2020年省级因体制改革新集中的增值税收入予以全额返还，鼓励各地振兴实体经济，促进制造业转型升级。

（三）围绕促进生态环境改善和绿色发展，建立生态文明建设财政奖补机制

为强化市县环境保护责任，从制度上对污染物排放形成制约，引导各地加快调

整产业结构和能源消费结构，促进生态文明建设和绿色可持续发展，自2019年起，根据各地化学需氧量、氨氮、二氧化硫、氮氧化物4项主要污染物年排放总量，省级向设区市政府征收主要污染物排放调节基金。省级将该基金收入的60%返还上缴地区，其余部分统筹用于建立大气、水、节能减排奖惩机制和重点生态功能区、自然保护区生态补偿制度。

（四）围绕促进县域经济发展，进一步深化省财政直管县体制改革

为整体提升县域经济发展水平，本次改革将省财政直管县范围扩大到41个县（市）。省级将在财政收支划分、转移支付补助、政府债券额度等方面，对41个省财政直管县实行“直通车”政策，重点是加大财力性转移支付力度，提高重大民生政策省级分担比例，增强县乡财政保障能力，解除县域发展的后顾之忧。同时，中央切块下达以及省级安排的各类乡村振兴、产业扶持、区域发展等专项资金，加大对省财政直管县倾斜力度，解决基层发展资金不足的问题，提升县域要素集聚能力，支持薄弱县加快跨越发展。

三、规范资金管理，确保改革行稳致远

这次改革的核心是放权，但并不是“一放了之”。与之相配套，主要通过“四靠”规范预算资金管理：

一靠预算编审——财政部门聚焦预算编制和支出政策审核两大重点，把零基预算作为省级专项资金预算编制的基本方法，引导各部门及早研究谋划业务开展和年度预算安排，做到“先谋事后要钱”，并进一步完善预算定额标准体系和项目库入库管理，将预算真正编细、编实、编准。

二靠制度规则——每项专项资金都必须制定管理办法，确保“先有制度、后分资金”。

三靠绩效管理——将绩效理念和方法深度融入“全口径”预算管理全过程，加快构建“全方位、全过程、全覆盖”的预算绩效管理体系，加快构建事前事中事后绩效管理闭环系统，资金绩效评价结果将向政府和人大报告。

四靠外部监督——引入外部监督作为保障资金安排的重要举措，并提出了一揽子、立体化的监管措施。

四、明确预算绩效化改革总目标

对于预算绩效管理改革，1号文提出了全面实施预算绩效管理的总体目标：认真落实《中共中央 国务院关于全面实施预算绩效管理的意见》(中发〔2018〕34号)，将绩效理念和方法深度融入“全口径”预算管理全过程，加快构建事前事中事后绩效管理闭环系统。建立重大政策和项目事前绩效评估机制，评估结果作为省业务主管部门申请预算的必备要件。硬化预算绩效目标约束，绩效目标与预算同步批复和下达。省业务主管部门要对预算执行情况以及政策、项目实施效果全面开展绩效自评，加大省财政部门重点绩效评价力度。强化预算绩效结果应用，将其纳入政府绩效考核和干部政绩考核体系，并与预算安排直接挂钩，对绩效结果达不到优良等次的，原则上按不低于10%压减预算规模，必要时应及时调整支出政策。

第二节 山东预算绩效管理“1+2+N”制度体系

一、“1”锤定音，描绘山东预算绩效管理改革蓝图

针对山东省预算绩效管理中存在的五大突出问题，如绩效理念淡薄、改革推进不够均衡、深度和广度不足、绩效管理链条不够完整、绩效激励与约束作用不强等，根据党中央、国务院提出的构建全方位、全过程、全覆盖预算绩效管理体系的要求，2019年1月29日，中共山东省委、山东省人民政府印发《关于全面推进预算绩效管理的实施意见》(鲁发〔2019〕2号，以下简称《实施意见》)，提出预算绩效管理改革的“山东方案”，标志着山东预算绩效管理改革正式迈入“全面化”的新时代，为山东特色的“1+2+N”体系奠定了制度根基。

(一)山东预算绩效管理改革的基本目标

《实施意见》提出，各级各部门各单位一定要提高政治站位，认真贯彻中央改革精神，把思想和行动统一到党中央、国务院决策部署上来，突出问题导向，以全面实施预算绩效管理为关键点和突破口，加快建立现代财政制度，推动财政资金聚力增效，提高公共服务供给质量，增强政府公信力和执行力。要坚持全面实施，统筹推进，通过建机制、扩范围、抓重点、补短板，力争省级用3年时间、市县用5年时间基本建成全方位、全过程、全覆盖的预算绩效管理体系，实现预算和绩效管理一体化，改变预算资金分配的固化格局，提高预算管理水平和政策实施效果，为在全面建成小康社会进程中走在前列，在社会主义现代化建设新征程中走在前列，全面开创新时代现代化强省建设新局面提供有力保障。

（二）实施全方位管理，建立“全口径+”预算绩效管理体系

“全方位”明确了改革的空间范围，即将预算绩效管理实施对象从项目支出为主向政策、部门整体绩效拓展，从转移支付为主向政府财政运行综合绩效拓展，从一般公共预算为主向“全口径”预算拓展，并延伸至政府投资基金、政府与社会资本合作（PPP）、政府采购、政府购买服务、政府债务项目绩效管理等方面，加快构建政府预算、部门单位预算、政策和项目预算全方位预算绩效管理格局，形成纵向贯穿各级政府，横向覆盖所有部门单位的“全口径+”预算绩效管理体系（见图2–1）。

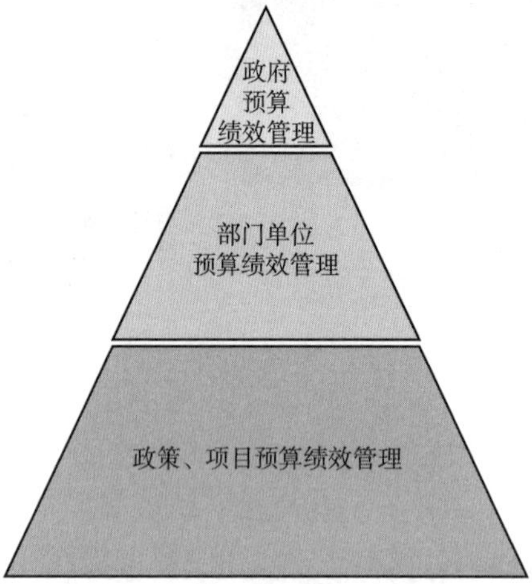

图2–1 “全口径+”预算绩效管理体系建设目标

1. 空间维度，逐步实现改革覆盖范围的“全面化”

在政策和项目绩效管理方面已取得明显成效的基础上，山东省将提质、扩围、升级作为“全面化”改革的主基调，将部门整体和地方政府作为新时期改革的重点内容，构成“金字塔型”绩效管理格局。四个层面关注的重点分别为：

（1）政策和项目绩效管理：以省委、省政府确立的重大政策和专项为重点，既关注项目资金的直接产出和效果，又关注宏观政策目标的实现程度。强化结果导向，从数量、质量、时效、成本、效益等方面，综合衡量政策和项目预算资金使用效果。对实施期超过一年的重大政策和项目，实行全周期跟踪问效，及时跟踪评价政策、项目实施成效。建立政策和项目动态调整机制，及时清理退出到期政策、绩效低下政策和项目。

（2）部门整体绩效管理：以部门预算资金管理为主线，从运行成本、管理效率、履职效能、社会效应、可持续发展能力和服务对象满意度等方面衡量部门整体及核心业务实施效果。

（3）地方政府预算绩效管理：将某一级地方政府收支全面纳入绩效管理。提高收入质量，严禁脱离实际制定收入增长目标，既要严格落实各项减税降费政策，又要坚持应收尽收、依法征收，严禁虚收空转、收取过头税费，严禁超出限额举借政府债务。要牢固树立绩效理念，坚持统筹兼顾、突出重点、量力而行，紧紧围绕省委、省政府重大部署科学编制年度支出预算，集中财力办大事，不断提高保障和改善民生水平，同时不得设定过高民生标准和擅自扩大保障范围，确保财政资源高效配置，增强财政可持续性。建立地方财政运行综合绩效管理制度，开展省对市县财

政运行综合绩效评价，引导市县围绕高质量发展，不断提高收入质量、优化支出结构，提高公共服务供给质量，提升财政运行综合绩效，增强财政可持续性。

2. 资金维度，构建“4+X”型“全口径+”预算绩效管理体系

从一般公共预算为主向“全口径”拓展、覆盖“四本预算”是改革的首要目标；其次要将改革范围向政府投资基金、政府与社会资本合作（PPP）、政府采购、政府购买服务、政府债务项目绩效管理等方面延伸，形成“4+X”型“全口径+”预算绩效管理体系（见图2-2）。

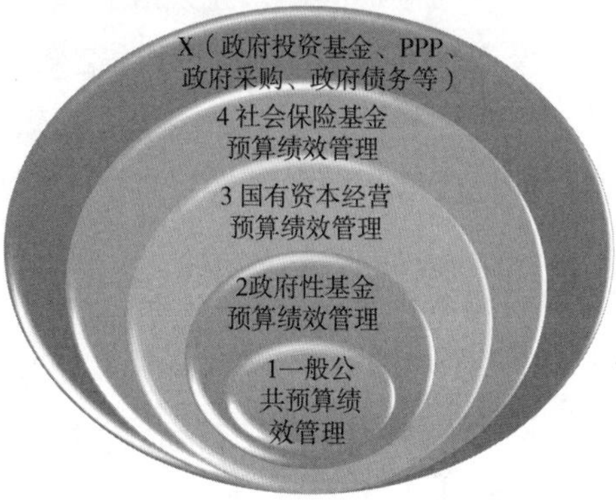

图2-2 “全口径+”下“4+X”型预算绩效管理体系

“四本预算”的绩效管理关注点分别为：

（1）一般公共预算绩效管理重点关注收入结构、征收效率和优惠政策实施效果，预算资金和资产配置效率、使用效益，特别是重大政策和项目实施效果等。

（2）政府性基金预算绩效管理重点关注基金政策的征收标准、使用效果和对专项债务的支撑能力等。

（3）国有资本经营预算绩效管理重点关注贯彻国家战略、收益上缴、支出结构、使用效果等。社会保险基金预算绩效管理重点关注政策效果、基金管理、精算平衡、地区结构、运行风险等。

（三）完善绩效管理链条，实行全过程预算绩效管理

“全过程”是全面实施预算绩效管理的核心内容，旨在从时间维度将绩效理念和方法深度融入预算编制、执行、监督全过程，实现预算和绩效管理一体化，具体包括事前绩效评估、绩效目标、绩效监控、绩效评价和结果运用5个环节。针对山东预算绩效管理改革在事前绩效评估、绩效监控两个环节的短板，《实施意见》提出将绩效管理关口前移，对新出台重大政策、项目开展事前绩效评估，作为项目入库和申请预算的必备要件，提升财政资源配置的科学化水平；同时，《实施意见》还提出要健全预算绩效运行监控机制，对绩效目标实现程度和预算执行进度实行“双监控”，使全过程预算绩效管理的链条更加完整有效。

（四）强化基础支撑体系建设，提高绩效管理规范化水平

在改革的基础条件方面，“山东方案”提出以标准科学、制度完备、规范高效

为目标，加快预算绩效管理基础支撑体系建设。

1. 完善预算绩效标准体系

预算绩效标准体系建设既要按照定量和定性相结合的原则，建立完善政策、项目以及部门整体共性绩效指标框架，又要积极推进部门预算绩效指标框架体系建设，构建分行业、分领域的核心绩效指标和标准体系，并建立动态调整机制。绩效指标和标准体系要与基本公共服务标准、部门预算项目支出标准等衔接匹配，突出结果导向，重点考核实绩。

2. 健全预算绩效管理制度体系

《实施意见》要求各级财政部门要建立健全涵盖事前绩效评估、绩效目标、绩效监控、绩效评价、结果应用等各环节的管理制度和实施细则，分别制定针对部门单位和转移支付资金的绩效管理办法。

3. 加强信息化建设，实现预算与绩效管理一体化

"山东版"预算与绩效管理一体化的基本思路为：以绩效为主线，推进政府预算、部门预算以及重大专项相关业务、财务、资产等数据资源串联与整合，逐步构建覆盖全面、业务协同、上下贯通、开放共享的绩效大数据应用格局，发挥大数据在政策完善、决策优化、风险预警等方面的作用，提升财政精准治理能力和财政资金的综合使用效益。

4. 引导和规范社会力量有序参与绩效管理

在第三方机构培育方面，《实施意见》提出要以培养一支结构合理、专业胜任的高水平预算绩效管理第三方机构队伍为目标。规范第三方机构参与预算绩效管理，加强执业质量全过程跟踪和监管，有效发挥第三方机构的独立性和专业性。建立专家咨询机制，组建涵盖不同领域、不同行业、不同专业的预算绩效管理专家学者智库，为全面推进预算绩效管理提供智力支持。

（五）"山东方案"的创新与特色

《实施意见》在确保中央改革精神不折不扣落实的基础上，立足山东改革实际，创新性提出四项措施，以"硬约束"倒逼绩效责任落实，推动改革全面落地：

"一报告"：指建立部门整体绩效报告制度，推动部门单位开展整体绩效管理，将整体绩效目标和自评结果向同级政府和人大报告。

"两纳入"：是指将部门整体绩效评价结果纳入对党群机关、政府部门及事业单位绩效考核范围，将下级政府财政运行绩效评价结果纳入政府绩效考核范围。

"三挂钩"：是指将部门整体绩效与部门预算安排挂钩，将下级政府财政运行绩效及预算绩效管理改革推进情况与转移支付安排挂钩，将项目区域绩效与专项资金分配挂钩。

强化审计监督：即审计机关要依法对预算绩效管理情况开展审计监督，将预算绩效管理情况纳入领导干部经济责任审计范围。

二、“1+2”，搭建山东预算绩效管理顶层制度框架

（一）“1+2”制度框架的基本结构

为确保中央及省委、省政府改革精神全面贯彻落实，山东省政府办公厅专门印发了《山东省省级部门单位预算绩效管理办法》和《山东省省对下转移支付资金预算绩效管理办法》（鲁政办字〔2019〕20号），由此构成具有山东特色的“1+2”预算绩效管理制度顶层框架，如图2–3所示。

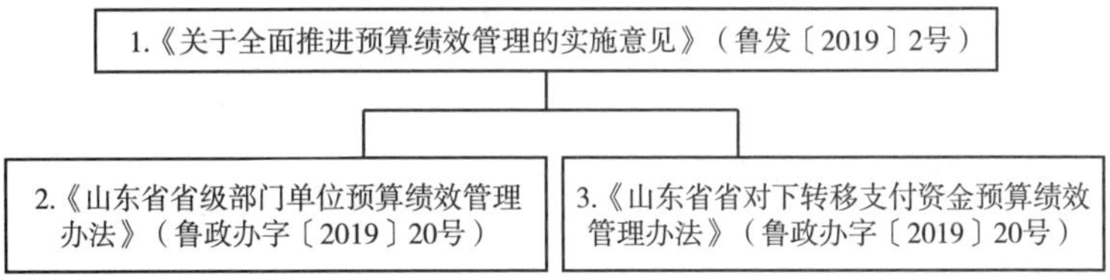

图2–3　山东省“1+2”制度框架

“1+2”制度框架聚焦省级部门单位和对下转移支付资金两个关键，落实各级政府及各部门、各单位预算绩效管理主体责任，厘清财政与部门绩效管理的职责边界，规范管理流程，使预算绩效管理有章可循、有规可依；同时使各部门、各单位明确干什么、怎么干、达到什么目标和要求，以确保改革全面落地，确保预算绩效管理横向覆盖所有省级部门和单位，纵向延伸到基层财政和资金使用末梢，加快形成横向到边、纵向到底的管理格局。

（二）《山东省省级部门单位预算绩效管理办法》主要内容

《山东省省级部门单位预算绩效管理办法》共8章32条，以强化预算绩效责任、提高财政资金使用绩效为目标，对省级部门单位在预算绩效管理方面的“应做应为”作出明确的规定，其内容主要包括：

1. 适用范围：包括省级部门单位管理的所有财政性资金，涵盖一般公共预算、政府性基金预算、国有资本经营预算和社会保险基金预算，以及涉及一般公共预算等财政资金的政府投资基金、政府和社会资本合作（PPP）、政府采购、政府购买

服务、政府债务项目等。

2. 主要类型：省级部门单位预算绩效管理按管理对象可分为部门整体绩效管理、政策和项目绩效管理。按管理环节可分为绩效目标管理、事前绩效评估管理、绩效运行监控管理、绩效评价管理和绩效结果应用管理等五个环节。

3. 职责划分：省业务主管部门、财政部门、审计部门共同负责预算绩效管理和监督工作，具体按照各自职责分工分别开展。其中，财政部门与业务部门的职责分工存在较强的对应关系，如表2-1所示。省审计部门依法对预算绩效管理情况开展审计监督，重点审计预算支出绩效、政策实施效果、绩效责任落实和部门绩效自评等内容，并将预算绩效管理情况纳入领导干部经济责任审计范围。

表2-1　　省级财政部门与业务部门的预算绩效管理责任

财政部门	业务部门
（1）研究制定省级预算绩效管理规章制度、操作规程、工作规划等。	（1）研究制定本部门预算绩效管理实施细则、工作规程、工作计划等。
（2）组织指导部门单位开展预算绩效管理工作，对实施情况进行督导考核。	（2）实施本部门预算绩效管理工作，组织指导所属单位和项目实施单位落实预算绩效管理职责任务，对实施情况进行督导考核。
（3）研究制定共性绩效指标和标准体系，组织部门单位建立分行业、分领域、分层次的核心业务绩效指标和标准体系。	（3）建立本部门分行业、分领域、分层次的核心业务预算绩效指标和标准体系。
（4）审核绩效目标。	（4）设置部门整体绩效目标、政策和项目绩效目标。
（5）对部分新出台重大政策和项目组织开展事前绩效评估。	（5）组织开展新出台重大政策和项目事前绩效评估。
（6）组织开展绩效运行监控。	（6）组织开展政策和项目预算执行进度和绩效目标完成情况“双监控”。
（7）抽查复核部门绩效自评结果。	（7）组织开展部门绩效自评。
（8）组织开展重大政策和项目及部门整体绩效评价。	（8）选择本部门重大支出政策和项目，进行重点评价。
（9）建立绩效结果与预算安排和政策调整挂钩机制，健全绩效结果反馈及督促整改机制。	（9）建立评价结果与改进项目资金管理挂钩机制。
（10）组织实施预算绩效信息向人大报告、向社会公开工作。	（10）按要求向人大报告、向社会公开本部门预算绩效信息。
（11）推进预算绩效信息化建设，实现预算与绩效管理一体化运行。	
（12）引导和规范第三方机构参与预算绩效管理。	

4. 结果应用：明确了绩效信息的应用方式，包括反馈整改、与预算挂钩、信息公开、向省人大报告四种。

5. 绩效责任与约束：明确要求省业务主管部门主要负责人要对本部门单位预算绩效负总责，项目责任人对项目预算绩效负责，对重大项目责任人实行绩效终身责任制。将预算绩效结果与政府绩效和干部政绩考核挂钩，作为领导干部经济责任审计、选拔任用以及公务员考核的重要参考。

（三）《山东省省对下转移支付资金预算绩效管理办法》主要内容

《山东省省对下转移支付资金预算绩效管理办法》共8章39条，主要针对省对下转移支付资金的特点制定，主要内容包括三个方面：

1. 明确适用范围

主要用于规范中央财政和省财政安排下级政府的各类转移支付资金的绩效管理工作。

2. 明确职责分工

根据转移支付资金贯穿各级政府的特点，《山东省省对下转移支付资金预算绩效管理办法》明确了省财政部门、省审计部门、省业务主管部门、市县财政部门、市县业务主管部门、项目实施单位六方的职责，以厘清各自管理边界，落实管理责任。其中，省审计部门依法对转移支付预算绩效管理情况开展审计监督，重点审计预算支出绩效、政策实施效果、绩效责任落实和转移支付绩效自评等内容。其余部门单位的职责见表2–2、表2–3。

表2–2　　对下转移支付资金绩效管理职责分工（省级）

省财政部门职责	省业务主管部门职责
（1）制定转移支付预算绩效管理制度。 （2）指导省业务主管部门和下级财政部门开展转移支付预算绩效管理工作。	（1）制定本部门转移支付预算绩效管理规程和实施细则，参与制定转移支付预算绩效管理制度。
（3）组织开展转移支付事前绩效评估和绩效目标编审。	（2）开展事前绩效评估。
	（3）编制转移支付整体绩效目标，审核、分解和下达区域绩效目标，审核省级按项目法管理的转移支付项目绩效目标。
（4）对转移支付绩效自评情况进行抽查复核。	（4）组织实施绩效运行监控、绩效自评和重点评价工作。
（5）选择重大转移支付开展绩效运行监控和绩效评价。	（5）配合省财政部门做好重大转移支付绩效运行监控和绩效评价工作。
（6）推进转移支付绩效结果应用，建立绩效评价结果与预算安排和政策调整挂钩机制，健全向部门单位反馈绩效结果与督促整改机制。	（6）督促落实绩效运行监控和绩效评价反馈意见，根据绩效管理结果改进项目实施和资金使用管理。
（7）建立转移支付共性绩效评价指标和标准体系。	（7）建立本部门转移支付个性绩效评价指标和标准体系。

表2-3　对下转移支付资金绩效管理职责分工（市县级部门）

市县财政部门职责	市县业务部门职责	项目实施单位职责
（1）制定本地区转移支付预算绩效管理制度。	—	—
（2）指导同级主管部门、项目实施单位开展转移支付全过程预算绩效管理工作。	（1）编报本行政区域转移支付区域绩效目标。	（1）编制项目绩效目标，并按照批复的绩效目标和资金使用计划组织项目实施。
（3）审核同级主管部门申报的转移支付区域绩效目标和项目绩效目标。	（2）审核报送项目实施单位申报的项目绩效目标。	（2）开展项目绩效运行监控，定期报送项目监控信息。
（4）组织开展重大转移支付绩效运行监控和绩效评价，加强绩效结果应用。	（3）组织项目实施，组织开展绩效运行监控、绩效自评等工作。	（3）开展项目绩效自评，按要求提报自评报告。
（5）协助省财政部门做好转移支付预算绩效管理工作。	（4）督促指导项目实施单位推进全过程预算绩效管理，督促落实绩效运行监控、绩效评价反馈意见，确保转移支付实现预期效益。	（4）配合主管部门做好预算绩效管理相关工作。

3. 完善全过程预算绩效管理链条

根据转移支付资金预算管理的特点，对转移支付资金的整体绩效目标、区域绩效目标和项目绩效目标的设定、审核、下达，以及绩效监控和评价等提出特别要求，对各环节管理流程进行专门规范，确保预算绩效管理延伸至基层单位和资金使用管理终端，确保中央及省委、省政府重大决策部署的贯彻落实。

4. 强化绩效信息运用

利用转移支付资金预算绩效管理中形成的绩效信息，采取与预算挂钩、反馈整改、信息公开等方式实施激励与约束，以提高资金使用绩效。其主要内容如图2-4所示。

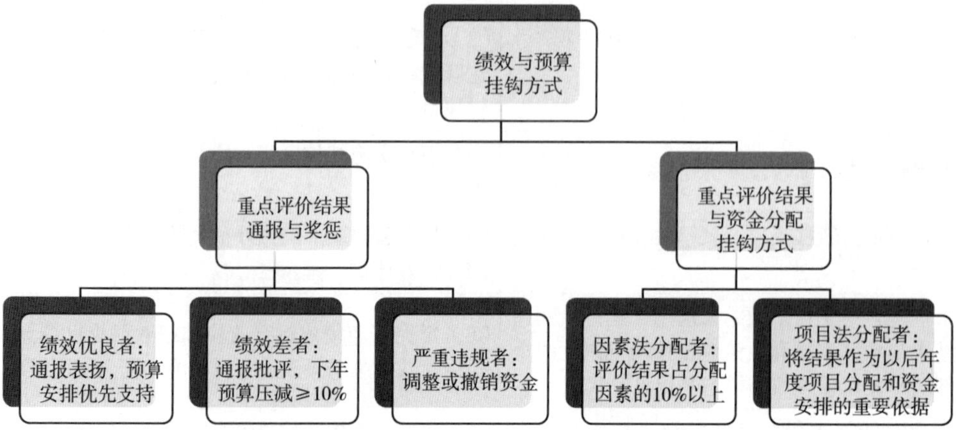

图2-4　山东省转移支付资金绩效信息与预算挂钩方式

三、“1+2+N”，细织山东预算绩效管理制度网

制度的生命力在于执行，规范的效力在于落实。在“1+2”制度框架的基础上，山东省出台了一系列预算绩效管理制度办法，重点编织以“全过程”“全方位”为骨架、“全覆盖”为血肉的“1+2+N预算绩效管理制度网”（以下简称“山东绩效制度网”），其中“N”值随改革的深入而持续扩大。到2024年5月底，“N”值达到48，已形成较为完善的预算绩效管理制度体系，指导各市县出台相关制度办法1500多项。省级2019年以来出台的主要制度规范如表2-1至表2-8所示。

（一）综合性制度

表2-4　　综合性制度

序号	制度名称	文号	发文时间
1	《关于全面推进预算绩效管理的实施意见》	鲁发〔2019〕2号	2019.01.29
2	《山东省省级部门单位预算绩效管理办法》	鲁政办字〔2019〕20号	2019.01.26
3	《山东省省对下转移支付资金预算绩效管理办法》	鲁政办字〔2019〕20号	2019.01.26
4	《山东省省级预算绩效管理三年行动方案（2019—2021年）》	鲁财绩〔2019〕6号	2019.10.12
5	《山东省财政厅预算绩效管理工作规程（试行）》	鲁财办发〔2019〕14号	2019.09.21
6	《关于建立四项机制加快推动预算绩效管理的意见》	山东省人大	2021.05.21
7	《财政审计协同联动推进全面预算绩效管理实施方案》	鲁财绩〔2021〕7号	2021.04.28
8	《山东省省直部门预算管理绩效综合评价实施方案试行）》（包含2019年、2020年、2021年、2022年、2023年调整）	鲁政办字〔2017〕185号、鲁财绩函〔2019〕3号、鲁财绩函〔2020〕4号、鲁财绩函〔2021〕2号、鲁财绩函〔2022〕2号、鲁财绩函〔2023〕3号	2023.06.21
9	《山东省预算绩效管理重点县推进计划工作方案》	鲁财绩函〔2020〕3号	2020.04.15
10	《山东省“预算绩效管理改革攻坚年”活动工作方案》	鲁财办发〔2020〕14号	2020.03.18
11	《山东省“预算绩效管理扩围提质年”活动工作方案》	鲁财绩〔2021〕5号	2021.03.26

续表

序号	制度名称	文号	发文时间
12	《山东省预算绩效管理“创新提升年”活动实施方案》	鲁财绩〔2022〕2号	2022.03.08
13	《山东省预算绩效管理“提质增效”行动实施方案》	鲁财绩〔2023〕2号	2023.04.06

（二）专项制度

表2-5　专项制度

序号	制度名称	文号	发文时间
1	《部门整体绩效管理试点工作方案》	鲁财绩函〔2019〕2号	2019.06.25
2	《山东省省级部门和单位整体绩效管理暂行办法》	鲁财绩〔2021〕1号	2021.01.08
3	《山东省水库移民扶持基金绩效管理暂行办法》	鲁财农〔2019〕34号	2019.07.25
4	《山东省三峡后续工作专项资金绩效管理暂行办法》	鲁财农〔2021〕24号	2021.06.09
5	《山东省政府专项债券项目绩效管理暂行办法》	鲁财预〔2021〕53号	2021.10.21
6	《山东省社会保险基金预算绩效管理实施办法》	鲁财社〔2022〕64号	2022.12.22

（三）绩效决策类制度

该类政策包括绩效目标管理和事前绩效评估管理两类。

表2-6　绩效目标与事前绩效评估制度

序号	制度名称	文号	发文时间
1	《山东省省级政策和项目预算事前绩效评估管理暂行办法》	鲁财绩〔2019〕5号	2019.09.15
2	《山东省省级政策和项目预算绩效目标管理办法》①	鲁财绩〔2020〕6号	2020.08.05
3	《山东省省级预算绩效目标设置指引（试行）》	鲁财绩〔2022〕7号	2022.12.30
4	《全省政策项目预算绩效目标指标标准体系建设工作方案》	鲁财绩〔2024〕4号	2024.05.31
5	《山东省省级政策和项目预算事前绩效评估工作规程》	鲁财绩〔2020〕5号	2020.08.03
6	《山东省新增重大政策和项目预算事前绩效评估管理办法》	鲁财绩〔2023〕8号	2023.12.21

① 前期执行的文件为《山东省省级财政项目支出绩效目标管理办法（试行）》（鲁财绩〔2014〕2号）。

（四）绩效运行管理类制度

表2-7　　　　　　预算执行绩效管理类制度

序号	制度名称	文号	发文时间
1	《山东省省级部门单位预算绩效运行监控管理暂行办法》	鲁财绩〔2019〕5号	2019.09.15
2	《省级重大政策和项目全周期跟踪问效实施方案》	鲁财绩函〔2020〕5号	2020.04.22

（五）绩效评价管理类制度①

表2-8　　　　　　绩效评价管理类制度

序号	制度名称	文号	发文时间
1	《涉农资金统筹整合综合绩效评价管理暂行办法》	鲁财农〔2019〕22号	2019.05.07
2	《山东省省级行政事业性国有资产管理绩效评价暂行办法》	鲁财资〔2019〕49号	2019.11.28
3	《山东省政府购买服务第三方绩效评价工作实施意见》	鲁财采〔2019〕51号	2019.10.12
4	《山东省新旧动能转换引导基金管理绩效评价暂行办法》	鲁财基金〔2019〕11号	2019.12.16
5	《山东省“政产学研金服用”创新创业共同体绩效评价办法》	鲁科字〔2020〕68号	2020.09.03
6	《中央土壤污染防治专项资金绩效评价管理实施细则》	鲁财资环〔2020〕13号	2020.08.03
7	《山东省省级项目支出绩效单位自评工作规程》	鲁财绩〔2020〕4号	2020.04.28
8	《山东省省级项目支出绩效财政评价和部门评价工作规程》	鲁财绩〔2020〕4号	2020.04.28
9	《2022年省对下财政运行综合绩效评价试点实施方案》	鲁财绩〔2022〕5号	2022.07.12
10	《山东省乡村振兴重大专项资金绩效评价管理办法》	鲁财农〔2022〕43号	2022.12.23
11	《山东省污水处理行业政府和社会资本合（PPP）项目绩效指标体系和山东省黑臭水体治理行业政府和社会资本合作（PPP）项目绩效指标体系》	鲁财合〔2020〕4号	2020.10.23

① 前期执行的文件为《山东省省级财政支出绩效评价管理暂行办法》（鲁财预〔2011〕67号）。财政部出台《项目支出绩效评价管理办法》（鲁财绩〔2020〕3号）后及时转发执行。另外，前期出台的绩效评价相关文件还有：《山东省县级财政支出管理绩效综合评价方案》（鲁财预〔2012〕82号），《山东省部门支出管理绩效综合评价方案》（鲁财预〔2012〕85号），《各市财政管理绩效综合评价方案（试行）》（鲁财绩〔2014〕1号）。

（六）成本绩效管理类制度

表2-9　　成本绩效管理类制度

序号	制度名称	文号	发文时间
1	《山东省财政厅关于开展成本预算绩效管理的实施意见》	鲁财绩〔2022〕4号	2022.05.28
2	《山东省省级成本预算绩效管理工作规程》	鲁财绩〔2023〕6号	2023.12.08
3	《关于全面实施成本预算绩效管理的通知》	鲁财绩〔2023〕4号	2023.08.24

（七）绩效信息管理与应用类制度①

表2-10　　绩效信息管理与运用类制度

序号	制度名称	文号	发文时间
1	《关于改革完善省属本科高校预算拨款制度的实施意见》	鲁财科教〔2020〕17号	2020.06.18
2	《山东省省属本科高校绩效奖补资金管理办法（试行）》	鲁财科教〔2020〕18号	2020.06.13
3	《山东省省级预算绩效管理结果应用暂行办法》	鲁财办发〔2020〕36号	2020.12.21
4	《山东省省级财政项目支出绩效评价末位淘汰制实施细则（试行）》	鲁财绩〔2023〕5号	2023.09.11

（八）绩效市场管理类制度

表2-11　　预算绩效服务市场管理类制度

序号	制度名称	文号	发文时间
1	《山东省省级部门委托第三方机构参与预算绩效管理工作暂行办法》	鲁财绩〔2021〕12号	2021.11.16
2	《山东省省级部门委托第三方机构参与预算绩效管理工作办法》①	鲁财绩〔2023〕7号	2023.12.21
3	《预算绩效管理处财政重点绩效评价质量内部审查管理办法（试行）》	鲁财绩便函〔2024〕3号	2024.05.31

随着预算绩效管理改革的推进，“山东绩效制度网”不仅越来越细密，而且覆盖的范围越来越庞大，对各部门单位的规范性程度越来越高。随着预算周期的持续运行，源源不断产生的绩效信息犹如连接预算管理与绩效管理的“神经”，促使预

① 前期出台的文件有《山东省省级预算绩效评价信息公开办法（暂行）》（鲁财绩〔2015〕1号）。

① 前期出台的文件有《山东省省级预算绩效管理委托第三方机构评价管理办法（试行）》（鲁财绩〔2014〕4号）。

算与绩效的融合一步步加深、一点点强化。

四、山东预算绩效管理改革时间表与路线图

2019年10月12日，山东省财政厅会同省委组织部、省编办、省审计厅出台了《山东省省级预算绩效管理三年行动方案（2019—2021年）》（鲁财绩〔2019〕6号，以下简称《三年行动方案》），将四大工作任务分解为14项具体改革举措，制定了工作任务清单，并逐一明确工作内容、明确实施主体、明确完成时限，确保每项改革任务都有落实的时间表、路线图和责任部门。

（一）《三年行动方案》的特点

《三年行动方案》充分考虑到省级各部门预算绩效管理的基础和改革任务，对具备条件的改革措施，督促加快推进步伐，力争尽早落地见效；对暂不具备全面实施的环境和条件、但又必须推进的改革任务，大胆探索、试点先行；对研究不够深入、实施路径不够明确，暂不具备实施条件的改革任务，加强政策研究储备，稳妥推进。

（二）《三年行动方案》的主要内容

1.主要任务

《三年行动方案》将全面预算绩效管理改革要求概括为四项任务：（1）拓展管理对象，实施全方位管理；（2）完善管理链条，实行全过程管理；（3）拓展管理范围，实现全覆盖管理；（4）压实绩效责任，健全激励约束机制。

2.改革措施

《三年行动方案》将四大任务细化为14项改革措施（见表2-12），并明确了每一项措施的实施时间。

表2-12　《三年行动方案》改革措施

序号	措施	序号	措施
1	推动预算绩效管理全覆盖	8	加强评价结果应用
2	推进政府预算绩效管理	9	推进绩效信息公开
3	推进部门单位整体绩效管理	10	健全完善预算绩效标准体系
4	建立事前绩效评估机制	11	加强预算绩效信息化建设
5	强化绩效目标管理	12	引导规范社会力量参与绩效管理
6	健全预算绩效运行监控机制	13	硬化绩效责任约束
7	全面开展绩效评价	14	加强监督问责

（三）《三年行动方案》推进机制

为配合《三年行动方案》的有效落实，山东省专门建立起省财政组织协调、部门主责实施的工作协同推进机制，将部门推进落实情况纳入省直部门预算管理绩效综合评价范围，并建立工作督导机制，进一步压实部门绩效管理主体责任，形成强大的改革合力。

（四）《三年行动方案》向市县的扩展

将改革要求细化为行动方案的改革路径在青岛等市县层级得到进一步推广。2020年，青岛市财政局、审计局联合印发了《青岛市深化预算绩效管理三年行动方案（2020—2022年）》（青财绩〔2020〕10号），围绕市委、市政府重点工作任务，全面细化全市预算绩效管理改革事项，明确力争用3年时间，在全市范围内基本建成全方位、全过程、全覆盖的预算绩效管理体系。

五、山东预算绩效管理制度体系的结构与特征

（一）山东预算绩效管理制度体系的结构

山东省在绩效管理方面的制度建设包括两个部分：一是为落实财政部相关制度而建立，如财政部《财政支出绩效评价管理暂行办法》（财预〔2011〕285号）、《财政部关于推进预算绩效管理的指导意见》（财预〔2011〕416号）发布以后，山东省先后出台了《山东省省级财政支出绩效评价管理暂行办法》（鲁财预〔2011〕67号）[①]、《山东省关于全面推进预算绩效管理的意见》（鲁财预〔2013〕86号）；二是山东省独立制定出台的制度规范，如《山东省省级预算绩效评价信息公开办法（实行）》（鲁财绩〔2015〕1号）、《山东省新增重大政策和项目预算事前绩效评估管理办法》（鲁财绩〔2023〕8号）等。

（二）山东预算绩效管理制度以各类规程作为政策落地的载体

能够落地的政策才能发挥作用。在绩效化改革实践中，山东省为提高政策的执行力，先后制定出台了许多以“工作规程”命名的文件，如《山东省省级项目支出绩效单位自评工作规程》《山东省省级项目支出绩效财政评价和部门评价工作规程》《山东省省级项目支出成本效益分析工作规程》，将政策要求细化、具体化，具有较强的可操作性。

① 资料来源：http：//czt.shandong.gov.cn/art/2015/1/16/art_10604_4252932.html。

▶ 第三章
绩效决策之一：预算绩效目标及其优化

内容提要

预算绩效目标位于预算绩效管理周期的起点，其质量高低关系预算绩效化改革的成败。公民与政府之间通过税收—公共品供给过程形成财政交换关系，绩效目标是这一关系的载体，是申请预算资金的依据；预算则是对期望绩效贴上的价格标签。在财政部绩效目标管理规范的基础上，山东省已逐步建立起较为完善的绩效目标管理制度体系，相关内容更加完善、操作性更强，具有自己的特色。本章对其内容进行详细介绍，结合典型案例对现有规范存在的局限和问题进行分析，如制度规范不够完善、目标体系不够完整、质量不高等方面。在提质增效方面，可借鉴美国优先性目标管理模式，从制度完善、信息共享、能力提升、强化监督等方面入手。

第一节 山东省预算绩效目标管理制度的规范化

目标管理作为结果导向型绩效管理改革的基本内容，来源于管理学大师彼得·德鲁克1954年出版的著作——《管理的实践》。这种模式在20世纪六七十年代风靡于美国经济和管理界，并由尼克松总统引入公共部门，作为预算改革的阶段性标志。该模式在20世纪80年代进入我国并得到较好应用，地方政府广泛采用的“目标管理责任制”被视为我国目标管理体系的雏形①。自21世纪初启动预算绩效化改革以来，我国对预算绩效目标的管理从一片空白逐步走向规范化，目前该环节已成为我国预算绩效管理体系的基础，在整个预算绩效管理周期中居于龙头地位。因此，其质量水平对于改革目标的实现意义重大。在财政部的指导下，山东省在“1+2+N”绩效制度网建设中也逐渐建立起自己的预算绩效目标管理体系。

一、山东省预算绩效目标管理的规范化进程

（一）山东省预算绩效目标管理的制度基础

《中华人民共和国预算法》经第十二届全国人民代表大会常务委员会第十次会议于2014年8月31日通过，自2015年1月1日起施行。该法将“统筹兼顾、勤俭节约、量力而行、讲求绩效和收支平衡”作为基本原则，并将绩效理念和要求贯穿到预算周期的每一个环节②。为有效落实新《预算法》，2014年10月8日，国务院发布了《国

① 王汉生，王一鸽.目标管理责任制：农村基层政权的实践逻辑［J］.社会学研究，2009，24（02）：61-92，244.

② 注：《预算法》有关绩效的条款包括：第十二条“各级预算应当遵循统筹兼顾、勤俭节约、量力而行、讲求绩效和收支平衡的原则。第三十二条“各级预算应当根据年度经济社会发展目标、国家宏观调控总体要求和跨年度预算平衡的需要，参考上一年预算执行情况、有关支出绩效评价结果和本年度收支预测，进行编制。第四十九条“人大报告要对执行年度预算、改进预算管理、提高预算绩效、加强预算监督等提出意见和建议”。第七十九条　各级人民代表大会常务委员会对本级决算草案，重点审查下列内容：“……重大投资项目资金的使用及绩效情况”；第五十七条“各级政府、各部门、各单位应当对预算支出情况开展绩效评价”。

务院关于深化预算管理制度改革的决定》，对全面推进深化预算管理制度改革的七项工作作出了全面部署。在第五项工作“加强预算执行管理，提高财政支出绩效”中，提出“健全预算绩效管理机制。全面推进预算绩效管理工作，强化支出责任和效率意识，逐步将绩效管理范围覆盖各级预算单位和所有财政资金，将绩效评价重点由项目支出拓展到部门整体支出和政策、制度、管理等方面，加强绩效评价结果应用，将评价结果作为调整支出结构、完善财政政策和科学安排预算的重要依据。”

2015年5月21日，《中央部门预算绩效目标管理办法》（财预〔2015〕88号）（以下简称《办法》）出台。这是我国启动预算绩效管理改革以来在绩效目标管理方面出台的第一份规范性文件，也是我国预算绩效化改革从财政支出绩效评价这一核心环节向预算绩效管理全面拓展的关键一步。《办法》共5章、31条、4个附件，搭建了我国预算绩效目标管理的基本框架。其中第一章为总则，规定了绩效目标及其管理的定义、分类、主体与客体，第二章至第四章分别规定了预算绩效目标管理的三个环节——绩效目标的设定、审核、批复、调整与应用。

2015年9月29日，财政部发布了《中央对地方专项转移支付绩效目标管理暂行办法》（财预〔2015〕163号），使中央层面预算资金的绩效目标管理规范基本健全。

2021年12月20日，财政部出台《中央部门项目支出核心绩效目标和指标设置及取值指引（试行）》（财预〔2021〕101号）（以下简称《指引》），使我国绩效目标管理进一步迈向精细化、科学化。

（二）山东省预算绩效目标管理制度的建立和发展

1.山东省预算绩效目标管理办法

2020年8月5日，山东省发布了《山东省省级政策和项目预算绩效目标管理办法》（鲁财绩〔2020〕6号）（以下简称“6号文”）。该办法共6章31条5个附件。

第一章：总则。共五条（第1—5条），主要包括：（1）目的——进一步规范省级政策和项目预算绩效目标管理，提高管理的科学性、规范性、精准性和有效性；（2）绩效目标定义与功能；（3）绩效目标管理的定义与适用范围；（4）绩效目标管理的依据。

第二章：职责分工。共6条（第6—11条），分别规定省级财政部门、业务主管部门、市级及以下财政部门、业务主管部门和资金使用单位在绩效目标管理方面的具体职责。

第三章：绩效目标的编报。共9条（第12—20条），主要内容包括：（1）继续贯彻《办法》提出的“申请资金者编报”原则；（2）明确编报的原则性要求：合法合规、指向明确、重点突出、细化量化、合理可行；（3）年度绩效目标与实施期绩效目标的编报；（4）省本级与项目绩效目标的编制与调整；（5）转移支付资金按照涉及范围分别编制整体、区域和项目三个层次的绩效目标；（6）政策和项目绩效目标的结构三要素——总体目标、绩效指标及指标值。

第四章：绩效目标审核。共5条（第21—25条），主要内容包括：（1）审核原则——“分钱者审”；（2）审核要点——完整性、相关性、可行性等；（3）省本级项目绩效目标由省主管部门与财政部门先后审核，提出意见并反馈；（4）转移支付绩效目标审核职责分工：省财政负责审核整体绩效目标；省业务主管目标负责审核区域或项目绩效目标；（5）第三方审核范围：预算金额较大、专业技术性复杂、社会关注程度高、对经济社会发展具有重要影响、关系重大民生领域的重点项目。

第五章：绩效目标的批复下达、公开与应用。共4条（第26—28条），主要内容包括：（1）绩效目标由“批复预算者批复”，随预算批复下达；据实结算等特殊项目的转移支付资金可不要求同步下达，但应明确实施期绩效管理要求；对应急救灾、由县级统筹整合使用的转移支付资金，要填报绩效目标并履行审核、备案程序；（2）绩效目标调整和变更；（3）绩效目标公开——由省业务主管部门公开。

第六章：附则。

附件：包括四张表格——项目绩效目标申报表（见表3-1）及其填报说明、省级转移支付整体绩效目标申报表、省级转移支付区域绩效目标申报表、省级转移支付项目绩效目标申报表。其中，《项目绩效目标申报表填报说明》重点对项目总体目标与实施期目标的内容进行解释。总体目标从相关财政支出的政策意图、总任务、总要求、总产出和总效益等方面进行设定；实施期绩效指标是对项目长期绩效目标的细化和量化，一般包括产出指标（含数量指标、质量指标、时效指标、成本指标）、效益指标（含经济效益、社会效益、生态效益、可持续影响指标）、社会公众或服务对象满意度指标三大类。

表3-1　　　　项目绩效目标申报表（表样）

（　　　　年度）

项目名称		项目类别	
主管部门		主管部门编码	
项目实施单位			
项目属性			
项目期限	年　月　至　年　月		
项目资金申请（万元）	年度金额：		
	其中：财政拨款		
	其他		

续表

<table>
<tr><td rowspan="5">项目实施进度计划</td><td>项目实施内容</td><td colspan="2">开始时间</td><td colspan="2">完成时间</td></tr>
<tr><td>1.</td><td colspan="2"></td><td colspan="2"></td></tr>
<tr><td>2.</td><td colspan="2"></td><td colspan="2"></td></tr>
<tr><td>3.</td><td colspan="2"></td><td colspan="2"></td></tr>
<tr><td>……</td><td colspan="2"></td><td colspan="2"></td></tr>
<tr><td rowspan="2">总体目标</td><td colspan="3">实施期目标</td><td colspan="2">年度目标</td></tr>
<tr><td colspan="3"></td><td colspan="2"></td></tr>
<tr><td rowspan="21">实施期绩效指标</td><td>一级指标</td><td>二级指标</td><td>三级指标</td><td>四级指标</td><td>指标值</td></tr>
<tr><td rowspan="9">产出指标</td><td rowspan="2">数量指标</td><td></td><td></td><td></td></tr>
<tr><td></td><td></td><td></td></tr>
<tr><td rowspan="2">质量指标</td><td></td><td></td><td></td></tr>
<tr><td></td><td></td><td></td></tr>
<tr><td rowspan="2">时效指标</td><td></td><td></td><td></td></tr>
<tr><td></td><td></td><td></td></tr>
<tr><td rowspan="2">成本指标</td><td></td><td></td><td></td></tr>
<tr><td></td><td></td><td></td></tr>
<tr><td>……</td><td></td><td></td><td></td></tr>
<tr><td rowspan="9">效益指标</td><td rowspan="2">经济效益指标</td><td></td><td></td><td></td></tr>
<tr><td></td><td></td><td></td></tr>
<tr><td rowspan="2">社会效益指标</td><td></td><td></td><td></td></tr>
<tr><td></td><td></td><td></td></tr>
<tr><td rowspan="2">生态效益指标</td><td></td><td></td><td></td></tr>
<tr><td></td><td></td><td></td></tr>
<tr><td rowspan="2">可持续影响指标</td><td></td><td></td><td></td></tr>
<tr><td></td><td></td><td></td></tr>
<tr><td>……</td><td></td><td></td><td></td></tr>
<tr><td>社会公众或服务对象满意度指标</td><td>具体指标</td><td></td><td></td><td></td></tr>
<tr><td>……</td><td>……</td><td></td><td></td><td></td></tr>
</table>

续表

<table>
<tr><td rowspan="21">年度绩效指标</td><td>一级指标</td><td>二级指标</td><td>三级指标</td><td>四级指标</td><td>指标值</td></tr>
<tr><td rowspan="9">产出指标</td><td rowspan="2">数量指标</td><td></td><td></td><td></td></tr>
<tr><td></td><td></td><td></td></tr>
<tr><td rowspan="2">质量指标</td><td></td><td></td><td></td></tr>
<tr><td></td><td></td><td></td></tr>
<tr><td rowspan="2">时效指标</td><td></td><td></td><td></td></tr>
<tr><td></td><td></td><td></td></tr>
<tr><td rowspan="2">成本指标</td><td></td><td></td><td></td></tr>
<tr><td></td><td></td><td></td></tr>
<tr><td>……</td><td></td><td></td><td></td></tr>
<tr><td rowspan="9">效益指标</td><td rowspan="2">经济效益指标</td><td></td><td></td><td></td></tr>
<tr><td></td><td></td><td></td></tr>
<tr><td rowspan="2">社会效益指标</td><td></td><td></td><td></td></tr>
<tr><td></td><td></td><td></td></tr>
<tr><td rowspan="2">生态效益指标</td><td></td><td></td><td></td></tr>
<tr><td></td><td></td><td></td></tr>
<tr><td rowspan="2">可持续影响指标</td><td></td><td></td><td></td></tr>
<tr><td></td><td></td><td></td></tr>
<tr><td>……</td><td></td><td></td><td></td></tr>
<tr><td>社会公众或服务对象满意度指标</td><td>具体指标</td><td></td><td></td><td></td></tr>
<tr><td>……</td><td>……</td><td></td><td></td><td></td></tr>
<tr><td>其他需要说明的问题</td><td colspan="5"></td></tr>
</table>

2. 山东版《指引》

2022年12月30日，根据山东省绩效目标管理实践需要，参照财政部《中央部门项目支出核心绩效目标和指标设置及取值指引》，山东省制定出台了《山东省省级预算绩效目标设置指引（试行）》（鲁财绩〔2022〕7号）（以下简称“山东版《指引》”或“7号文”）。山东版《指引》共包括五大部分：绩效目标基本概念、政策和项目预算绩效目标编制、部门和单位预算整体绩效目标编制、绩效指标的具体编制、绩效指标完成值数据来源和取值方式，其附件提供了14类部门共性绩效指标示例，使其指导性大大提高。这些示例包括：会议培训类、政策研究类、新闻宣传类、活动类、科研类、人才队伍建设类、基建工程类、设备购置类、对个人和家庭的补助类、国际交流合作类、信息系统建设运维类、企事业单位经费类、监督检查类、纪检监察类、债务利息支出类。

二、山东省预算绩效目标管理制度的主要内容

（一）绩效目标的定义和类型

1. 绩效目标的定义

“6号文”延续了我国关于绩效目标的“产出效果论”，将其定义为“依据部门职责和事业发展要求，反映预算安排的政策和项目支出在一定期限内预期达到的产出和效果”，将其地位明确为“项目库建设、预算编制、绩效运行监控、绩效评价等的重要基础和依据”，将其适用范围明确为“四本预算”安排、纳入本省政府预算管理的资金。

在“6号文”基础上，山东版《指引》对绩效目标的定义在“一定期限内预期达到的产出和效果”基础上增加了“在一定区域范围”的限定。这样，给绩效目标施加了“时间+空间”的双重约束，使其定义更加严谨。

与《中央部门预算绩效目标管理办法》相比，山东省在预算绩效目标管理方面更进一步，对绩效目标相关概念的定义更加规范、严谨，这也反映了山东预算绩效管理改革与时俱进、精准度不断提升的特征。对二者的详细比较如表3-2所示。

表3-2　山东省与中央部门绩效目标基本概念比较

比较项目	中央部门预算绩效目标管理办法	山东省省级政策和项目预算绩效目标管理办法	山东省省级预算绩效目标设置指引
目的	进一步加强预算绩效管理，提高中央部门预算绩效目标管理的科学性、规范性和有效性	进一步规范省级政策和项目预算绩效目标管理，提高管理的科学性、规范性、精准性和有效性	进一步提升省级预算绩效目标管理质量，增强绩效目标的规范性、引导性和约束性
定义	绩效目标是指财政预算资金计划在一定期限内达到的产出和效果	政策和项目预算绩效目标是指依据部门职责和事业发展要求，反映预算安排的政策和项目支出在一定期限内预期达到的产出和效果	绩效目标指预算资金在一定区域范围、一定期限内预期达到的产出和效果
功能	绩效目标是建设项目库、编制部门预算、实施绩效监控、开展绩效评价等的重要基础和依据	绩效目标是项目库建设、预算编制、绩效运行监控、绩效评价等的重要基础和依据	绩效目标是项目库管理、编制部门预算、实施绩效监控、开展绩效评价等的重要基础和依据

续表

绩效目标管理	绩效目标管理是指财政部和中央部门及其所属单位以绩效目标为对象，以绩效目标的设定、审核、批复等为主要内容所开展的预算管理活动	绩效目标管理是以绩效目标为管理对象，以绩效目标的编报、审核、批复下达、调整和应用等为主要内容所开展的预算管理活动	

2.绩效目标的类型划分

《中央部门预算绩效目标管理办法》提出将绩效目标分为三类：基本支出绩效目标、项目支出绩效目标和部门（单位）整体支出绩效目标，并对基本支出绩效目标进行专门说明：一般不单独设定，而是纳入部门（单位）整体支出绩效目标统筹考虑。同时，按照时效性将其分为中长期绩效目标和年度绩效目标两大类。

山东版《指引》从预算资金整体出发对绩效目标分别按照“宽度”与“长度”进行分类：

首先，按照预算资金的范围和内容，将绩效目标划分为政策和项目预算绩效目标、部门预算整体绩效目标两大类。前者是指省级安排预算资金的政策和项目在一定期限内预期达到的产出和效果，后者是指省级部门及其所属单位按照确定的职责和任务，在一个预算年度内利用全部部门预算资金预期达到的总体产出和效果。在时间跨度上，部门整体绩效目标具有严格的时限要求，因而强调“一个预算年度”。

其次，按照时间跨度，预算绩效目标分为实施期绩效目标和年度绩效目标两大类。其中，实施期绩效目标是指省级部门和单位预算资金在一年以上的计划实施期内预期达到的产出和效果。这一分类可以视为中长期绩效目标的精准化。

山东省上述分类与中央部门的对照关系如表3-3所示。

表3-3　　山东省与中央部门绩效目标分类方式对照表

分类标准	山东省分类方式	中央部门分类方式
资金范围——本级资金	—	基本支出绩效目标
	政策和项目预算绩效目标	项目支出绩效目标
	部门预算整体绩效目标	部门整体支出绩效目标
资金范围——转移支付资金	整体绩效目标	整体绩效目标
	区域绩效目标	区域绩效目标
	项目绩效目标	项目绩效目标
时间跨度	实施期绩效目标	中长期绩效目标
	年度绩效目标	年度绩效目标

3.绩效目标的构成要素

根据“7号文”，山东省两类绩效目标在结构上包括基本信息、绩效目标、绩效指标与指标值四大基本要素，如图3-1所示。其中，对于实施期超过一年的政策和项目，需分别编制实施期绩效目标和年度绩效目标。对部门和单位而言，年度整体绩效目标要围绕部门和单位主要职责及重点任务，对其年度整体预算支出的总产出和总效益等进行概况性描述，既反映预期工作内容，也体现预期效果。

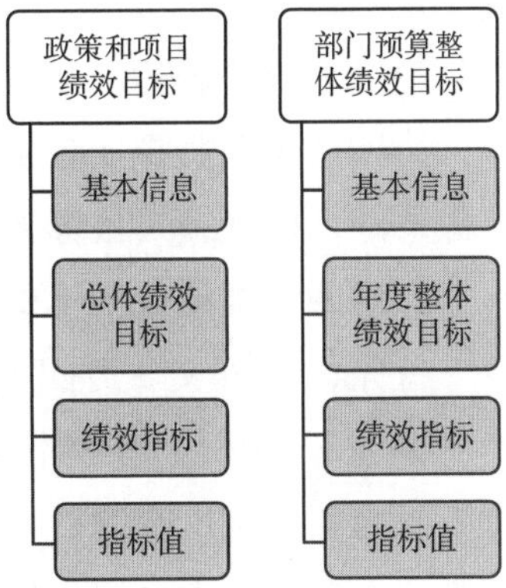

图3-1 绩效目标的构成要素

（二）山东省在绩效目标设置管理方面的特色与内容

山东《指引》在财政部《指引》基础上制定，但覆盖范围要大得多：前者将预算绩效目标编制分为政策和项目、部门预算整体两大类，其显著特色不仅在于增加了“部门和单位整体绩效目标编制”部分，将绩效指标完成值数据来源和取值方式单独作为一部分进行强调，而且在政策和项目预算绩效目标编制方面更加具体、细化，更具有操作性、指导性。

1.政策和项目绩效目标的编制

根据山东版《指引》，政策和项目绩效目标编制基本流程包括三个环节：确定总体绩效目标→确定绩效指标→设置指标值。

在绩效指标设置思路方面，《指引》要求“在项目立项阶段，应明确项目总体政策目标。……即总任务、总产出、总效益等”。但是对于具体设置方式并未详述。“7号文”对实践中在确定总体绩效目标时经常遇到的问题进行分类，重点就表述方式进行了详细阐述，并举例说明。

第一，“模板+实例”式：为准确表述总体绩效目标，避免有“绩”无“效”或有“效”无“绩”两种常见问题，提出“活动—产出—效果三阶段”表述法，并提供模板+实例：首先列出句式模板：“通过（做××事情）即活动，实现××产出、达到××效果”，然后举例示范正确的绩效目标表述方式：如“通过新建、改扩建××所幼儿园，实现新增学位××个，区域学前三年毛入园率达到××%”。

第二，对复杂型总体政策绩效目标要求进行分类、归纳表述：当总体绩效目标涉及多方面、多层次内容时，应在对内容分类归集的基础上，针对同类内容进行归纳描述，避免目标庞杂、逻辑不清。列示方式：分层列示——目标1：经开展××工作，实现××效益；目标2：通过完成××工作，达成××的目标，解决××问题”等。

第三，明确要求表述时态：为体现绩效目标的预期性，要求总体绩效目标在形式上是一段完整的表述，对目标的基本情况作出概括，避免出现“实现了”“解决了”等过去时的表达。

第四，突出强调实施期绩效目标的必备性：将实施期绩效目标作为项目入库的必备条件，增强绩效目标的约束性。

2. 对四大类绩效指标的内容要求更加详细、具体

首先，“7号文”对四大类指标（成本、产出、效果、满意度）分别进行细化。

例如，《指引》将成本指标分为经济成本、社会成本、生态环境成本三个类型，简要解释其应该反映的内容；山东版《指引》将经济成本指标拆分为三个层次，对其他文件中比较少见的分项成本设置方式举例说明，操作性更强，如表3-4所示。

表3-4　　山东版《指引》关于经济成本的构成

经济成本	总成本：反映政策和项目的预算总额
	分项成本：反映成本构成情况，可根据政策和项目实施内容、任务清单或费用明细设置。其金额合计应等于预算总额。如建设类项目的分项成本指标可设置为：委托业务费、大型修缮费、租赁费、办公费、购置费等。
	单位成本：反映预算安排所依据的成本定额、支出标准或单位成本。

其次，对社会成本和生态环境成本指标，分别举例说明。如对大型工程基建类项目可能带来的负面影响，建议设置“丧失生产资料的农户数量”等指标；对大型水利工程建设可能对当地水生生物保护带来的负面影响，建议设置“水生生物种群潜在减少数量”指标。

最后，对效益类指标，在三大指标（经济效益、社会效益、生态效益）基础上增加了一类：可持续影响指标，反映政策和项目的实施对单位或社会持续发展所产生的影响，如科技成果转化项目建议设置“人才培养数”“专利申请数”等指标。

3. 增加“部门和单位预算整体绩效目标编制”，明确流程和要求

部门和单位预算整体绩效目标编制按照如下流程：

第一，明确专项资金支出方向与金额，连同由一体化系统自动导入的批复部门预算资金情况，作为编制部门预算整体绩效目标的重要基础。

第二，梳理职责和重点任务，使之与年度预算相匹配。其中，主要职责是指结合部门“三定”方案确定的预期履职情况；重点任务是指省委、省政府、中央相关部门等交办或下达的工作任务，全省重大工作规划中确定的任务，以及本部门年度工作计划确定的重点任务。在此基础上，将主要职责和重点任务与年度预算相匹配，明确拟投入的资金情况及预期目标。

第三，确定年度整体绩效目标，反映计划完成的工作（即产出）以及借此预期达到的效果（效益）。要求年度整体绩效目标应与部门预算和专项资金安排保持高度的相关性。

第四，分解细化年度整体绩效目标，设置年度产出和效益指标。其中，产出指标细化反映部门和单位年度主要职责及重点任务的预期完成情况、完成时效及产出质量，效益指标细化反映部门和单位预期取得的三类效益及可持续影响。要求产出指标和效益指标聚焦主要职责和重点任务，突出重点，反映特色，量化易评。

第五，对指标赋值要求从严从高。

三、山东省预算绩效目标管理方面的主要经验

（一）持续夯实基础，追求绩效目标的标准化、适用化、信息化

为进一步强化绩效目标质量，2024年5月，在前期征求意见的基础上，山东省财政厅预算绩效管理处印发了《全省政策项目预算绩效目标指标标准体系建设工作方案》，举全省之力开展绩效指标标准体系建设，用时3个月形成指标标准体系初稿。此次指标标准体系搭建工作具有四个特征：一是需求导向、分类构建。根据绩效管理实际需要，搭建由22项共性通用指标和16类分行业、分领域的专用指标标准体系构成的“通用+专用”型指标标准体系架构。二是全省动员、共同参与。运用“赛马机制”，引导各市积极参与建设，实现指标标准体系共建共享、可比可测、动态调整。三是着眼长远、耐心培育。计划用3—5年时间，持续丰富完善指标标准体系。同时，坚持求精不求全，遵循“二八定律”，找出最核心的产出效益指标，提高工作效率和指标质量。四是注重实效、在实践中检验并动态调整。将指标嵌入预算管理一体化系统，通过服务预算编制，用实践来检验指标的合理性、适用性，每年根据指标和标准的适用性进行增减调整[①]。

（二）按需服务，提供“一对一”审核辅导

在2024年的绩效目标质量提升行动中，山东省财政厅采取“一对一”上门服务的方式，对省住房和城乡建设厅等首批54个部门进行绩效目标辅导审核，涵盖3874个项目。针对性的上门服务在引导预算部门提升编制预算绩效目标质量方面收效显著。对于部门单位普遍存在的绩效目标“怎么编”问题，通过“三部曲”来解决：一是互相配合编：在辅导过程中，部门单位召集财务和业务人员共同参与，通过紧密的业—财协作形成共识；二是结合实际编：项目绩效目标中产出、效益指

① 李嘉亮.山东财政务实绩效管理“最先一公里”[N].中国财经报，2024-08-20（002）.

标与项目主要内容、重点工作不匹配是经常出现的问题，加强辅导，明确要求紧贴项目实际开展绩效目标编制，既要详细列出投入、产出、效益等，又要突出关键核心指标，使之与重点任务相匹配；三是系统梳理编：针对成本指标这一难点，指导部门单位全面梳理项目成本构成，科学测算总成本、分项成本、单位成本，做实项目支出测算表，使绩效目标精确性得到有效提高[①]。

青岛市在预算编制前制定绩效目标编制指南，使部门单位提前明确编制要求，为绩效目标编制提供参考。同时，积极开展相关培训，建立服务市级预算部门的“一对一”联络机制，通过问需→送策上门、区（市）专项核查等方式提升编制质量[②]。

（三）多主体协同，“三堂会审”促进目标质量提升

菏泽市在绩效目标审核方面采用“三堂会审”[③]模式对于提升绩效目标质量效果非常明显。该模式的流程可以表示如图3–2。

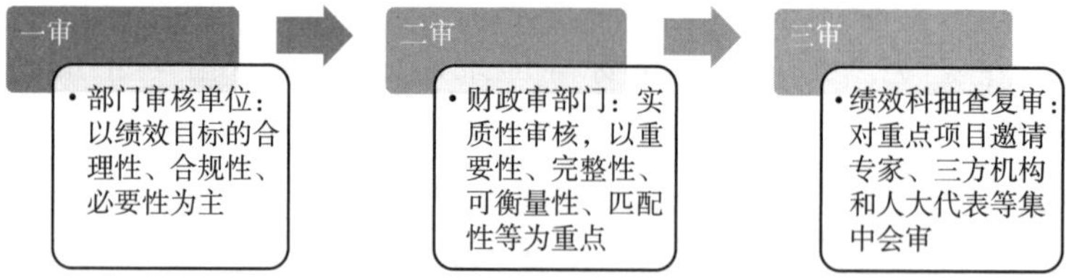

图3–2　菏泽市绩效目标“三堂会审”流程

（四）以公开促改革，以监督促绩效

山东各级政府的改革实践表明，通过绩效目标信息公开督促部门单位重视绩效目标、通过财政与部门单位间反复运用的审核—反馈—整改机制在促进绩效目标质量提升方面已经产生了显著效果。省级重点项目绩效目标信息通过山东省财政厅“预决算信息公开”与“预算绩效信息公开”集中发布。各部门分别在其官网通过部门预决算信息同步公开。例如：滨州市博兴县在打造“阳光财政”过程中，以绩效信息公开为关键突破口，2024年，除涉密项目外首次实现全部公开。随预算共公开项目2027个（比上年增长634.42%），涉及预算资金42.46亿元（比上年增长290.10%），其中财政拨款资金30.59亿元[④]，财政透明度显著提升。

① 唐绍龙.山东牵住绩效目标编制“牛鼻子”［N］.中国财经报，2024–06–08（007）.

② 青岛：着眼“四字标准”做好绩效目标文章［J］.中国财政，2023（24）：46–47.

③ 翟新聚，左晓菲.山东菏泽奏好绩效目标编制“三步曲”［N］.中国财经报，2023–07–29（007）.

④ 刘振，王丽莎.山东博兴：严控预算绩效目标质量提升财政信息公开水平［J］.财政监督，2024（12）：75.

四、绩效目标设置典型案例

（一）重点项目绩效目标案例

1.国土勘探治理资金绩效目标

山东省自然资源厅（山东省林业局）对2024年项目支出全面实施绩效目标管理，涉及一级预算项目支出28个，预算资金146290.12万元，其中财政拨款75384万元。2024年，该部门主管专项资金的绩效目标如表3–5、表3–6所示[①]。

表3–5　国土勘探治理资金绩效目标表

项目名称	国土勘探治理资金			
主管部门	省自然资源厅			
年度预算资金	300627万元			
年度总体目标	贯彻落实省委、省政府关于自然资源工作部署，依据《山东省人民政府关于印发山东省“十四五”自然资源保护和利用规划的通知》等要求，计划共使用资金30.06亿元，组织实施战略找矿突破行动和省级基础测绘，加强矿产资源保护管理和地质灾害防治，进一步提升地质和测绘地理信息服务支撑能力；组织开展自然资源调查监测及自然生态系统碳汇调查评价、确权登记，深化全民所有自然资源资产清查，促进自然资源集约节约利用：对历史遗留废弃矿山进行生态修复，有效降低项目实施区地质灾害隐患，改善区域生态环境，依法退还自然保护区内退出的矿山企业矿业权出让收益，维护矿山企业权益：强化耕地保护和改进占补平衡，落实最严格的耕地保护制度，为重大项目落地提供有力支持。			
主要政策任务1：基础测绘和地质勘探保护				
年度绩效指标	一级指标	二级指标	三级指标	指标值
	成本指标	经济成本	项目总成本	≤37026万元
			省级基础测绘预算	≤12290万元
			地质勘查预算	≤20832万元
			地质矿产资源保护管理预算	≤3904万元
			数字正射影像（DOM）生产成本	≤80元/平方千米
			0.5米分辨率卫星影像成本	≤27元/平方千米
			广域电磁测深成本	≤11554元/点
			浅海工程地质钻探成本	≤6840元/米

① 资料来源：2024年山东省自然资源厅（山东省林业局）部门预算。

续表

主要政策任务1：基础测绘和地质勘探保护				
	一级指标	二级指标	三级指标	指标值
年度绩效指标	产出指标	数量指标	卫星导航定位基准站网运维站点数量	≥130座
			全省重点区域0.2米分辨率航空影像获取及处理面积	≥50000平方千米
			1米间隔机载LiDAR获取与处理面积	≥50000平方千米
			0.5米分辨率卫星影像累计覆盖面积	≥640000平方千米
			2米分辨率卫星影像获取与处理月度全省覆盖率	=100%
			基础地理信息数据重点要素更新面积	≥147000平方千米
			全省重点区域0.2米分辨率影像三维模型构建面积	≥50000平方千米
			实景三维山东管理系统数据更新遍数	≥1遍
			开展省管永久性测量标志维护数量	≥700座
			开展近海海域10米以浅水下地形测绘面积	≥650平方千米
			山东省公益地图服务系统图幅更新数量	≥3900幅
			公共地图数据库建设多尺度地图数据更新比例尺数量	≥7种
			山东省县级以上行政系列地图更新数量	≥153幅
			政府行政管理用图公开版地图储备提供数量	≥6300幅（张、册）
			部署开展基础性公益性地质调查面积	≥5250平方公里
			部署实施海岛、海岸带等海洋地质调查数量	≥1处
			部署实施特色地质文化村（镇）地质调查数量	≥4处
			部署实施1∶5万地热田调查数量	≥12处
			部署土地质量地球化学调查数量	≥5处
			InSAR数据解算面积	≥92000平方千米
			地质灾害监测点运行维护数量	≥217点
			二等水准测量长度	≥1600千米
			实物地质资料库房运行维护面积	≥1380平方米
			实物地质资料岩心保管数量	≥55000米
			矿产资源储量报告评审数量	≥65份
			绿色矿山评估数量	≥80家
			未利用矿区调查数量	≥85个
			新建地热井自动化监测点数量	≥10个

续表

<table>
<tr><td colspan="5">主要政策任务1：基础测绘和地质勘探保护</td></tr>
<tr><td rowspan="27">年度绩效指标</td><td>一级指标</td><td>二级指标</td><td>三级指标</td><td>指标值</td></tr>
<tr><td rowspan="14">产出指标</td><td rowspan="3">数量指标</td><td>砂石土类矿山现状梳理及影像采集数量</td><td>≥60个</td></tr>
<tr><td>1∶5000专项生态地质环境调查面积</td><td>≥70平方千米</td></tr>
<tr><td>动态监管全省历史遗留矿山图斑数量</td><td>≥8700个</td></tr>
<tr><td rowspan="6">质量指标</td><td>省级地理新信息公共服务平台稳定运行天数</td><td>≥360天</td></tr>
<tr><td>测绘产品合格率</td><td>=100%</td></tr>
<tr><td>2023年地质勘查项目野外验收合格率</td><td>≥95%</td></tr>
<tr><td>2024年地质勘查和地热能调查评价项目设计审查通过率</td><td>≥95%</td></tr>
<tr><td>地质资料内容完整率</td><td>≥95%</td></tr>
<tr><td>野外应急监测保障装备可靠性</td><td>良好及以上</td></tr>
<tr><td rowspan="4">时效指标</td><td>省级基础测绘项目完成及时率</td><td>=100%</td></tr>
<tr><td>地质勘查项目当年工作任务完成及时率</td><td>=100%</td></tr>
<tr><td>地质矿产资源保护管理完成及时率</td><td>=100%</td></tr>
<tr><td>汛期预警预报产品发布及时率</td><td>≥95%</td></tr>
<tr><td rowspan="9">效益指标</td><td rowspan="3">经济效益</td><td>测绘成果共享部门数量</td><td>≥50个</td></tr>
<tr><td>完成大中型矿产地调查数量</td><td>≥2处</td></tr>
<tr><td>金、铁、煤、地热、砂石等矿产资源节约集约利用水平</td><td>有效提升</td></tr>
<tr><td rowspan="3">社会效益</td><td>为全省经济社会发展和生态文明建设提供空间信息支撑单位部门数量</td><td>≥40个</td></tr>
<tr><td>地质工作服务新旧动能转换、海洋强省、乡村振兴能力</td><td>有效提升</td></tr>
<tr><td>地质灾害引发的直接人员伤亡</td><td>有效避免</td></tr>
<tr><td>生态效益</td><td>新增绿色矿山数量</td><td>≥70家</td></tr>
<tr><td rowspan="2">可持续影响</td><td>地质资料保管年限</td><td>≥30年</td></tr>
<tr><td>地图保障服务效果年限</td><td>≥5年</td></tr>
<tr><td rowspan="2">满意度指标</td><td rowspan="2">服务对象满意度</td><td>地质勘查等项目实施区群众满意度</td><td>≥90%</td></tr>
<tr><td>数据应用部门和单位满意度</td><td>≥90%</td></tr>
</table>

续表

主要政策任务2：自然资源调查监测登记及国土空间规划编制				
年度绩效指标	一级指标	二级指标	三级指标	指标值
	成本指标	经济成本	项目总预算	≤13721万元
			自然资源调查监测项目预算	≤6744万元
			自然资源保护利用项目预算	≤6977万元
			自然保护区、自然公园等自然资源确权登记单价	≤0.76万元/平方千米
	产出指标	数量指标	年度及日常国土变更调查省级内业核查图斑数量	≥615万个
			林草生态综合监测数据库维护更新图斑数量	≥1700万个
			78个县（市）城市国土空间监测对象数量	≥10万个
			58个市辖区城市国土空间水网路网更新数量	≥6万个
			监测点水位监测数量	≥17万次
			主要乔木树种、草湿地类、耕地土壤和岩溶（试点区域）碳计量模型研建数量	≥8个
			水资源基础调查野外工作完成数量	≥4项
			自然资源统一确权登记理清自然保护地所有权边界	≥2800平方千米
			自然资源统一确权登记理清水流所有权边界	≥90千米
			自然资源督察次数	≥12次
			完成生态保护红线监测监管等国土空间研究成果数量	≥5项
			乡镇规划、详细规划、村庄规划数据汇交审查个数	≥400个
			形成国有建设用地供应及开发利用监测监管情况季报	=4份
			形成全省土地市场动态监测、工业用地利用情况调查汇总分析报告	≥2份
			省级资产清查价格新体系成果	≥1套
			省级管理矿产资源资产清查成果	≥240个
			1∶100000区域生态修复成效调查面积	≥1119平方千米
			开展自然资源保护利用宣传活动次数	≥10次
			档案数据整合及数字化数量	≥3万件

续表

主要政策任务2：自然资源调查监测登记及国土空间规划编制				
	一级指标	二级指标	三级指标	指标值
年度绩效指标	产出指标	质量指标	年度自然资源调查监测数据成果质量核查合格率	≥95%
			山东省自然生态系统碳汇监测评价成果质量合格率	≥95%
			山东省水资源基础调查野外工作成果质量合格率	≥95%
			自然资源统一确权登记地籍调查成果等省级数据质检达标率	≥90%
			档案移交接收完整率	≥95%
			项目验收合格率	≥95%
		时效指标	自然资源保护利用与推广公众号平均更新频率	≥1次/天
			年度国土变更调查工作完成时间	2024年10月底前
			各项工作按时完成率	≥95%
	效益指标	社会效益	自然资源主题日公众认知度	提升
			自然资源权属矛盾争议	减少
			省市县三级共享使用数据部门数量	≥200个
		生态效益	自然资源调查监测支撑服务生态保护管理能力	持续提升
			为促进生态产品价值实现和加强自然资源资产管理提供数据支撑	有效
		可持续影响	经审查批准的乡村规划应用时间	≥5年
			推动自然资源登簿发证可持续成效发挥作用时间	≥5年
	满意度指标	服务对象满意度	数据应用部门、单位满意	≥90%
主要政策任务3：历史遗留废弃矿山生态修复及矿业权出让收益退还				
	一级指标	二级指标	三级指标	指标值
年度绩效指标	成本指标	经济成本	省级补助总金额	≤9880万元
			历史遗留废弃矿山生态修复省级补助金额	≤7555万元
			矿业权出让收益退还金额	≤2325万元
			历史遗留废弃矿山生态修复单位面积总成本	≤55万元/公顷

续表

主要政策任务3：历史遗留废弃矿山生态修复及矿业权出让收益退还				
年度绩效指标	一级指标	二级指标	三级指标	指标值
	产出指标	数量指标	完成历史遗留废弃矿山环境修复治理面积	≥410公顷
			历史遗留废弃矿山生态修复项目开工率	=100%
			退还矿业权出让收益矿山企业数量	≥5家
			通过审查的矿业权出让收益退还率	≥90%
		质量指标	历史遗留废弃矿山生态修复项目植被成活率	≥95%
			历史遗留废弃矿山生态修复项目工程质量合格率	=100%
			历史遗留废弃矿山生态修复项目修复后土地利用与国土空间规划的符合度	=100%
			矿业权出让收益退还审查合格率	=100%
		时效指标	通过审查的矿业权出让收益退还时限	2024年12月底前
			历史遗留废弃矿山生态修复项目按时编制并启动实施方案及时率	=100%
	效益指标	社会效益	历史遗留废弃矿山生态修复项目实施区域矿山地质灾害隐患	有效下降
			维护矿山企业合法权益	有效维护
		生态效益指标	历史遗留废弃矿山生态修复项目实施区域地貌	有效改善
			提升历史遗留废弃矿山生态修复项目修复后的地质环境稳定程度	有效提升
		可持续性影响	历史遗留废弃矿山生态修复项目后期管护时间	≥3年
	满意度指标	服务对象满意度	实施区域受益人群满意度	≥85%
主要政策任务4：省级耕地占补平衡指标调剂				
年度绩效指标	一级指标	二级指标	三级指标	指标值
	成本指标	经济成本	项目总预算	≤240000万元
			省级统筹耕地占补平衡项目预算	≤237400万元
			耕地保护管理及执法项目预算	≤2400万元
			省市联合开发项目后期管护预算	≤200万元
			省市联合开发项目管护费省级补助标准	≤2150元/公顷

续表

主要政策任务4：省级耕地占补平衡指标调剂				
年度绩效指标	一级指标	二级指标	三级指标	指标值
	产出指标	数量指标	省级统筹耕地占补平衡指标交易面积	≥3.75万亩
			省市联合开发项目区机械化作业面积	≥933公顷
			省市联合开发项目管护耕地面积	≥933.33公顷
			成片开发审查方案个数	≥10个
			耕地质量分类数据更新县（市、区）数量	≥134个
			重大项目占用永农论证数量	≥30个
			占补平衡项目内外业审查数量	≥100万张
			设施农用地核查数量	≥5000宗
			耕地监测图斑数据量	≥10000条
			补充耕地项目图斑数据量	≥1000条
			卫片执法图斑审核数量	≥50000个
			完成省统筹耕地与林地保护专题课题报告	≥5项
		质量指标	省市联合开发项目保持耕地质量	提升
			补充耕地平均质量等别	9等
			耕地质量成果上报国家通过率	=100%
			耕地卫片监督遥感监测数据合格率	≥95%
			卫片执法审核上级认定不合格图斑率	≤10%
		时效指标	省级统筹耕地占补平衡返还时限	2024年12月底前
			省市联合开发项目管护工作完成及时率	=100%
			项目完成及时率	=100%
	效益指标	经济效益	省市联合开发项目亩均产量	≥350公斤/亩
		社会效益	为国家和省重大项目落地提供用地支撑	≥3万亩
			提出全省统筹耕地与林地保护工作建议	≥1项
			耕地遥感监测图斑共享数量	≥10000个
	满意度指标	服务对象满意度	项目区群众满意度	≥90%

表3-6　环境污染防治资金黄河流域生态保护修复项目绩效目标表

<table>
<tr><td>项目名称</td><td colspan="4">环境污染防治资金</td></tr>
<tr><td>主管部门</td><td colspan="4">省自然资源厅</td></tr>
<tr><td>年度预算资金</td><td colspan="4">20000万元</td></tr>
<tr><td>年度总体目标</td><td colspan="4">深入贯彻落实黄河重大国家战略，依据《山东省人民政府办公厅关于印发支持黄河流域生态保护和高质量发展若干财政政策的通知》，支持黄河口国家公园创建，开展黄河流域湿地保护修复，对新增造林、退化林修复、农田林网、见缝插绿进行补助，提升生态系统功能和生物多样性。</td></tr>
<tr><td colspan="5">主要政策任务：黄河流域生态保护修复</td></tr>
<tr><td rowspan="16">年度绩效指标</td><td>一级指标</td><td>二级指标</td><td>三级指标</td><td>指标值</td></tr>
<tr><td rowspan="5">成本指标</td><td rowspan="5">经济成本</td><td>项目总成本</td><td>≤20000万元</td></tr>
<tr><td>黄河口国家公园创建及黄河流域湿地保护修复成本</td><td>≤14700万元</td></tr>
<tr><td>造林补助成本</td><td>≤5300万元</td></tr>
<tr><td>退化林修复、农田林网、见缝插绿省级补助标准</td><td>≤400元／亩</td></tr>
<tr><td>新增造林省级补助标准</td><td>≤800元／亩</td></tr>
<tr><td rowspan="8">产出指标</td><td rowspan="4">数量指标</td><td>黄河口国家公园建设相关项目数量</td><td>≥3项</td></tr>
<tr><td>湿地保护与恢复的省级及国家级湿地公园数量</td><td>≥10处</td></tr>
<tr><td>新增造林面积</td><td>≥5.3万亩</td></tr>
<tr><td>新增退化林修复、农田林网、见缝插绿面积</td><td>≥1.9万亩</td></tr>
<tr><td rowspan="2">质量指标</td><td>造林补助落地上图合格率</td><td>≥95%</td></tr>
<tr><td>黄河口国家公园创建及黄河流域湿地保护修复项目验收合格率</td><td>≥95%</td></tr>
<tr><td rowspan="2">时效指标</td><td>黄河口国家公园创建及黄河流域湿地保护修复项目完成及时率</td><td>≥90%</td></tr>
<tr><td>新增造林、新增退化林修复、农田林网、见缝插绿完成时限</td><td>2024年6月底前</td></tr>
</table>

续表

主要政策任务：黄河流域生态保护修复				
年度绩效指标	一级指标	二级指标	三级指标	指标值
	效益指标	社会效益指标	项目实施区人居环境	改善
		生态效益指标	对项目实施区域生态功能改善的促进作用	明显
	满意度指标	服务对象满意度指标	项目区群众满意度	≥90%

（二）重大政策绩效目标案例

我们以2024年山东省财政厅公开的科技创新发展资金绩效目标①中的重大关键技术攻关任务为例展示重大政策绩效目标编审结果（见表3–7）。

表3–7　　科技创新发展资金绩效目标表（2024年度）

项目名称	科技创新发展资金
主管部门	省科技厅会同各相关部门
年度预算资金	1283852万元
年度总体目标	围绕省委省政府重点创新任务给予资金支持。 目标1：立足“十强”产业发展、生态环境保护、公共安全保障等领域需求和重大创新任务，采取竞争立项、组阁揭榜等方式，支持实施若干在行业领域具有重大影响力的引领性、系统集成性和产业链协同创新项目，争取联合组织国家重大科技专项，加快推动关键核心技术、现代工程技术和颠覆性技术取得突破，支撑产业高质量发展； 目标2：充分发挥省自然科学基金的支撑作用，结合山东省科技创新优势和产业发展源头创新需求，通过稳定和竞争性支持相结合的方式，推动实施一批重大基础研究项目，组织开展应用基础研究和前瞻性技术研究，储备一批国际国内先进原创技术成果； 目标3：强化财政政策前端引导，灵活运用综合奖补、股权投资、贷款贴息、风险补偿等多种手段，重点支持创新型领军企业、高新技术企业、科技型中小企业和各类创新孵化载体发展壮大，助力企业开展科技研发、成果转移转化和产业化，推动科技企业数量和质量双提升； 目标4：激励重大创新平台发挥聚集人才、引领创新作用，支持若干大科学装置落地，加快高能级和国家级创新平台建设，主要以项目竞争方式推动各类科技创新平台重组优化和加快发展； 目标5：按照有关法律法规和省委、省政府要求，对省属科研院所、科学技术普及、科技奖励和知识产权等事项，继续予以稳定支持。

① 资料来源：山东省财政厅：山东省政府预算（shandong.gov.cn）。

续表

主要政策任务1：重大关键技术攻关				
年度绩效指标	一级指标	二级指标	三级指标	指标值
	成本指标	经济成本	项目总成本	≤334242万元
			创新工程平均支持强度与自筹资金比例	≤1∶2
	产出指标	数量指标	立项的重大科技创新工程项目数量	≥90项
			支持企业牵头承担项目数量	≥50项
			开发氢能动力系统数量	≥3款
			打造集成服务平台数量	≥1个
			打造应用示范系统数量	≥4个
			示范工程和驻鲁部署高校项目支持数量	≥4个
			培训基层农技人员和职业农民人数	≥100人
			支持当选院士团队数量	≥5个
			支持泰山科技人才数量	≥40名
		质量指标	立项项目对项目指南的覆盖率	≥80%
			立项项目补助对象条件符合率	=100%
			项目遴选程序合规率	=100%
			“十强”产业覆盖数量	≥7个
			系统及平台验收合格率	=100%
			支持人才遴选程序合规率	=100%
			支持奖补院士、人才符合率	=100%
		时效指标	项目任务书按时签订比例	≥90%
			各项目按任务书进度完成率	≥80%
			支持资金拨付及时率	=100%
			系统及平台建设完成及时率	=100%
	效益指标	经济效益	拉动氢能产业链产值	≥8亿元
			创新工程带动企业牵头项目自筹经费比例	≥400%
			创新工程带动高校或科研院所牵头项目自筹经费比例	≥200%
			示范工程带动自筹经费比例	≥100%
		社会效益	提升“十强”产业核心竞争力	显著提升
			提升部属高校服务山东质量	显著提升
			突破产业关键核心技术数量	≥50项
			获得发明专利数量	≥150项

续表

主要政策任务1：重大关键技术攻关				
年度绩效指标	一级指标	二级指标	三级指标	指标值
	效益指标	社会效益	发表高水平论文数量	≥80篇
			建设北斗创新应用基地	≥1个
			培育带动新型农业经营主体数量	≥2个
			培养的研究生数量	≥50人
		生态效益	示范城市氢能车辆减少CO_2排放	≥1万吨
			“绿色门槛”制度要求符合率	=100%
	满意度指标	服务对象满意度	平台用户满意度	≥90%
			科研、用人单位满意度	≥90%
			培育人才满意度	≥90%
			高校满意度	≥90%
			院士团队满意度	≥90%
			农民满意度	≥90%
其他4项主要政策任务绩效目标（略）				

五、预算绩效目标管理目前存在的主要问题

（一）现有绩效目标管理规范性方面存在的主要问题

1. 绩效目标管理规范碎片化、缺少系统性

现有《办法》将预算绩效目标管理的客体定义为“纳入中央部门预算管理的全部资金”，但将主体限于“财政部和中央部门及其所属单位”；相应地，地方各级财政部门在制定本级管理办法时也做类似的处理。如“6号文”规定“绩效目标管理由省财政部门统一组织。各级财政和业务主管部门、资金使用单位应按照职责分工，做好绩效目标管理工作”，将管理主体局限于政府财政部门与业务部门及所属单位。作为财政部门发布的部门规章，这一点虽然可以理解，但从国家治理的视角来看，现有《办法》在审核主体方面显然缺失人大审核这一环节，表明绩效目标管理规范尚未覆盖整个预算周期。因为，预算的编制与审核两个环节合起来才能够完成预算的决策程序。绩效目标的审核自然要与之同步进行，包括预算部门的初审、财政部门的审核与反馈、人大对绩效目标的审核与批准三个环节。

中共中央办公厅于2018年3月6日印发了《关于人大预算审查监督重点向支出

预算和政策拓展的指导意见》，提出“人大对支出预算和政策开展全口径审查和全过程监管”的要求。审查主要内容包括支出预算的总量与结构、重点支出与重大投资项目，部门预算方面重点审查支出绩效目标设定、实现及评价结果应用情况与专项转移支付的整体绩效情况。可见，我国目前的绩效目标管理规范出自财政和人大两个部门，比较分散，系统性明显不足。

2.“事”与“钱”的匹配性在绩效目标审核要点中未得到明确体现

在绩效目标设置方面，《办法》第十三条明确列出“指向明确、细化量化、合理可行、相应匹配”四点要求；在绩效目标审核方面，第二十二条也提出了类似的“四性”要求——完整性、相关性、适当性、可行性。《办法》关于四点要求与“四性”的对应关系如表3-8展示。但“事”与“钱”的匹配性被称为“适当性审核”，其对二者关系的表述显然不够准确。

表3-8 山东省与中央部门关于绩效目标设置与审核内容对比一览表

	绩效目标设置要求	绩效目标审核要求	山东版审核要求
1	指向明确。绩效目标要符合国民经济和社会发展规划、部门职能及事业发展规划等要求，并与相应的预算支出内容、范围、方向、效果等紧密相关。	完整性审核。绩效目标的内容是否完整，绩效目标是否明确、清晰。	完整性审核。绩效目标填报要素是否齐全完整，是否细化量化，明确清晰。
2	细化量化。绩效目标应当从数量、质量、成本、时效以及经济效益、社会效益、生态效益、可持续影响、满意度等方面进行细化，尽量进行定量表述。不能以量化形式表述的，可采用定性表述，但应具有可衡量性。	相关性审核。绩效目标的设定与部门职能、事业发展规划是否相关，是否对申报的绩效目标设定了相关联的绩效指标，绩效指标是否细化、量化。	相关性审核。绩效目标是否与单位职责任务紧密相关，是否设定了相关联的绩效指标，是否与资金预算安排相匹配。
3	合理可行。设定绩效目标时要经过调查研究和科学论证，符合客观实际，能够在一定期限内如期实现。	适当性审核。资金规模与绩效目标之间是否匹配，在既定资金规模下，绩效目标是否过高或过低；或者要完成既定绩效目标，资金规模是否过大或过小。	可行性审核。绩效目标是否符合国家及省法律法规及相关规划，是否符合省委省政府决策部署及经济社会发展需要，是否经过充分论证和合理测算，绩效目标是否过高或过低，是否符合成本效益最优原则等。
4	相应匹配。绩效目标要与计划期内的任务数或计划数相对应，与预算确定的投资额或资金量相匹配。	可行性审核。绩效目标是否经过充分论证和合理测算；所采取的措施是否切实可行，并能确保绩效目标如期实现。综合考虑成本效益，是否有必要安排财政资金。	其他审核。

3.现有规范未对成本指标作出明确定义

与《办法》相比,《指引》在绩效目标定义中增加了“成本控制要求”,在绩效指标类型方面增加了成本指标,这一点使预算绩效“3E”之经济性得到具体落实,也使我国的绩效目标制度规范更加完善。不过,《指引》虽提出设置成本指标的要求,“以反映预期提供的公共产品或服务产生的成本”,但并未对成本指标做出明确的定义。成本指标反映的是为实施某一政策或项目所发生的全部投入,包括人财物等生产要素的全部消耗,成本则是这些投入的货币表现,以货币形式将这些消耗予以量化反映。

“7号文”关于成本指标的内容显然比《指引》更加详细具体,将直接经济成本分为总成本、分项成本和单位成本三个方面,其中,总成本指标反映政策和项目的“预算总额”。不过对这个“预算总额”的表述也不够准确:绩效目标申报表中填报的资金数代表与“事”对应的预算申请数(Budget Request,B^r),可能是政策或项目未来全部的投入(Input),也可能是部分投入,如PPP项目或“四两拨千斤”的财政补贴项目,政府财政资金仅占一定的比例。而总成本指标反映的应该是政策或项目预计消耗的全部资源(R)。如果项目投入全部来自财政资金,这个项目经过法定程序得到批复的金额(Budget Approval,B^a)恰好等于其申请数,$B^a=B^r$,才可以说“总成本指标反映政策和项目的‘预算总额’”,否则,如果项目投入只有部分来自财政资金,等式则难以成立。因此“投入总额”可能更为恰当。

4.现有规范对满意度指标的表述不够准确

“7号文”对满意度指标定义为“对预期产出和效果的满意情况的表述,反映服务对象或项目受益人及其他相关群体的认可程度。”用“满意情况”作为满意度的定义显然有同意反复之“嫌”。满意度反映的是受益人对公共产品或服务消费效果的满意程度。享受公共产品和服务是公民或法人的基本权利,任何人在消费之前对其消费的公共产品或服务都有一个心理期望值,在计算满意度时充当分母;在实际的公共产品或服务消费发生之后自然产生一个实际的体验值,在计算满意度时则应充当分子。两个值相比得出的结果就是满意度的真实值。绩效目标编制环节设置的满意度显然是一个预期值,是预期消费效果与心理预期值之比。

(二)预算绩效目标管理实践中存在的主要问题

随着全面预算绩效管理改革3—5年目标的实现,绩效目标已基本实现了对“四本预算”各类资金的全面覆盖。绩效目标管理已经成为预算管理的基本环节,编制预算要同步报送绩效目标已经逐渐成为各级部门单位的基本共识。实践研究表明,目前在绩效目标管理中比较突出的问题表现在“质”的方面,主要包括:

1. 完整的系统化的预算绩效目标体系尚未建成，战略目标与项目目标之间缺乏一致性、系统性

绩效目标是对各类发展战略的具体和细化，各层次绩效目标之间应该形成层层嵌套、逻辑一致、上下关联的内在联系，形成清晰的、从跨部门重大政策到底层项目之间的树式结构——“跨部门—部门—单位—项目”。对于跨部门跨地区实施的重大政策规划应设置跨部门的整体绩效目标，再根据需要在相关部门之间层层分解，直到具体项目。上层目标与下层目标间存在包含关系，下层目标则形成上层目标的支撑。

在我国的绩效目标管理实践中，目前不仅缺少跨部门跨地区重大政策规划的绩效目标，而且在预算部门单位的整体绩效目标与战略目标之间也难以做到一体化设计、层层嵌套、逻辑清晰，甚至出现不应有的遗漏。某三方机构在广东省Y市绩效目标审核中发现，大部分预算部门单位缺乏明确的战略目标，其中长期战略规划大多是关于部门使命、行业愿景的笼统描述，指引性不强，由此导致所设置的绩效目标与部门战略目标、中期目标之间缺乏明确的关联，绩效目标体系中当前与长远、局部与整体的关系不清①，从而造成绩效目标的引导功能难以充分发挥。

2. 预算绩效目标质量不高，难以精准反映预期绩效与财政资金之间的关系

在当前实践中，预算绩效目标的编制要求最多细化到三级指标，且出现了指标设置量化程度不足，甚至笼统粗放，指标不能精准和科学地反映财政资金的具体支出内容等问题②。如“到2020年改进公路状况”“消除公路交通死亡”等目标既不具体、也无法衡量。

绩效目标质量偏低在很多情况下是由于目标设置的随意性造成的。部门单位往往从自身利益出发，将绩效管理改革视为额外负担，对相关政策要求理解不深不透，随意设置绩效目标，敷衍塞责，使整个工作流于形式，绩效目标的激励约束作用难以实质性发挥。

3. 绩效指标名称不够规范

绩效目标的名称一般用名词或名词性词组表述。不过，在绩效目标设置方面大量存在以动宾结构甚至口语化表述的问题，很不规范。我们在对某大数据平台数据服务项目绩效目标审核时发现，其在指标名称规范性方面存在的问题相当典型，在与项目负责人充分沟通讨论之后给出了相应的修改建议（见表3-9）。

---

① 文艳芬.财政预算绩效目标审核工作思路的初步探讨——基于广东省Y市300个项目支出绩效目标审核的分析[J].全国流通经济，2021（23）：163-165.

② 童伟.基于编制本位和流程再造的预算绩效激励机制构建[J].财政研究，2019（06）：46-56.

表3-9　　某大数据平台数据服务项目绩效指标问题与修改建议

序号	问题指标	修改建议
1	数据资源汇聚数量	改为“数据资源汇聚量”
2	完成数据质量核查数量	改为质量指标“数据质量核查率”，指标值100%
3	发布共享数据服务数量	共享数据发布量
4	完成治理数据数量	改为“数据治理完成率”；指标内容改为“按照规定标准完成的数据治理量占应完成治理任务量的比例”；相应调整目标值
5	支撑业务主题数量	改为社会效益类指标“创新应用场景增加量”
6	完成可视化页面数量	合并为“数据分析完成率”，将“可视化页面构建量”（不少于10个）、“数据模型构建量”（不少于20个）、“宏观经济运行报告完成量”（不少于6份）纳入指标内容，并设置适当的指标值
7	完成数据模型数量	
8	数据上报数量	改为“数据上报完成率”；指标内容“按照指定数据标准完成上报”改为“按照规定标准完成的数据上报量占国家要求上报数据量的比例”
9	日常性数据维护服务数量	改为“数据日常维护量”
10	发布服务可用性	改为“发布数据可靠性”
11	接口需求响应周期	改为“需求响应及时性”：可按照相应时限设置指标值
12	社会效益指标“提高社会治理能力”“工作效率”“工作质量”	设置不当，建议删除
13	减少数据服务重复开发	改为“政务活动效率提升情况”；指标内容：通过建设数据共享“高速通道”，提升政府部门工作效率

4. 关键绩效指标不够突出甚至缺失

尽管《指引》和其他管理规范中提到核心绩效指标，也给出了设置与取值方面制度指导性意见，但不少部门单位在改革实践中依然不懂得如何选择关键绩效指标（KPI），导致许多项目负责人在绩效目标设置方面眉毛胡子一把抓，混淆重点与一般绩效指标。如上述案例中，项目负责人设计了较为全面的绩效指标体系，但并未从中筛选出KPI，由此导致预算与绩效“两张皮”等问题的发生。

对该案例，我们根据其实际情况提出如下补充建议：

（1）关于数据应用服务，建议增加数量指标“数据标签新增量”，相应补充指标内容和指标值；

（2）关于对外提供数据服务网站的运行，建议增加质量指标“对外服务网站正常运行率”；相应补充指标内容和指标值（100%）。

（3）关于专题库建设支撑服务，建议增加社会效益指标“专题库建设服务量”；

相应补充指标内容和指标值（20个）。

（4）关于数据标准建设，建议增加数量指标“数据标准建设完成率”；指标内容：制定10个数据标准；指标值100%。

（5）关于数据应用服务，建议增加数量指标“数据应用服务完成率”；指标内容：数据接口开发不少于589个，数据比对不少于62个，数据标签不少于1800个。同时设置适当的指标值。

（6）关于数据服务的安全性，建议补充质量指标—数据安全性，相应设置指标内容与指标值。

（7）关于项目建设合同履行情况，建议补充时效指标“合同履约率”，反映项目合同执行进度。

5. 绩效指标值设置不当，偏低现象大量存在

合理的绩效目标值应按照“在一定时期内经过努力可以实现的水平”设置。博弈论研究表明，在目标管理模式下，由于信息不对称，政府预算部单位倾向于运用博弈策略，为逃避责任而制定较低的绩效目标、不必花费太多努力就可实现，从而导致绩效水平的降低。在改革实践中，这一问题普遍存在且比较突出。如某省福彩部门“彩票销售额”“彩票公益金筹集量”“市场占有率”等目标值甚至低于历史均值。

6. 预算部门对绩效目标的审核形式大于内容

“资金分配者审核目标”是我国绩效目标审核的一般性原则。预算部门作为绩效目标编制的责任主体，承担着绩效目标的初审责任。在实践中往往由于绩效意识不强、专业知识有限、人手不足、时间紧张等原因，对绩效目标审核在很多情况下流于形式，导致绩效目标审核结果与预算申报之间缺少严格的对应关系，陷入预算与绩效“两张皮”的尴尬境地。

上述问题的存在导致绩效目标难以充分发挥其在预算绩效管理体系中的基础性作用。因此，通过进一步夯实基础、从绩效目标的编制、审核、审查与监督多方发力，加强财政与部门单位之间的协调与沟通，充分发挥信息化系统的引导和制约作用，对于绩效目标质量的提升意义重大。

（二）预算绩效目标管理中相关问题的形成原因

1. 制度层面，我国预算绩效目标管理规范体系有待完善，位阶有待提升

前文的分析表明，我国现行预算绩效目标管理办法发布于2015年5月21日，其后陆续出台了《中共中央 国务院关于实施全面预算绩效管理的意见》（中发〔2018〕34号）、《中华人民共和国预算法实施条例》（国令第729号）、《中央部门项目支出核心绩

效目标和指标设置及取值指引（试行）》（财预〔2021〕101号）、《国务院关于进一步深化预算管理制度改革的意见》（国发〔2021〕5号）等系列重要文件，显然绩效目标管理规范无论从制度层次还是内容方面都需要更新、完善，不仅提高制度位阶，实现法治化，而且要根据改革中发现的问题充实其内容，与时俱进。

2. 认识层面，预算部门单位对绩效目标管理尚未形成清晰而深刻的认识

（1）预算部门单位工作人员对于预算绩效管理的认知还存在较大的局限性。一方面是对预算绩效管理相关理论和政策不够了解、不够熟悉，“不明白”“不清楚”“不知道咋办”是经常遇到的难题。另一方面则是由“不明白”导致的“不重视”，以敷衍、应付的态度对待绩效目标编制工作。

（2）预算部门单位工作人员单纯重视“办事”的惯性思维仍旧在作祟。大部分在这种惯性思维下，主要围绕工作“如何干”而考虑问题，把“花钱”当成财务部门的事儿。这种思维在项目执行阶段对于基层工作人员非常有效，但对于决策层面则是明显不够的。

3. 责任机制方面，各层次绩效目标的责任人尚待明确

“权责对等”是预算绩效管理的基本原则。享受权利自然需要承担相应的绩效责任。这种责任在绩效目标这个决策环节就要明确下来，以形成清晰的委托—代理关系。从底层项目负责人到部门单位的中高层负责人都要明确各自的绩效责任，使预算绩效目标未来进一步成为关联预算绩效与人力资源绩效、资产绩效等各类绩效管理的纽带和枢纽。

4. 管理机制方面，绩效目标信息分散、透明度低，相关部门单位之间的相互借鉴与学习难以实现

学习与创新是绩效管理的重要追求。部门单位在绩效目标管理实践中也存在着强烈的学习需求，在设置绩效目标时迫切需要了解其上级、同级类似项目的绩效目标信息，通过借鉴同类项目绩效目标的历史信息可以为绩效目标值的设置或调整提供依据，通过参考同类项目绩效目标的年度信息则有助于完善各层次绩效目标之间的内在联系，提升预算申报的准确性。

5. 激励约束机制方面，对绩效目标质量尚缺乏充分而有效的监督和反馈机制

绩效管理系统的一个重要价值在于它能够被用来问责和学习，从而提高组织未来的绩效。绩效目标与预算挂钩、根据绩效目标申报预算是预算绩效管理改革的“初心”所在，也是绩效管理发挥激励与约束“双刃剑”功能的目标所在。不过，在目前的条件下，绩效目标的审核—反馈机制仅存在于财政部门与预算部门单位之间，在人大审批与监督、审计监督和社会监督方面均缺少对绩效目标质量的监督考核。因此，绩效监督体系的不完善在很大程度上制约着绩效目标质量的提升。

6. 支撑绩效目标设置的基础条件尚待加强

设置高质量的绩效目标无疑需要充分的信息基础，如项目的投入、产出信息、成本信息、效益与满意度信息，规范的、模板化的指标与标准体系等。国际绩效管理改革和我国的实践均表明：成本信息的缺失造成投入成本指标难以设置，因此成本信息成为投入指标设置的短板。在改革实践中，各省市已经认识到成本信息缺失对预算绩效管理改革的制约，从而相继探索、出台预算项目的成本测度与相应的预算绩效管理办法[①]；或者提高成本指标的重要性，将其从二级指标提升为一级指标等[②]。

---

① 如《山东省财政厅关于开展成本预算绩效管理的实施意见》（鲁财绩〔2022〕4号）、北京市全成本预算绩效管理模式等。

② 刘振，王丽莎. 山东博兴：严控预算绩效目标质量提升财政信息公开水平［J］. 财政监督，2024（12）：75.

第二节 借鉴国际经验，促进绩效目标管理的优化

一、美国联邦政府优先性目标管理及其借鉴意义

继1993年出台世界首部绩效法案——《政府绩效与结果法案》（GPRA）之后，美国联邦政府于2010年再一次抛出了《政府绩效与结果现代法案》（GPRAMA）。据此法案，联邦政府的绩效目标管理体系进一步健全，以绩效目标为纽带，建立了“规划—计划—项目”之间的逻辑链路，自上而下构建了相对完整的绩效目标层次体系，实现了联邦、部门、项目不同行政层级之间，长期、中期、短期不同时间跨度目标之间的协同运作，并且建立了分层负责的责任体系、科学严密的绩效监测评估、充分的信息披露以及刚性的外部监督等配套保障措施[①]。美国政府绩效管理体系中的目标管理经验，对于进一步完善我国预算绩效目标管理，具有积极的参考意义。

（一）GPRA框架下美国联邦政府绩效目标管理的要求

GPRA要求构建的绩效目标体系包括两个层次：一是机构战略规划目标。每个联邦机构都要编制实施周期不少于5年的战略规划，并在其中确立本机构的总体目标；二是机构年度绩效目标，作为对机构战略规划目标的分解和落实，体现在各机构年度绩效计划之中。

随着GPRA实施的不断深入，一些重大缺陷也逐渐开始暴露。该法案过度重视为遵循报告要求而生产的绩效信息，但对于这些信息的分析利用却远远不够。为此，奥巴马政府于2010年对其进行了大幅修订，通过引入“优先性目标”这一新的管理工具，构建新的联邦政府绩效管理体系，并通过法治化途径（即GPRAMA）

① 陈光，徐志凌.美国政府绩效管理体系中的目标管理机制分析［J］.全球科技经济瞭望，2021，36（06）：33-45.

予以固化。

（二）GPRAMA框架下美国绩效目标管理的新内容

与GPRA的要求相比，GPRAMA增加了三个层面的绩效目标：

1.联邦政府优先目标

GPRA要求总统预算管理办公室（OMB）应在协调各联邦机构的基础上，制定联邦政府优先目标，以改进联邦政府的绩效和管理。该目标应该是长期性的，需要至少每4年更新或修订一次（即相当于中央层面的4年战略规划）。联邦政府优先目标采取两种形式：跨部门优先目标（CAP），这是一种需要由多个部门合作实现的绩效目标；另一种是改进联邦政府在财政、人力资源、信息技术、采购征收、固定资产管理等方面的目标。

2.联邦政府年度绩效目标

GPRAMA要求OMB应瞄准联邦政府优先目标的实现，在协调各部门机构的基础上，制定联邦政府年度绩效计划。该计划要根据每个联邦政府优先目标的进展情况，确立该年度相应的绩效目标，同时要求对目标设立明确的季度里程碑，建立通用的关键绩效指标（KPI）并明确这些指标的季度目标，以监测年度绩效目标的总体实现进程。

3.机构优先性目标

GPRAMA规定，各联邦机构需要从本机构的年度绩效目标之中挑选出最重要、最需要优先解决的事项，作为本机构的优先目标。OMB须对机构优先目标的总量进行统筹，并明确各联邦机构需设立优先目标的数量。机构优先性目标既要有积极进取的目标指向，又必须能够在不增加预算资源的条件下在2年之内实现。各联邦机构还需要针对每个机构优先目标设立清晰的季度里程碑，以便跟踪其进展情况。例如，美国联邦政府优先目标“IT现代化”相关信息如表3-10所示。

表3-10　美国联邦政府优先目标“IT现代化”相关信息一览表

目标负责人	Steve Censky，美国农业部副部长； Camilo Sandoval，总统预算管理办公室首席信息安全官； Maria Roat，总统预算管理办公室副首席信息安全官。
目标内容	各联邦机构将构建维护更加现代化、更加安全、更具弹性的信息技术，以提高任务交付能力和生产率——通过提升政府IT支出效率，同时潜在地降低成本、提高效率，来驱动价值创造，提升公民对政府提供服务的参与度和满意度。

续表

挑战	由于收购和授权过程烦琐，尖端商业技术的采用速度缓慢；各联邦机构采用的是拼凑式的网络架构，而且依赖于成本高昂、难以安全防护和升级的旧有遗留系统。
机遇	扩大高效能、经济安全的现代商业技术的应用；通过 IT 系统、敏感数据和网络的防护，缩减网络安全风险的影响；利用通用解决方案和创新实践提升效率、提高安全性，满足公众的终极需要。
行动计划与更新	2021年1月《行动计划》； 2020年7月、9月《行动计划》； 2019年6月、9月、12月《行动计划》； 2018年3月、6月、9月、12月《行动计划》。
关键绩效指标	为更直观地展示实施绩效，总统预算管理办公室从“IT 现代化”联邦政府优先目标的 42 个季度里程碑中挑选了12 个较为重要且为定量指标性质的里程碑，作为关键绩效指标。
资源	“技术现代化”基金； “智慧云”政策； “联邦网络安全技能再提升学院”计划。

对于“IT现代化”目标，OMB在不同实施年度均制定了数量不等的季度《行动计划》作为对“IT现代化”目标的进一步分解，包括：①“提升联邦IT与数字化服务”（下设26个季度里程碑）；②“减少联邦任务使命的网络安全风险”（下设10个季度里程碑）；③“建设一支现代化IT员工队伍”（下设6个季度里程碑）3个子目标，并为这3个子目标设立了总计42个季度里程碑。

为督促推进各部门机构（共有23个联邦机构）贯彻落实“IT 现代化”目标，OMB按季度对这23个联邦机构在这 42个季度里程碑上的进展进行考核，并将每个里程碑的最新季度进展及时更新在下一期的季度《行动计划》之中。

（三）美国各层次绩效目标之间的关系

在联邦各层次目标之间存在着紧密的落实与支撑关系。如“IT 现代化”目标在联邦和部门两个层面获得支撑落实。“IT 现代化”目标与不同层面的要素之间的支撑贡献关联关系如图 3-3 所示。

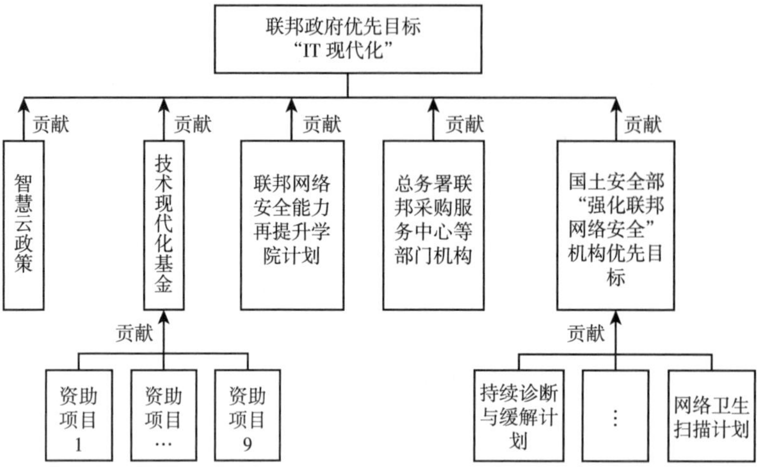

图3-3 美国联邦政府优先目标"IT现代化"的执行与落实体系

首先，在跨部门的联邦层面，"技术现代化基金"、"智慧云"政策、"联邦网络安全能力再提升学院计划"3个跨部门的联邦层面基金（政策、计划）是其赖以实现的资源条件。以其中的"技术现代化基金"为例，截至2020年12月，该基金共资助了美国农业部等6个政府部门实施了9个项目，资助总金额达到1.16亿美元。

其次，在部门机构层面，各联邦机构设立的机构优先目标也能够支撑落实联邦政府优先目标。根据"IT现代化"优先目标的季度《行动计划》，美国国土安全部（DHS）分别于2018—2019财年、2020—2021财年连续制定了两期"强化联邦网络安全"机构优先目标。该目标亦将为联邦的"IT现代化"优先目标（具体指其第2个子目标"减少联邦任务使命的网络安全风险"）提供工具和服务方面的支撑与贡献。国土安全部的2019财年预算报告提出，为落实"强化联邦网络安全"机构优先目标，该部门启动了"网络卫生扫描计划"等一系列行动计划。

（四）美国优先性绩效目标管理值得我国借鉴的特征

GPRAMA框架下政府"优先性目标"管理工具的引入解决了部门间的协调、计划间的先后与内在联系等问题，给我国绩效目标管理的完善提供了重要借鉴。

1. "优先性目标"使部门间的统筹协调成为可能

"优先性目标"这一绩效管理新工具，使政府绩效目标管理的体系化运作成为现实，强化了联邦政府目标统筹协调的能力，对于需要由多个政府部门共同协作完成的重大政策与项目而言，如果缺少中央政府的统筹协调，各部门往往只会关注自身的战略规划目标和部门利益，"群龙无首"或"九龙治水"的状态往往导致分散割裂、推诿扯皮、重复低效等不良现象的出现，这一点对于完善我国重大政策与项目绩效目标的设置具有重要借鉴意义。从协调主体来看，GPRAMA赋予了总统预算管理办公室（OMB）强大的统筹和协调权力，使其扮演着“总牵头”“总协调”的重要角色，进一步优化了政府绩效管理体系的顶层设计，使绩效目标管理的法律基础保障更加坚实有效。

2. 政府绩效“目标树”式结构重点突出，有利于提升管理效率

从跨部门的①联邦政府优先目标、到②各联邦机构的战略规划目标与③年度绩效目标，以及从年度绩效目标之中遴选出的④机构优先目标，构成了一个完整的“目标树”；同时，目标①②一般以四年为周期，机构优先目标完成时限一般为两年，“目标树”又起到统筹长期、中期、短期等不同时间跨度目标的作用，如图3-4所示。

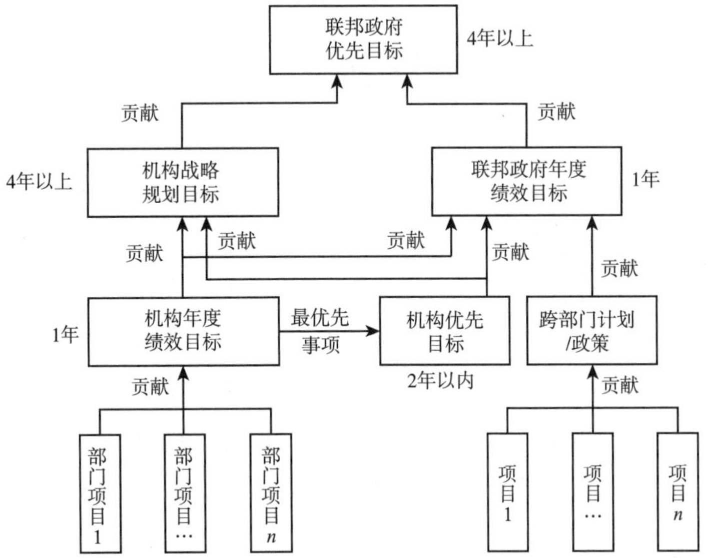

图3-4　美国《政府绩效与结果现代化法案》确立的政府绩效目标体系

“优先性目标”的引入，将政府绩效目标划分成为优先目标和一般目标两大类。可以说，明确了政府绩效优先目标，就明确了政府各部门在规定的时限内集中攻坚的工作重点，这种按照“二八法则”进行分类的做法显然更有利于提高政府的工作效率，最终促进政府管理绩效的提升。

3. “优先性目标”使政府各层次计划间的逻辑关系清晰可见

战略规划的具体执行过程与实施路径一直是困扰各国政府管理的“黑箱”。而GPRAMA通过目标管理这一工具，在一定程度上打开了这个黑箱。首先，它要求各联邦机构不仅要制定本机构每个预算项目的目标，而且还要明确这些项目目标对本机构年度绩效目标的贡献。其次，各机构年度绩效目标作为机构战略规划目标的分解，其对本机构战略规划目标的贡献也要明确描述。最后，GPRAMA要求各机构在制定本机构的战略规划目标时，要明确描述其对联邦政府优先目标（即上一层级的中央战略规划）的贡献。由此，GPRAMA通过绩效目标这一“桥梁”，顺利构建了“中央战略规划—部门战略规划—年度实施计划—预算项目”之间的内在联系①。这一点对于我国具有很强的借鉴意义。

二、预算绩效目标管理的优化及路径

从国家治理的视角来看，绩效目标的优化问题不宜局限于财政部门，需要从预算绩效的内在含义出发，统筹财政部门、预算部门单位、人大与审计以及社会监督的力量进行综合考虑。

（一）我国预算绩效目标管理方面亟待优化的主要内容

根据上述分析，我国虽然已经建立了绩效目标管理基本框架，但内容方面依然需要不断完善。从现有绩效目标管理规范来看，重点需要优化“审核四性”的基本内容，为绩效目标的优化提供制度根基。

1.适当调整“审核四性”的内容

在现行《办法》中，“绩效指标是否细化、量化”显然属于对绩效目标的技术性审核范畴，不是相关性大小的问题，归入“完整性审核”更为妥当。

从山东省相关规范来看，《山东省省级政策和项目预算绩效目标管理办法》（鲁财绩〔2020〕6号）在绩效目标审核方面设计了“三性+其他”审核模式，其中关于“其他”的规定虽然为执行中的新问题留下了足够的弹性，但具体内容不免模糊，在实践中不便操作。另外，其“可行性”审核中包括的内容“绩效目标是否符合国家及省法律法规及相关规划，是否符合省委省政府决策部署及经济社会发展需要”显然放入相关性更为适合。

2.将“适当性”审核调整为“匹配性”审核

从“审核四性”的内容来看，“相应匹配”的要求体现在两个方面：第一，绩效目标所涉及的“事”与计划的匹配性；第二，“事”与预算即“钱”的匹配性。不过，这一要求在审核要点中却出现在“适当性审核”方面。显然，同一份文件不应该出现内容前后不一致的问题。因此现行《办法》关于“适当性”的审核内容表述为“匹配性”更为妥当。

① 陈光，徐志凌.美国政府绩效管理体系中的目标管理机制分析［J］.全球科技经济瞭望，2021，36（6）：33-45.

3. 适当调整“审核四性”的顺序

相对于绩效目标的完整性要求，对其相关性的审核更为重要。如果审核中发现相关性不足，就可以直接对该绩效目标说“不”而终止其审核流程；对“可行性”的审核则应该建立在匹配性的基础之上。因此，“审核四性”的顺序如果改为“相关性—完整性—匹配性—可行性”将更加符合绩效目标自身的逻辑。新的“审核四性”与《办法》的“设置四要求”的对应关系如图3-5所示。

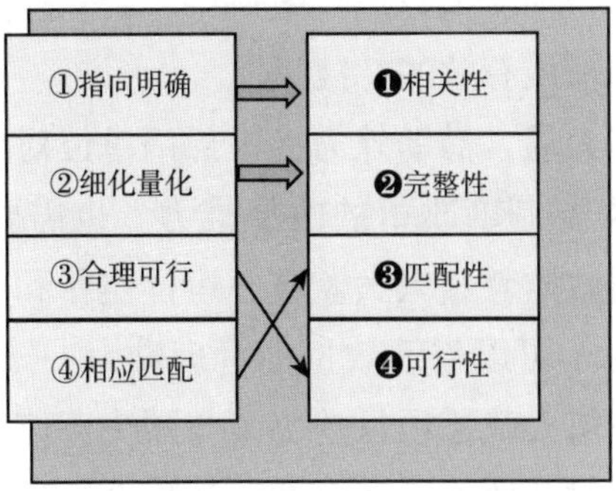

图3-5 绩效目标“设置四要求”与“审核四性”的对应关系

（二）我国预算绩效目标管理优化的实现路径

针对预算绩效目标管理中存在的上述问题，绩效目标质量的提升和优化可以从以下方面入手。

1. 修订绩效目标管理规范，使其更加符合改革的现实需要

除前文提及的绩效目标审核内容的调整和完善以外，更重要的是，按照国家治理的逻辑，从绩效治理的结构体系出发，完善绩效目标设置、审核与审批、执行与调整、公开与结果运用诸环节，使绩效目标真正成为国家治理的有效工具。

2. 在明确各层次目标间内在逻辑的基础上筛选关键绩效指标

绩效目标是贯穿跨部门重大政策与项目、部门中长期规划与年度计划、具体项目信息的纽带，是链接宏观、中观与微观目标的桥梁。因此，建立上下贯通、左右协同“绩效目标树”，根据国家的经济社会发展重点筛选关键绩效指标，集中各类资源共同支持，是发挥我国制度优势、集中力量办大事的有效途径。

3. 借助预算一体化系统搭建绩效目标信息共享平台

绩效目标的编制与审核需要借助充分的相关信息。我国正在建立的财政核心业务一体化平台为完善各类各层次预算绩效目标信息的供给提供了良好的信息基础设施。目前该系统在预算与绩效信息共享方面的功能还需要进一步完善，以满足绩效管理各环节的现实需要。山东省2024年强化“最先一公里”的实践在绩效指标与标准规范化、信息化方面提供了实践案例，其动态筛选、持续优化的经验值得推广，并在实践中进一步优化。

4. 开展各类能力提升行动，提高绩效目标编报水平

在帮助部门单位提供绩效目标管理能力方面，一对一帮扶、针对性培训是最为有效的措施。笔者经常受邀承担对第三方机构和部门单位的绩效目标审核与培训工作，结合其工作实践进行针对性辅导，对于提高其绩效目标管理的理论认知和实际工作能力多有裨益。再如，前文大数据局案例中，针对性案例分析与面对面讨论是迅速提高绩效目标管理水平最有效的“捷径”。

5. 充分发挥各方监督力量，借助外力促进部门单位对绩效目标管理的重视

绩效意识的养成既需要制度改革的内部推力，也需要各种监督力量的外部压力。这些监督力量包括财政监督、人大监督、审计监督和社会监督等。其中，财政监督属于日常化监督，完全可以与绩效目标管理融为一体而转型为财政绩效监督；人大监督目前主要体现在重大政策项目的决策与预决算信息，通过要求绩效目标信息公开可以提升部门单位对绩效目标管理的关注程度。当然，人大代表参与绩效目标审核是最有效的监督措施。审计监督的威力最强，将绩效目标质量作为预算审计的内容将是发挥其威力的重要途径[①]。

① 笔者2021年11月在山东省人大预算工作委员会关于审计查出问题整改报告讨论会上提出这一建议，得到与会人员的认可。

▶ 第四章
绩效决策之二：事前绩效评估

内容提要

事前绩效评估是决定某项政策或项目能否获得财政支持的“道闸”，因而可以提高预算决策的科学性，保障预算资金未来可能产生的绩效，自然而然地成为预算绩效管理周期的关键环节。预算与绩效的一体化是绩效化改革的基本目标。事前绩效评估和预算评审同处于预算编制环节，在内容上既交叉，又互补，因此，二者的融合具有必然性，绩效信息则是二者的融合剂。在预算和绩效管理两大周期的持续运行中，绩效信息不断地产生，又陆续被各环节利用，其供给和需求在相互依存中交错递增，将预算与绩效逐渐融为一个整体。本书将事前评估与预算评审的融合体称为“预算绩效评审”，其指标体系可从项目设立必要性、绩效目标合理性、实施方案有效性、预算编制科学性、资金筹措合规性五个方面设置。

第一节 山东省事前绩效评估制度的建立和发展

一、山东省事前绩效评估制度的规范化进程

建立事前绩效评估制度是预算绩效管理制度改革的内在要求。中发“34号文”明确提出“建立绩效评估机制”；鲁发〔2019〕2号文要求：各部门各单位要按照预算编审有关规定，结合预算评审、项目审批等，对新出台重大政策、项目开展事前绩效评估，重点论证立项必要性、投入经济性、绩效目标合理性、实施方案可行性、筹资合规性等，投资主管部门要加强基建投资绩效评估，评估结果作为申请预算的必备要件。未按要求开展绩效评估或者绩效评估结果为差的重大政策支出不得列入中期财政规划和年度预算，相关项目不得纳入项目库。

事前绩效评估制度是山东省“1+2+N”预算绩效制度网的基本构成，也是山东省在地方预算绩效管理改革中实现的重大制度创新。该制度的建立和完善以两个时点为标志，以“《办法》+《规程》”为主要内容。

2019年9月15日，山东省财政厅印发《山东省省级政策和项目预算事前绩效评估管理暂行办法》（鲁财绩〔2019〕5号）[①]（以下简称《暂行办法》），在国内较早地实现了事前绩效评估的规范化；为规范省级政策和项目预算事前绩效评估工作，提高评估质量，2020年8月3日，山东省财政厅出台《山东省省级政策和项目预算事前绩效评估工作规程》（鲁财绩〔2020〕5号），使事前绩效评估工作的开展具备了很强的操作性。上述《暂行办法》与《规程》实施以来取得了许多经验，也积累了不少的教训。以此为基础，2023年12月13日，山东省财政厅正式出台了《山东省新增重大政策和项目预算事前绩效评估管理办法》（鲁财绩〔2023〕8号）（以下简称《评估办法》），取代了鲁财绩〔2019〕5号文与鲁财绩

① 资料来源：http：//czt.shandong.gov.cn/art/2019/9/19/art_10563_7166557.html.

〔2020〕5号文，自2024年1月1日开始实施。

二、山东省事前绩效评估制度的主要内容

山东省《新增重大政策和项目预算事前绩效评估管理办法》共7章26条，主要包括如下内容：

（一）事前绩效评估的目标与原则（1—4条）

1.评估目标及其属性

《评估办法》旨在“建立健全事前绩效评估机制，提高财政支出政策设立和项目预算安排的科学性，促进财政资源高效配置和节约使用”。这种表述意味着，该制度旨在通过寻找证据——事前绩效评估报告作为决策依据，提升财政政策和预算决策的科学性，提升包括财政资源配置和使用效率在内的预算绩效。因此，事前绩效评估制度的设立是通过循证决策实现财政预算决策科学化的重要一环。

2.事前绩效评估的定义

事前绩效评估是指各级财政部门和预算部门单位（以下简称“预算部门”）按照预算管理有关规定，在决策立项或预算安排前，运用科学方法和规范程序对拟新增重大政策和项目进行充分论证和客观评估，为预算安排提供重要参考依据。该定义规定：

（1）事前评估的实施主体包括各级财政部门和预算部门单位；

（2）事前绩效评估的时间需要选择在“决策立项或预算安排前”，目的在于为预算安排提供重要参考依据，表明其作为预算决策组成环节的基本属性。

3.评估原则及其特征

事前评估需遵循“依法依规、物有所值、客观公正、科学高效、权责对等”五大原则。

与《暂行办法》相比，《评估办法》将“科学规范”与“精简高效”二原则合并为“科学高效”；新增了“物有所值”“权责对等”两个原则，其中，“物有所值”原则是对《暂行办法》“绩效导向”原则的深化和拓展，具有很强的创新价值。该原则强调绩效导向，突出成本管控，要求采取成本效益分析等方法对政策和项目实施的必要性、经济性等作出价值判断，使经济性这一绩效的基本原则通过成本效益分析等方式得以落实，使成本成为预期绩效的最强约束。政策是否有必要出台、项目是否必须上马的关键是通过预期效益与成本的科学测算、纵向横向对比，以得出

"值"与"不值"的结论。如果预期效益"值得"财政投入预算资源，则"予以支持"或"调整完善支持"；否则就"不予支持"。通过评估将拟新增的重大政策或项目划分为"建议予以支持、调整完善后支持、不予支持"三类，在预算安排方面区别对待，将可能发生的财政资金的浪费"扼杀"于萌芽之前，使预算资金预期绩效的实现具备了强大的制度保障，是预算管理迈向科学化的重要一步。

（二）事前评估的基本要素

（1）事前评估的主体：包括财政部门与预算部门两类。

（2）事前评估的客体主要包括下列三种类型：

第一，拟通过财政性资金安排预算[①]的新增重大政策和项目；

第二，因实施内容、标准等发生调整，拟申请增加预算资金的既有政策和项目；

第三，到期申请延续执行的政策和项目，视同新增重大政策和项目。

此外，《评估办法》特别列出了两种无需评估的类型：第一，按照党中央、国务院、省委、省政府和省级以上财政部门统一部署要求而新增实施的重大政策和项目；第二，由于抢险救灾、应对突发事件等原因，需紧急新增实施的重大政策和项目。

（3）重大政策和项目的判断标准。事前评估对象的遴选标准包括一"重"一"大"："重"意味着对经济社会发展具有重要影响；"大"则表明资金量较大、社会受益面大。其具体标准因地而异、因政府层级而异。

《评估办法》对一"重"一"大"主要采用金额标准：（1）纳入省级部门评估的资金标准：1000万元及以上；（2）纳入省级财政部门评估的资金标准：1亿元及以上的新增政策和项目，以及1亿元以下的延续性、敏感性或影响重大的政策和项目。

（三）事前绩效评估的类型

事前绩效评估可以根据不同的标准进行分类：

根据实施主体的不同，可将事前绩效评估分为三类：预算部门或单位实施的自评估、财政部门实施的重点评估和第三方机构实施的外部评估。

从评估所处的环节来看，由预算部门或单位在项目立项或政策出台之前实施的绩效评估是首次评估，可称为"初评估"，如本章第二节案例提到的B大学前沿技术研究院项目；对于重点项目或重大政策，财政部门会抽取其中的一部分实施二次评估，可称为"再评估"。

从评估实施主体来看，由符合资质的第三方机构独立承担的事前绩效评估可称

① 包括一般公共预算、政府性基金预算、国有资本经营预算、社会保险基金预算。

为“独立评估”；对于技术上较为复杂或金额较大的重点项目，往往由预算部门单位或财政部门联合第三方机构共同实施，可称为“联合评估”。因此，事前绩效评估的主要类型划分可用图4–1表示。

按评估主体	按评估时点	按评估方式
•自评估 •财政评估 •外部评估	•初评估 •再评估	•独立评估 •联合评估

图4–1 预算项目事前绩效评估的主要类型

（四）事前绩效评估的内容

1. 山东省事前绩效评估“2023版”与“2019版”内容对比

与2019版《暂行办法》相比，2023版《评估办法》不再区分财政支出政策与支出项目，而采用统一的评估指标体系；从指标名称来看，2023版《评估办法》基本上延续了2019版《暂行办法》关于财政支出项目事前绩效评估的指标体系，只是把“实施方案有效性”改为“实施可行性”，因此一级指标与“34号文”提出的“五性”比较一致；在权重分配方面，除“筹资合规性”指标外，其余四个指标的权重变动都比较大，可以视为对与2019版《暂行办法》关于政策评估与项目评估权重分配的一种“中和”，如表4–1所示。

表4–1 山东省两版事前绩效评估指标体系与“34号文”相关要求对比一览表

“34”号文	2019版《暂行办法》		2023版《评估办法》
	政策评估	项目评估	政策与项目评估
立项必要性	政策设立必要性（30分）	立项必要性（20）	立项必要性（25分）
投入经济性	政策目标合理性（30分）	投入经济性（20）	实施可行性（25分）
绩效目标合理性	政策资金合规性（15分）	绩效目标合理性（20）	绩效目标合理性（15分）
实施方案可行性	政策保障充分性（15分）	实施方案有效性（20）	投入经济性（15分）
筹资合规性	政策时效性（10分）	筹资合规性（20）	筹资合规性（20分）

从指标权重与二级指标所要求的具体评估内容来看，两版制度还是有所区别的。从权重分配来看，2019版项目绩效评估对五大指标采用均分方式，各占20%；2019版政策绩效评估则充分考虑了事前评估的特征，将政策设立必要性与政策目标合理性的权重均设定为30%，以示强调。2023版在权重方面具有一定的折中性，将立项必要性、实施可行性两指标均确定为25%，二者合计占一半权重。具体如表4–2所示。

表4-2　　山东省两版事前绩效评估指标体系比较一览表

2019版《暂行办法》指标体系				2023版《评估办法》指标体系	
项目评估指标体系		政策评估指标体系			
一级指标	二级指标	一级指标	二级指标	一级指标	二级指标
立项必要性（20）	政策相关性（5） 职能相关性（5） 需求相关性（5） 财政投入相关性（5）	政策设立必要性（30）	依据充分性（20） 决策科学性（10）	政策（项目）立项必要性（25）	依据充分性（5） 需求必要性（10） 职能相关性（5） 财政投入相关性（5）
投入经济性（20）	投入合理性（10） 成本控制措施有效性（10）	政策目标合理性（30）	目标明确性（15） 目标合理性（15）	政策（项目）实施可行性（25）	方案可行性（10） 条件充足性（5） 风险可控性（5） 期限合理性（5）
绩效目标合理性（20）	目标明确性（10） 目标合理性（10）	政策资金合规性（15）	财政投入可行性（10） 资金分配合理性（5）	政策（项目）绩效目标合理性（15）	目标合理性（10） 指标合理性（5）
实施方案有效性（20）	实施内容明确性（5） 项目时效性（5） 实施方案可行性（5） 过程控制有效性（5）	政策保障充分性（15）	保障措施得当性（10） 政策资源可持续性（5）	政策（项目）投入经济性（15）	投入经济性（5） 成本合理性（5） 成本可控性（5）
筹资合规性（20）	筹资合规性（10） 财政投入能力（5） 筹资风险可控性（5）	政策时效性（10分）	政策管理时效性（10）	政策（项目）筹资合规性（20）	筹资合规性（5） 使用合理性（5） 风险可控性（10）

2. 山东省2023版《评估办法》的主要内容

事前绩效评估主要从五个方面进行，包括立项必要性、实施可行性、绩效目标合理性、投入经济性、筹资合规性，简称“评估五性”，如表4–3所示。

表4-3　　　　　山东省事前绩效评估指标与评估要点

一级指标	二级指标	评估要点	备注
1.政策（项目）立项必要性（25分）	1.1依据充分性（5分）	政策（项目）立项是否有明确的立项依据（如党中央、国务院和省委、省政府政策文件、国民经济社会发展五年规划、法律法规规定的政府义务等）。	为否定性指标，一级指标得分80%(含)以下，即20分（含）以下，则结论为不予支持。
	1.2需求必要性（10分）	①政策（项目）立项意义和必要性是否充分显著，是否具有迫切现实需求、是所要解决问题的必要条件； ②政策（项目）立项是否与其他现有政策（项目）交叉重复。	
	1.3职能相关性（5分）	政策（项目）立项是否符合预算部门职能定位。	
	1.4财政投入相关性（5分）	①政策（项目）立项是否属于财政资金支持范围，符合市场在资源配置中起决定性作用和更好发挥政府作用的要求，其中产业类政策是否存在影响公平竞争的内容； ②事权与支出责任是否相适应。	
2.实施可行性（25分）	2.1方案可行性（10分）	①政策（项目）实施方案是否内容完整、计划合理、步骤清晰、切实可行； ②政策（项目）实施与目标实现是否显著关联。	为否定性指标，一级指标得分80%(含)以下，即20分（含）以下，则结论为不予支持。
	2.2条件充足性（5分）	政策（项目）是否具备实施的资源条件和外在环境。	
	2.3风险可控性（5分）	是否充分预计不确定因素和风险并明确应对措施。	
	2.4期限合理性（5分）	是否根据需要合理设置实施期限，退出机制是否健全。	
3.绩效目标合理性（15分）	3.1目标合理性（10分）	①政策（项目）是否有明确清晰的绩效目标； ②政策（项目）的绩效目标是否与立项相关政策、规划、工作目标相符，与实际工作需要相匹配； ③政策（项目）受益群体定位是否准确。	
	3.2指标合理性（5分）	①政策（项目）绩效指标是否全面充分、细化量化、可衡量、易获取； ②指标值是否具有科学性、前瞻性和约束力等。	

续表

一级指标	二级指标	评估要点	备注
4.投入经济性（15分）	4.1投入经济性（5分）	政策（项目）成本测算是否充分，是否符合既定目标下实施路径最优、成本最小化的原则，投入产出比是否合理。	
	4.2成本合理性（5分）	政策（项目）预算申请和绩效目标是否匹配，是否提出预算规模建议。	
	4.3成本可控性（5分）	政策（项目）实施期间总成本是否可控，是否存在“敞口”风险，是否采取科学有效的成本控制措施。	
5.筹资合规性（20分）	5.1筹资合规性（5分）	政策（项目）资金筹集是否合法合规，各级财政分摊方式和比例是否合理。	
	5.2使用合理性（5分）	财政资金支持方式是否科学，总预算和年度预算规模是否明确合理。	
	5.3风险可控性（10分）	①财政可承受能力和债务风险评估结果是否支持； ②筹资风险是否可控。	

（五）事前评估的方式方法

1. 事前绩效评估的方式主要包括专家咨询、现场调研、问卷调查、召开座谈会等。

2. 事前评估方法主要包括成本效益分析法、对比分析法、因素分析法、公众评判法、文献分析法等。

（六）事前评估的结果及应用

事前评估的结果包括评估结论和评估得分两部分。评估结论分为建议予以支持、调整完善后支持和不予支持三种。评估得分是根据评估评分指标体系，对政策和项目进行打分的结果，是得出评估结论的重要参考依据。评估得分对评估结论的支撑关系由各级财政部门结合实际确定。

评估得分与结论和运用方式如表4–4所示。

表4-4　山东省级新增政策和项目评估得分、结论与运用方式

<table>
<tr><th rowspan="2">结论</th><th rowspan="2">评估得分</th><th rowspan="2">政策和项目特征</th><th rowspan="2">报告要求</th><th colspan="2">结果运用</th></tr>
<tr><th>部门运用</th><th>财政运用</th></tr>
<tr><td>建议予以支持</td><td>80 分以上</td><td>必要性充分、效率性效益性好、方案可行性强、投入经济性高</td><td rowspan="2">应明确提出预算建议控制规模（总金额和分年度金额）；应明确提出需当期予以支持或可择机延后支持</td><td>纳入部门项目库，提交财政审核</td><td>结合预算编审进行审核。评估质量高、预期效益好的优先安排预算</td></tr>
<tr><td>调整完善后支持</td><td>80 分以上</td><td>必要性充分，但效率性、效益性、可行性、经济性还存在差距和不足，需达到一定条件后予以支持的政策和项目</td><td rowspan="2">不得提交财政部门审核，不得申请年度预算</td><td>—</td></tr>
<tr><td>不予支持</td><td>80 分以下；80 分以上但否定性指标得分率不足 80%</td><td>必要性不足、效率性效益性和可行性较差、投入经济性较低的政策和项目</td><td>—</td><td>—</td></tr>
</table>

▶ 第二节 山东省事前绩效评估典型案例

一、政策评估案例（1）——A市中小微企业融资费用补贴政策事前绩效评估

（一）政策概述

1. 政策背景

中小微企业（以下简称“企业”）是国民经济的重要组成部分，近年来在生产经营中普遍遭遇“融资难”和“融资贵”问题，困扰着这些企业的健康发展。为鼓励中小企业快速发展，山东省A市自2013年以来连续5年对中小企业融资费用给予财政补贴，以降低中小企业经营性流动资金融资成本；同时对担保机构实行奖励和补助，鼓励其向中小微企业提供融资服务。

2. 政策内容

受益范围：2013—2017年享受贴息政策的企业数量逐年递增，从2013年的324家增加到2017年的1400家，年均增长率高达66.42%；同时补贴支出快速增长，从2013年的4533.9万元增加到2017年的20739.33万元，累计支出达到68050.11万元。

资金来源：政策实施所需资金由市与县区财政按照7∶3比例分担。

组织管理：政策由A市财政局企业处组织实施，市与县区分级管理。各县区财政部门负责根据管理办法下发通知、组织企业申报材料并进行初审，汇总报市财政审核，对符合条件企业集中发放补贴资金。

实施方式：主要采用直接补贴方式（即明补），向持有经营性流动资金贷款的企业提供财政贴息；同时向为中小企业提供融资性担保的机构给以补助或奖励（即暗补）。

（二）事前评估概况

1.评估目的和依据

通过对该政策进行系统评估，分析前期已经取得的经验，总结政策实施中遇到的困难和问题，提出完善政策的建设性意见和建议，以提高政策决策的科学性，为该政策的正式出台提供依据，更好地解决制约中小微企业健康发展的“融资贵”“融资难”问题。同时，为财政政策绩效事前评估探索适当的方法。本次评估是A市为落实中央《中共中央 国务院关于全面实施预算管理的意见》而展开的具体行动，也是山东省首例政策事前绩效评估，具有较强的探索意义。

2.评估对象和范围

本次评估以“A财企〔2017〕6号”所涵盖的中小微企业融资费用财政补贴政策为主，包括银行贷款贴息和融资性担保机构担保补助两部分。

数据搜集范围：以A市2014—2017年相关企业数据为主；同时尽可能地搜集2018年数据。鉴于财政补贴资金采用后补助方式延后支付，财政支出年份向前顺延一年，评估期内财政支出发生在2014—2018年。

评估时间范围：以2018年11月2日为评估基准日，12月7日结束。

3.评估方法

评估工作组主要采用了“360度评估”、关键人员访谈、专家打分、问卷调查等方法，采取重点检查与抽查相结合等方式进行实地核查。

“360度评估”法：本次评估借鉴了美国联邦政府PART体系的设计方法，利用标准化问卷体系、从供给和需求两个方面进行大样本、广覆盖的调研。信息获取主要依靠被评估对象填写标准化问卷的方式进行，包括面向市、县区财政部门和面向企业的两套问卷。

关键人员访谈法：由于政策实施所需基础材料分别来自中国人民银行、商业银行和担保机构，评估小组分别联系了中国人民银行与相关商业银行、担保公司等，与其相关负责人通过深入访谈，获得了大量的一手信息。

4.评估指标体系

本次评估依据国际通行的SMART原则（具体性、可测性、可行性、相关性、时限性）设计指标体系。该体系由政策制定、政策基础、政策投入和政策保障4个一级指标、11个二级指标和15个三级指标组成。在权重划分方面，参考《北京市市级财政支出事前绩效评估管理办法》（京财绩效〔2019〕2129号），对一级指标按照30∶30∶20∶20的比例分配权重。

5.评估工作过程

整个评估工作过程分为评估准备、评估实施和报告撰写三个阶段。

①评估准备：首先，成立评估小组。其次，设计评估方案，与委托方就评估工作进行沟通后修改完善；通过前期调研，对企业版和财政版问卷初稿进行修改完善，同时，设计出面向金融机构的问题清单。

②评估实施：包括面访和线上问卷调查两个环节，同步进行。首先，是对县区财政部门和代表性企业进行面访，邀请他们当面填写问卷，并就政策实施方面的问题进行充分讨论，听取其意见和建议。同时选择部分企业走访。其次，线上问卷填写。请区县财政局负责人在线填写财政版问卷；同时通过其企业快报 QQ 群转发问卷链接，要求企业在两天内填写、在线提交问卷。最后，评估小组及时总结、分析面访结果，集中讨论政策实施中存在的问题与完善建议，形成书面记录。

③报告撰写。首先，进行问卷整理，剔除不合格问卷，导出分析报告，对问卷进行信度效度分析。其次，评估小组成员先分工、后协作完成报告撰写。

④专家论证。报告初稿完成后邀请对中小微企业和财政政策比较熟悉的专家进行论证。根据专家意见修改完善。

⑤绩效沟通：评估报告初稿完成后与委托方进行第一次沟通。经修改后再次沟通。

⑥绩效监督：绩效评估实施和沟通环节邀请A市或省政协委员、人大代表参加，以实现绩效评估过程的民主化和全过程监督。

（三）评估结论

本政策绩效得分为90.89分，等级为优秀。各部分得分如表4–5所示。

表4–5　A市中小微企业融资费用补贴政策事前绩效评估指标得分一览表

一级指标	权重	得分	得分率
政策制定	30	27.89	92.97%
政策基础	30	26.00	86.67%
政策投入	20	19.00	95.00%
政策保障	20	18.00	90.00%
合计	100	90.89	90.89%
等级	优		

（四）政策绩效分析

1.政策制定

该指标反映决策过程的效率和效果，采用以下4个二级指标进行评估。

（1）政策需求——“政策需求迫切性”：中小微企业对于财政贴息政策的需求

非常迫切。

（2）政策依据——“政策依据充分性”：本政策依据充分。

（3）政策目标——政策文本符合政策目标明确性的要求。不过，文件未提及缓解“融资贵”问题，表明对于政策主要目标的阐述不够全面，扣减一分。

（4）政策质量——采用以下5个三级指标进行评估：

①受益范围适当性：政策以实体经济为主要支持对象，采用普惠方式进行扶持，综合区县财政部门、受益企业和评估专家意见，均认为范围适当。

②实施方式科学性：在解决企业“融资贵”方面，本政策对于企业融资费用采用了直接冲减财务费用的明补方式，实施方式符合科学性的要求。

③政策受益公平性：政策对中型企业补贴40%、小微型企业补贴50%，体现了对处于更为弱势的小微企业的特别照顾，符合差异性公平的要求。

④政策标准适当性：通过以下四个方面进行评估（见表4-6）。

表4-6　A市中小微企业融资费用补贴政策标准适当性评估结果

政策内容	财政认可度	企业认可度	综合认可度	评估结果
流动资金贷款享受贴息的最低限额（年贷款额不低于50万元）	100%	67.63%	83.82%	比较适当
单笔贷款可享受贴息的最高限额（不超过1000万元）	80.25%	66.19%	73.22%	基本适当
补贴标准（年度实际支付利息和担保费用的40%，其中小微企业50%）	80.24%	55.56%	67.9%	偏低
年补贴限额（最高不超过30万元，其中担保费补贴额最高不超过5万元）	80.24%	49.30%	64.77%	偏低

⑤政策稳定性。本政策前期已经执行完一个政策周期，形成了较为稳定的政策内容，同时也对企业形成了较为稳定的预期。

2. 政策基础

①政策前期产出：政策前期产出效果较为明显，受益企业数量逐年增加，5年来受益企业共2229户，政策对7县区样本企业覆盖率达到93.08%；受益贷款规模也在不断扩大。不过，受益企业还有较大的增加空间；接受奖补的担保机构数量最多的2015年也只有5家；且近两年有减少的趋势。

②政策前期效益：缓解企业“融资贵”的政策目标得到较好地实现：70%以上的企业认为本政策降低了他们的融资成本，平均降幅25.87%；48%的企业认为前一年申请补贴成功之后有利于后续年度银行贷款的申请，补贴额平均每提高1%，受益企业次年的贷款总额将平均增加1.3%；高新区2017年补贴政策对银行贷款的

杠杆作用达到 67.88 倍。财务费用的降低和融资能力的提高使企业能够将更多的流动资金投入到日常生产经营当中，促进了企业的发展；73%的企业认为本政策有利于扩大经营规模。占样本总体 19.39%的企业申请过融资担保。从政策效果来看，财政部门对于融资性担保费用补贴提高中小微企业融资能力的认可度为 38.27%，企业认可度为 50.83%，综合认可度为 44.55%；担保机构享受财政奖补后企业感受的综合受益程度仅为25.07%。因此，该政策虽有助于解决企业“贷款难”问题，但效果不够明显。在其他效益方面，34.51%的企业认为该政策能够增加就业和税收。

③阶段性目标达成度：从政策前期的总体执行情况来看，在缓解企业“融资难”“融资贵”问题、促进中小微企业发展方面，本政策目标实现程度较高。

3. 政策投入

政策投入必要性：本政策投入具有很高的必要性。

政策投入充分性：市级和区县财政每年都能保证该项支出的及时足额拨付。

财政责任分配合理性：市与县区之间按照 7∶3 的比例分成，本政策对于区县之间财政负担不均衡现象没有考虑。

4. 政策保障

①实施条件健全性。本政策已经形成较为成熟的管理架构。不过，目前尚缺乏对受益企业信息的全面统计；市级对于申报材料不合格的企业缺少反馈。

②政策资源可持续性：实施本政策所需各类资源条件良好，为政策的持续实施奠定了扎实的基础。

③政策风险可控性：作为一种后补助政策，相关财政支出具有一定程度的不确定性风险，在政策设计方面应该考虑该类风险，并作出针对性防范安排。

上述指标权重分配与得分如表4–7所示。

表4–7　　A市中小微企业融资费用补贴政策绩效评估指标体系与得分表

一级指标	二级指标	三级指标	建议得分
1. 政策制定（30分）	1.1政策需求（4分）	1.1.1政策需求迫切性（4分）	4
	1.2政策依据（3分）	1.2.1政策依据充分性（3分）	3
	1.3 政策目标（3分）	1.3.1政策目标明确性（3分）	2
	1.4政策质量（20分）	1.4.1政策范围适当性（4分）	4
		1.4.2实施方式科学性（4分）	4
		1.4.3政策受益公平性（4分）	4
		1.4.4政策标准适当性（4分）	2.89
		1.4.5政策稳定性（4分）	4

续表

一级指标	二级指标	三级指标	建议得分
2.政策基础（30分）	2.1 政策前期产出（10分）	2.1.1 融资费用贴息政策产出（7分）	6
		2.1.2 担保奖助政策产出（3分）	2
	2.2 政策前期效益（15分）	2.2.1 经济效益（10分）	9
		2.2.2 其他效益（5分）	5
	2.3 政策目标达成度（5分）	—	4
3.政策投入（20分）	3.1 政策投入必要性（5分）	—	5
	3.2 政策投入充分性（10分）	—	10
	3.3 资金分配合理性（5分）	—	4
4.政策保障（20分）	4.1 实施条件健全性（5分）	—	4
	4.2 政策资源可持续性（10分）	—	10
	4.3 政策风险可控性（5分）	—	4
合计			90.89

（五）政策前期取得的成效、存在的问题与完善建议

1.政策前期已经取得的成效

①政策针对性强、瞄准度高。本政策缓解了企业的融资困难，促进其健康发展，并带动社会就业、促进了A市经济社会的和谐发展。

②政策范围适当、方式科学、质量较高。本政策以中小微企业为支持对象，采用直接补贴方式，实施效率较高；政策具有普惠性，对中型企业和小微企业的区别对待实现了差异化公平。

③政策前期效益明显、效果较好。本政策使企业融资成本平均降低25.87%，对缓解“融资贵”效果显著。

享受贴息之后，企业融资能力也得到提高，48%的企业认为前一年申请补贴成功之后有利于后续年度银行贷款的申请，补贴每提高1%，受益企业次年贷款总额平均提升1.3%。贴息支出对银行贷款的杠杆作用显著：如高新区2017年补贴政策实施后，融资费用补贴率为42.99%，财政支出杠杆率达67.88倍。

④政策实施条件健全、保障得力。本政策在前期实施中已经建立了较为成熟的运行框架体系和信息传输渠道，配备了专门负责人员，各方面保障措施齐全。

2.政策目前存在的问题

①融资费用补贴标准偏低。对于企业融资费用按照年度实际支付利息和担保费用40%（小微企业50%）比例进行补贴的政策标准，企业和财政部门普遍认为偏低，

应适度提高；对于单笔流动资金可受益贷款限额1000万元的标准，部分企业认为不够公平，为享受政策而进行贷款拆分会给企业带来不必要的负担。

②担保机构作用未得到充分发挥。中小企业普遍承认担保公司在解决融资难问题上发挥着积极作用，但融资费用高、融资要求反担保、担保公司数量少，造成担保公司的作用未能充分发挥。

③政策执行信息单向流动，信息管理不够健全。目前从财政部门流向企业的信息较为顺畅，但还缺乏财政对企业提交材料的反馈信息；对于受益企业与补贴政策相关的非资金信息既缺乏统计，也不可跟踪、查询，亦无企业对审核异议的申诉机制。

④企业划型标准的多重性妨碍政策顺利执行。中小微企业的划型存在较大程度的主观因素，利用政策“搭便车”现象减弱了财政支持中小微企业的精准度。

⑤对政策执行风险缺乏预期。目前财政补贴支出由市县级按照7∶3分担。县区财政实力不一，部分财力薄弱或者补贴支出需求较大的县区面临较大的压力；如果继续提高县区分担比例，补贴发放及时性可能会受到不同程度的影响。

3.政策完善建议

第一，完善政策内容、适度提高支持标准。

①规范文本表达方式，将政策目标“缓解中小微企业‘融资难’问题”修改为“缓解中小微企业融资难、融资贵问题”。

②简化企业划型标准。在执行工信部关于企业划型标准的基础上，明确以单一指标“营业收入”作为划型标准，以便于政策执行，避免因划型标准多重性引发的各种问题。

③明确资金用途，仅限于对经营性流动资金贷款的补贴。

④适度放宽受益条件。将“单笔贷款不超过1000万元的（含1000万元）”修改为“年度贷款不超过1000万元的部分”，也有企业建议将小额贷款公司或其他拥有融资性贷款经营权的非银行金融机构提供的融资也纳入政策受益范围。

⑤适度提高补贴标准。区县财政和企业对年度补贴标准（最高不超过30万元，其中担保费不超过5万元）认可度只有64.77%，建议在考虑财力可能的条件下适度提高。

⑥继续实施对于担保机构的奖助政策，提高支持力度。

⑦预算编制环节充分考虑政策风险。

第二，完善政策绩效管理，建立重大政策动态跟踪机制。包括：①完善政策绩效目标管理。②实施政策绩效动态跟踪。③定期评估政策需求变化，及时调整政策内容。

第三，完善政策信息管理与服务，打造良好营商环境。增加网上信息管理，企业在申报财政补贴时同时进行网上信息填报，同时赋予企业异议申诉权利。及时将材料审核与审批结果进行网上反馈和公示，实现可在线查询、跟踪、报告打印等。

第四，发挥政、银、保合力，增强对中小微企业的融资支持。通过财政贴息的杠杆作用，引导社会资本流入具有市场发展潜力的企业。

第五，完善配套措施，夯实技术基础。①利用供应链金融提高企业融资能力。针对中小微企业抵押品不足的特点，开展应收账款融资、预付账款融资和存货类融资。②利用科技金融有效解决信息不对称和交易成本高的难题。

二、政策评估案例（2）——S省漂浮式海上光伏财政补贴政策事前绩效评估

2023年9月4日，S省财政厅发布《关于印发2023年支持绿色低碳高质量发展先行区建设的具体财政政策措施的通知》，明确提出“支持可再生能源加快发展”：对2023年建成并网的漂浮式海上光伏、海上风电项目，分别按照每千瓦800元、500元的标准给予财政补贴，补贴规模分别不超过20万千瓦、340万千瓦，补贴资金由省、市财政按1∶1比例分担。当月20日，S省人民政府办公厅印发的《关于支持建设绿色低碳高质量发展先行区三年行动计划（2023—2025年）的财政政策措施的通知》提出：对2022—2025年建成并网的“十四五”漂浮式海上光伏项目，以及2022—2024年建成并网的“十四五”海上风电项目，按照建成并网年度予以财政补贴。该项政策对于S省绿色能源行业的发展具有重要意义，其出台以前经过了规范的绩效评估。

（一）政策基本信息

项目预算：省级财政资金6亿元。

实施周期：2022年1月1日至2025年12月31日。

政策目标：

总体目标：2022年，启动漂浮式海上光伏示范工作；到2025年，力争开工建设200万千瓦，建成并网100万千瓦左右。通过对2022—2025年建成并网的漂浮式海上光伏项目给予财政资金补贴，积极稳妥推动漂浮式海上光伏发展，加快技术创新，强化成本控制，逐步扩大该类项目建设规模，推动向深远海海域发展。

年度目标：2022年，启动至少4座漂浮式海上光伏示范项目。

绩效目标信息如表4-8所示。

表4-8　　　　漂浮式海上光伏财政补贴政策绩效目标申报表

绩效目标	一级指标	二级指标	三级指标	指标值
总体目标	产出	数量	项目并网规模	10/20/30/40万千瓦
		质量	补贴流程规范性	规范
		时效	财政补贴金额拨付及时率	100%
		成本	容量补贴发放标准	1000/800/600/400元（每千瓦）
			每年总体预算控制数	1/1.6/1.8/1.6亿元
	效益	经济效益	促进地区经济发展动能，提高税收效益	显著
		社会效益	缓解电力供需矛盾和改善电源结构	优化
		可持续发展	促进S省海上光伏电站建设积极性，推动本地光伏产业发展	显著
	满意度	服务对象满意度	企业满意度	≥90%
2022年度绩效目标	产出	数量	项目并网规模	10万千瓦
		质量	补贴流程规范性	规范
		时效	财政补贴金额拨付及时率	100%
		成本	容量补贴发放标准	1000元每千瓦
			每年总体预算控制数	1亿元
	效益	经济效益	促进地区经济发展动能，提高税收效益	显著
		社会效益	缓解电力供需矛盾和改善电源结构	优化
		可持续发展影响	促进S省海上光伏电站建设积极性，推动本地光伏产业发展	显著
	满意度	服务对象满意度	企业满意度	≥90%

政策资金来源：拟申请省级财政资金6亿元，计划补贴容量不超过100万千瓦（见表4-9）。

表4-9　　　　漂浮式海上光伏项目补贴计划

序号	项目名称	并网时间	预算规模（亿元）	补贴标准	补贴容量上限（建成并网规模）
1	漂浮式海上光伏项目	2022年	1	每千瓦1000元	不超过10万千瓦
		2023年	1.6	每千瓦800元	不超过20万千瓦
		2024年	1.8	每千瓦600元	不超过30万千瓦
		2025年	1.6	每千瓦400元	不超过40万千瓦
合计			6	—	不超过100万千瓦

（二）政策概况

1. 政策实施背景

海上光伏是新能源发展新的重要领域，发展潜力大、综合效益高、生态环境友好。按照组件固定方式可分为桩基固定式和漂浮式两大类。其中，桩基固定式技术较为成熟、经济性较好，基本具备规模化开发条件；漂浮式具有突破水深限制、便于立体开发等优势，是未来行业发展新兴热点领域，目前总体处于试验示范阶段。

我国大陆海岸线总长度达1.8万千米，可利用海域面积超过300万平方千米，5—50米水深、100米高度的海上可开发风资源储量达5亿千瓦，理论上可安装海上光伏近7亿千瓦（700GW）。S省海岸线全长3345千米，居全国第二位，海域面积辽阔，日照时间充足，开发海上光伏潜力巨大、前景广阔。按照“由近及远、由易到难、示范先行、分步实施”的总思路，统筹推进海上光伏规模化、集约化、协同化发展，打造技术先进、生态友好、智慧融合的“环渤海、沿黄海”双千万千瓦级海上光伏基地。

根据《S省人民政府关于印发2022年“稳中求进”高质量发展政策清单（第二批）的通知》第51条“对2022—2025年建成并网的‘十四五’漂浮式海上光伏项目，分别按照每千瓦1000元、800元、600元、400元的标准给予财政补贴，补贴规模分别不超过10万千瓦、20万千瓦、30万千瓦、40万千瓦”的要求，拟通过对漂浮式海上光伏项目实施补贴，支持各项目业主单位投资示范项目，加快推动全省漂浮式海上光伏规模化、商业化开发，促进能源绿色低碳转型。

2. 政策实施要求

补贴原则：按照“先并网、后补助”原则，实行先到先得、跨年结转、依序发放。即补贴资金根据建成并网时间先到先得。超出当年补贴容量上限部分，优先纳入次年补贴范围，并按照次年补贴标准予以支持。

补贴资金来源：省级统筹相关领域专项资金、能耗指标出让收入等渠道，针对并网容量和并网时间满足要求的漂浮式海上光伏项目给予项目业主单位一次性财政补贴。

补贴申请和发放流程：省级相关部门负责出具认定文件、补贴材料复审、补贴拨付等工作，市级相关部门负责初审申报材料、向省级部门上报资金请示，各项目业主单位向市级部门提交项目资金申报文件及证明材料。

（三）事前绩效评估基本情况

1. 评估程序

（1）准备阶段（2022年8月16日—8月20日）。

组建评估工作组。由某国政咨询院（以下简称“第三方机构”）专门组建评估工作组，负责组织开展事前评估各项工作。

资料收集。S省能源局相关处室按照要求准备事前评估资料，评估工作组对提交的资料进行初步审查。

拟定工作方案。方案主要包括评估对象概况、评估目的及依据、评估方式方法、评估内容、评估步骤及时间安排、人员安排及相关要求等。

制定评估指标体系。根据S省财政厅《S省省级政策和项目预算事前绩效评估管理暂行办法》《S省省级政策和项目预算事前绩效评估工作规程》要求，初步确定事前绩效评估指标体系，征询专家及相关单位意见后修改完善。

（2）评估实施阶段（2022年8月21日—8月26日）。

①组建评估专家组。评估工作组依据政策内容遴选5名绩效管理专家和行业专家，以及人大代表、政协委员共同组成评估专家组。评估专家组通过审核项目资料和听取工作组现场反馈，对政策内容进行评估后，形成评估结论。

②业务培训。评估工作组准备业务培训相关资料；组织参与评估人员签订《事前绩效评估承诺书》；学习事前绩效评估相关政策规定，了解具体工作内容，明确工作程序及重点等；讨论并修改事前绩效评估指标体系。

③政策预评估。评估工作组及相关专家根据政策资料情况进行预评估，初步出具定量打分和定性结论。

④召开专家论证会。评估工作组组织S省能源局、评估专家组召开专家论证会，对相关问题进行集中讨论，形成评估意见。

（3）评估总结阶段（2022年8月27日—8月31日）。

①撰写报告初稿。评估工作组根据汇总、分析评估专家评估意见，按照规定的文本格式和要求，撰写事前绩效评估报告。

②征求意见。评估工作组将《S省漂浮式海上光伏财政补贴政策事前绩效评估报告（初稿）》提交S省能源局征求意见，并根据反馈意见修改完善报告。

③形成正式报告。评估工作组根据反馈的意见修改报告，报S省能源局研究确定后形成正式报告。

2. 评估思路

具体思路详见图4-2。

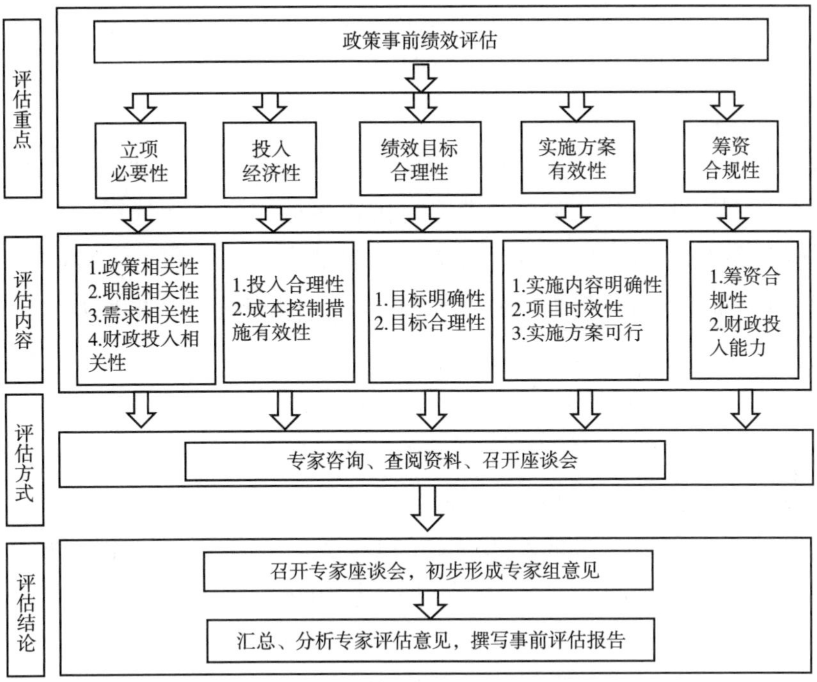

图4-2　重大政策事前绩效评估思路

3.评估方式、方法

（1）事前评估方式。主要采用专家咨询、召开座谈会等评估方式。

（2）事前评估方法。通过查阅资料、听取政策情况介绍等方式了解政策情况，综合利用对比分析法、因素分析法等，对设立必要性、目标合理性、资金合规性、实施可持续性、实施时效性等内容进行评估。

（四）评估内容与结论

1.政策设立必要性（权重30分，得分29.00分）

（1）政策依据充分性（权重20分，得分19.00分）。

①政策相符性（权重5分，得分4.00分）。政策实施现实需求较为迫切，政策设立与国家及省级相关发展规划不完全相符。海上光伏是可再生能源发展的新领域，发展潜力大、综合效益高、生态环境友好。加快推动海上光伏的开发建设，是落实“碳达峰”“碳中和”战略部署的重要举措，对于调整优化S省“偏煤偏重”的能源结构、促进新旧动能转换、建设海洋强省具有重要现实意义。同时，政策实施能够发挥财政资金促进能源绿色低碳转型激励作用和示范效应，政策所要解决的问题较好地反映了现实需求。不过，该政策设立主要依据《S省人民政府关于印发2022年“稳中求进”高质量发展政策清单（第二批）的通知》等政策，但《国家“十四五”可再生能源发展规划》和《S省能源发展“十四五”规划》中均未涉及

漂浮式海上光伏项目相关内容，因此政策内容与行业规划要求不完全相符，扣1分。

②职责相关性（权重5分，得分5.00分）。政策实施的职责相关性强。该政策实施属于主管部门职能范围。

③投入合理性（权重10分，得分10.00分）。财政投入合理。漂浮式海上光伏财政补贴政策是S省为了实现“加快推动我省漂浮式海上光伏规模化、商业化开发，促进能源绿色低碳转型”的目标而对项目业主单位提供的一种政策性补贴支出，属于公共财政支持的范围，且符合事权与支出责任相适应的原则，目前无其他政策与该补贴政策重复。

（2）决策科学性（权重10分，得分10.00分）。

①决策程序规范性（权重6分，得分6.00分）。政策决策程序科学、规范。

②决策主体明确性（权重2分，得分2.00分）。该政策主体明确、职责清晰。

③决策结果合理性（权重2分，得分2.00分）。政策决策结果合理。该政策的投向为新兴领域，不属于因绩效不高等已经退出的政策重新安排，且与其他政策不存在交叉、重复。

2.政策目标合理性（权重30分，得分30.00分）

（1）目标明确性（权重15分，得分15.00分）。

①受益对象明确性（权重3分，得分3.00分）。政策受益对象明确，且具有公共性、无差异性、非排他性。

②目标明确性（权重12分，得分12.00分）。政策绩效目标设立明确，指标设置细化、量化、可衡量。

（2）目标设置合理性（权重15分，得分15.00分）。政策目标设置合理。目标具有前瞻性、系统性和引导性，能够体现政策的稳定性和持续性，预期绩效较显著，且选取了最能体现总体目标实现程度的关键指标并明确了指标值。

3.政策资金合规性（权重15分，得分15.00分）

（1）财政投入可行性（权重10分，得分10.00分）。

①财政支持方式合理性（权重3分，得分3.00分）。财政支持方式合理。考虑到目前该领域仍处于发展起步阶段，政府通过财政补贴的方式对企业进行鼓励和支持更为合理。同时，按照“先并网，后补助”原则，省级对并网容量和并网时间满足要求的漂浮式海上光伏项目给予项目业主单位一次性财政补贴，更能够有效激励企业参与项目投资，有利于促进该行业的高速发展和产业的规模化发展。

②财政投入合规性（权重4分，得分4.00分）。财政投入合规。政策采取财政补贴方式，对符合条件的项目给予支持，符合《中华人民共和国预算法实施条例》第五十一条第一款“在预算执行中，政府财政部门的主要职责：研究和落实财政税收政策措施，支持经济社会健康发展”的要求。

③筹资规模合理性（权重3分，得分3.00分）。筹资规模合理性待商榷。通过实施该政策，目前计划到2025年漂浮式海上光伏项目建成并网100万千瓦左右。根据《关于漂浮式海上光伏财政补贴有关情况的说明》，按照企业全投资收益率6%推算，根据年度计划并网规模和补贴标准，该政策需投入财政资金6亿元。但是，漂浮式海上光伏作为新生事物，此前国内乃至全球尚无大规模开发案例，因此测算得出的造价水平存在一定的不确定性。

（2）资金分配合理性（权重5分，得分5.00分）。

①资金分配依据合理性（权重3分，得分3.00分）。资金分配依据与相关政策、测算标准相匹配。政策实施规模方面，政策分配依据与《S省海上光伏建设工程行动方案》相符。政策补贴标准方面，制定有《关于漂浮式海上光伏财政补贴有关情况的说明》，资金分配结果与单位标准测算依据和过程相匹配。

②资金分配结果与政策匹配度（权重2分，得分2.00分）。资金分配结果与该政策目标、内容相匹配。该政策设立旨在统筹推进海上光伏规模化、集约化、协同化发展，打造技术先进、生态友好、智慧融合的“环渤海，沿黄海”双千万千瓦级海上光伏基地，助力构建清洁低碳、安全高效的现代能源体系。因此，资金分配结果与该政策目标、政策内容相匹配。

4.政策实施可持续性（权重15分，得分14.00分）

（1）保障措施得当性（权重10分，得分7.50分）。

①政策组织构架、运行机制完善性（权重4分，得分4.00分）。该政策组织架构和运行机制较完善。《财政补贴实施细则》中明确了S省发展改革委、S省财政厅、S省能源局等部门为具体责任单位，同时明确了各部门的主要职责及工作流程。

②技术路线可行性（权重3分，得分2.00分）。该政策技术路线可行性存在一定不足。省级相关部门针对该政策制定了《S省漂浮式海上光伏建设工程行动方案》并经S省人民政府办公厅正式印发，其中明确了支持对象，统一了财政支持标准，提出了监管要求，且计划进度安排明确、合理。但技术路线明确可行性不足：一是漂浮式海上光伏作为新生事物，此前国内乃至全球尚无大规模开发案例，前期虽已开展论证，项目实施仍存在一定的不确定性。二是第十条规定了“项目业主单位需要在提交申报材料时同步提报绩效目标，并逐级上报审核”，此处“绩效目标”具有一定歧义，易与常规政策申报阶段需填报的“政策绩效目标申报表”产生概念混淆。因此，该条款内容表述有待进一步明确。

③风险控制有效性（权重3分，得分3.00分）。风险分析较为全面深入、有应对措施及应急预案。业务方面，《S省海上风电建设工程行动方案》中对保障措施进行了充分阐述，包括加强组织领导、加大政策支持和强化安全管理三个方面，尤其是针对安全管理进行了较为全面的分析，并提出了相关问题应对措施。同时，S

省能源局发布了《关于加强海上风电（光伏）安全管理 做好极端天气防范应对工作的通知》，对加强督导检查、全面强化安全隐患排查、落实落细转移避险措施、加强应急值守和信息报送等工作提出了具体要求；资金方面，《财政补贴实施细则》中对违规责任进行了规定，明确列出不予发放补贴的负面清单。因此，该政策资金风险防控有效性好。

（2）政策资源可持续性（权重5分，得分5.00分）。

①组织、政策保障有效性（权重3分，得分3.00分）。该政策的实施环境可持续性较好。《财政补贴实施细则》中规定了"省级鼓励各市结合实际从要素保障、财政补贴、金融支持等方面出台政策，形成支持漂浮式海上光伏加快发展的政策合力"，一定程度上发挥了财政资金引导作用。同时，《S省海上光伏建设工程行动方案》中规定了"对2025年底前建成的漂浮式海上光伏项目，免于配建或租赁储能设施，优先参与分布式发电市场化交易；海上光伏项目建成后形成的能源增量，全部留给所在市；对电网企业建设有困难或规划建设时序不匹配的配套送出工程，允许发电企业投资建设，由电网企业依法依规回购"等一系列优惠政策。因此，该政策实施的政策条件较好。

②基础条件完备性（权重2分，得分2.00分）。该政策基础条件完备。政策实施具备可持续的人员、资金、技术等条件和能力。《关于漂浮式海上光伏财政补贴有关情况的说明》表明该政策将在发挥新旧动能转换基金作用、纳入专项债项目库、免配储能设施、回购送出线路等方面给予支持；该政策资金来源为省级财政资金，从2019—2021年全省财政预算收入决算情况看，一般公共预算收入和政府性基金预算收入呈逐年上升趋势，财政可承受能力情况较好，因此该政策实施在财政可承受范围内。

5.政策时效性（权重10分，得分9.00分）

①政策实施期限明确性（权重3分，得分3.00分）。该政策实施期限明确。《财政补贴实施细则》明确漂浮式海上光伏项目实施期限为2022年1月1日至2025年12月31日。

②政策清理、退出和调整的制度安排明确性（权重3分，得分2.00分）。该政策清理、退出和调整机制不够明确。《财政补贴实施细则》中未明确政策到期后清理、退出和调整的制度安排，与政策实施管理要求不相符，需对后续政策实施计划进行充分说明。

③全生命周期管理有效性（权重4分，得分4.00分）。该政策全生命周期管理有效。《财政补贴实施细则》中针对该政策实施的全生命周期管理进行了说明，包括补贴范围和标准、补贴对象认定、补贴申报、补贴审核、补贴发放等工作要求。因此，政策全生命周期管理较为完善。

6. 总体结论

评估工作组及专家组按照评估指标体系及评分标准，对S省漂浮式海上光伏财政补贴政策进行了客观、公正的事前绩效评估。该政策事前绩效评估最终得分为97.00分，总体意见为：予以支持。具体得分情况详见表4-10。

表4-10　　漂浮式海上光伏财政补贴政策事前绩效评估得分表

指标	政策设立必要性	政策目标合理性	政策资金合规性	政策实施可持续性	政策时效性	合计
权重	30	30	15	15	10	100
得分	29.00	30.00	15.00	14.00	9.00	97.00
得分率	96.67%	100%	100%	93.33%	90.00%	97.00%

其中，政策设立必要性方面，政策设立属于主管部门职责范围，财政投入合理性和决策科学性较强，与其他政策不存在交叉、重复。但政策设立与国家及省级行业发展规划不完全相符；政策目标合理性方面，该政策绩效目标设立明确、合理，指标设置细化、量化、可衡量；资金合规性方面，财政支持方式基本合理，资金分配依据较为合理，资金测算材料齐全，但筹资规模存在不确定性；政策实施可持续性方面，政策组织架构、运行机制完善，政策资源可持续性较强，但政策实施仍存在一定的不确定性；政策时效性方面，政策实施期限明确，但政策清理、退出和调整制度不够明确。

三、项目事前绩效评估案例（1）——A市B大学研究院项目事前绩效评估

（一）评估对象概况

1. 项目名称：B大学前沿技术研究院（以下简称“研究院”）

研究院为A市人民政府和B大学共建项目。立项单位为A市科技局，实施单位为B大学。研究院为独立法人事业单位，2019年12月10日登记注册，位于山东省A市高新区。共建方式：项目由A市政府和高新区提供场地、资金及政策支持，协议投资额7亿元，由市财政与高新区根据现行财政体制分摊；另由高新区提供3万平方米的办公场所、不超过150套人才公寓。B大学提供知识产权、科研人才、管理人才和技术基础。

项目建设：第一期（2020—2021年）计划投入4亿元，第二期每年投入1亿元

用于运营。项目资金主要用于实验平台和办公条件建设运营、人才引进、人才培养、科技开发、成果转化、产业引导、投资孵化等。

项目运营：项目建成后由B大学负责日常运行、管理。研究院实行理事会领导下的院长负责制，采用“一体三会九中心”的组织架构，独立法人运作，不纳入机构编制核定范围，不定行政级别，不定编制。其行政管理、服务和运营由管理运营中心承担。

工作重点：第一个五年建设规划重点围绕“新能源商用车传动和驱动系统”“新能源汽车大数据分析与应用服务关键技术”“智能多源感知技术”“空天地一体化智联交通创新平台”“先进能源材料及新型二次电池”“分子海绵固体氢研究”六大项目，搭建由院士领衔的创新平台，并同步建设三大中心——成果转化孵化中心、公共技术服务中学和管理运营中心，以实现集聚高层次人才、助力科技创新和产业推进的目标。

资产处置：项目所购置的大型仪器设备纳入J市科技创新资源共享平台；科研成果需优先在A市高新区注册、转化、交易等，知识产权归B大学和研究院共有。

2. 项目绩效目标

（1）集聚高层次人才。研究院把服务J市国际创新城市建设作为重要任务，坚持人才优先发展战略。建设期内，计划引进或柔性引进院士5人，科技创新领军人才20人，吸引100名以上海内外高层次人才及行业紧缺人才落户，形成国内外顶级科学家领衔的高水平研究团队。

（2）助力科技创新。建立国内一流的、由院士领衔的六大科技创新平台，围绕基础性、前瞻性与战略性等核心关键技术开展研究与创新。

该平台计划每年转移转化科技成果5—10项，申报省部级以上项目20项以上，申请发明专利和软件著作权100件以上；共同申请建设国家大科学装置等，力争建成1个国家级创新平台，4—5个省部级创新平台。

（3）助力产业推进。研究院将攻克主要领域壁垒，实现科学研究的交叉融合，建立成果产业化发展平台。通过加强技术合作、转移转化，第4—第5年间每年技术合同交易额均不低于5000万元。

产业孵化方面，研究院将以“产业化”为目标，沿“孵化—加速—产业化”路径，采用“驱动成果落地”的双驱创新模式，打通技术、资本、市场通道，推动前沿科技成果落地孵化，建设期内计划孵化或引进高科技企业30—50家，使其成为本地经济增长的新引擎、新动能。

3.项目投入来源与运用方向

A市政府和高新区提供场地、资金及政策支持。B大学前沿技术研究院项目协议投资额7亿元，分5年投入：前两年每年2亿元，后三年每年1亿元，力争4—5

年内具备造血功能，实现自我发展。上述资金的一半将用于仪器设备购置、办公用房和展厅设计装修等资本性支出，其余用于工资等支出。另有房租支出5475万元，不包括在协议投资额中，采用先交后补方式，由高新区提供全额补贴。

（二）事前绩效评估基本情况

1.评估工作过程

本次评估由J市科技局委托山东财经大学承担。评估工作流程如图4-3所示。

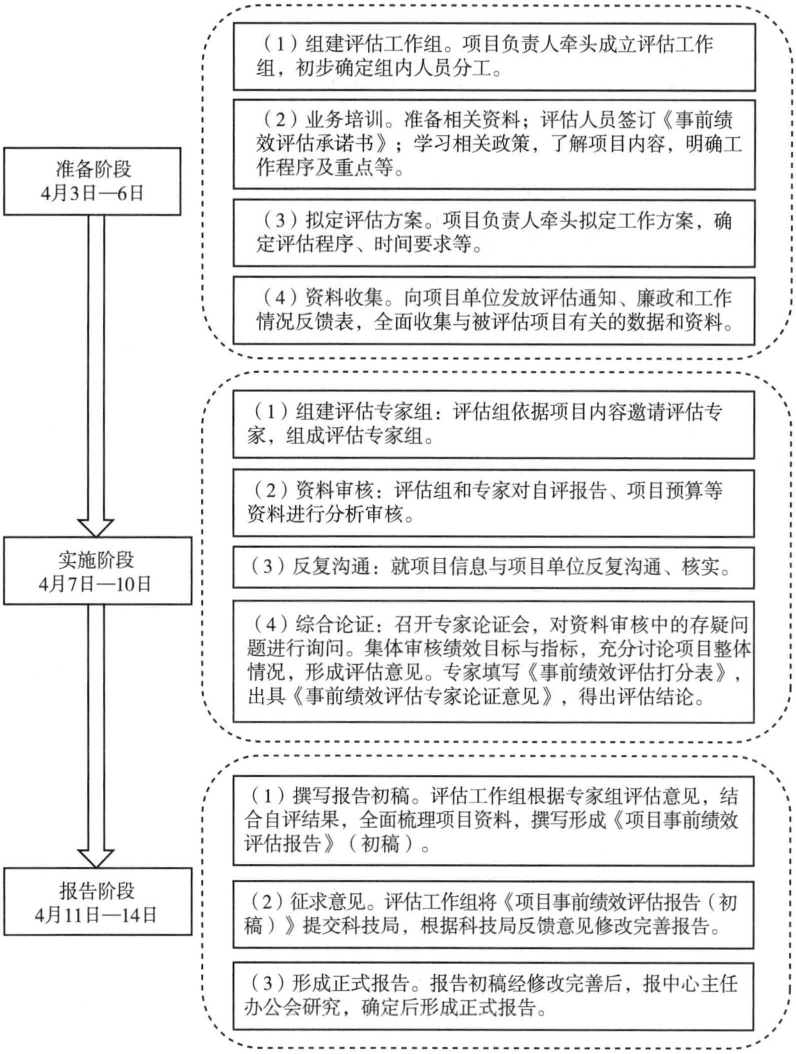

图4-3　研究院项目事前绩效评估工作流程

2.评估思路

根据A市事前绩效评估《暂行办法》，重点围绕以下内容对项目进行评估：

（1）立项必要性。主要评估项目设立是否符合国家及省相关行业发展政策相关，是否与主管部门职能、规划及年度重点工作相关，是否有迫切的现实需求和明确的服务对象，是否属于公共财政支持范围，是否按规定履行主管部门审批程序等。

（2）绩效目标合理性。主要评估项目绩效目标是否明确，是否与相关规划、计划相符，绩效目标与绩效指标和现实需求是否匹配，绩效目标和指标是否细化、量化，目标值是否具有科学性、前瞻性等。

（3）投入经济性。主要评估项目投入产出比是否合理，成本测算是否充分，成本控制措施是否科学有效等。

（4）实施方案可行性。主要评估项目实施方案设计是否合理可行，人员、设施、物资等基础保障条件是否具备，不确定因素和风险是否可控，项目是否采取有效的过程控制措施等，项目设立、清理和退出是否有明确的时限和步骤，是否符合全生命周期管理的要求。

（5）筹资合规性。主要评估项目资金来源渠道、筹措程序是否合规，投入渠道及方式是否合理，筹资风险是否可控，是否按规定开展财政承受能力评估和债务风险评估等。

（6）其他需要评估的有关内容。

3.评估依据

（1）《中共A市委A市人民政府关于全面推进预算绩效管理的实施意见》。

（2）《A市市级政策和项目预算事前绩效评估管理暂行办法》（A财绩〔2019〕4号）。

（3）其他相关文件。

4.评估方式、方法

（1）专家咨询：邀请相关领域专家参与评估工作，就技术性、专业性、政策性等方面问题进行及时沟通。

（2）网络调查与电话调查：对于项目预算所涉及成本信息，通过专家咨询、网络查询和电话沟通进行广泛调查。

（3）专家座谈会：组织专家组、人大代表、项目负责人和评估组参加的座谈会。由于疫情原因，座谈会利用腾讯会议进行，以便对项目相关问题进行充分讨论交流。

（4）对比分析法：将项目成本测算信息与同类产品或服务市场价格进行对比，对项目单位提交的预算进行评判。

（5）因素分析法：通过统计影响项目实施的各类因素，综合评判其对绩效目标实现的影响程度，对项目进行评估。

（6）其他评估方法：根据评估需要选择其他能够为评估结论提供支撑的方法。

（三）评估内容和结论

1. 立项必要性

（1）政策相关性强（权重5分，得分率100%）。项目将发挥B大学多学科交叉优势，推进新一代信息技术、新能源材料与地方经济发展的深度融合，搭建技术与产业之间的成果转化桥梁，实现产—学—研的全链条融通。本项目与A市产业战略规划相衔接，体现在建设国家新旧动能转换先行区、环渤海地区南翼中心城市、山东省四星级新型智慧城市建设试点城市、新一代人工智能创新发展试验区以及建设中国算谷、智慧名城五个方面，与科技部《关于促进新型研发机构发展的指导意见》（国科发政（2019）313号）、山东省人民政府《关于打造“政产学研金服用”创新创业共同体的实施意见》（鲁政字〔2019〕49号）、《A市新旧动能转换重大工程实施规划》等文件要求高度吻合。在助力A市发展的同时，也为B大学的“双一流”建设注入新动能。

（2）职能相关性强（权重5分，得分率100%）。研究院的设立与主管部门——科技局职能、A市“十三五”规划及2020年重点工作高度契合。

（3）需求相关性强（权重5分，得分率96%）。项目战略规划与年度计划符合A市《“十三五”科技创新规划》《新旧动能转换重大工程实施规划》相关要求。研究院为事业法人，建成后院士团队负责的六大创新中心、诺奖工作室等内设机构将产生较强的人才集聚效应，产生较强的外部性，属于公共财政支持范围。因此财政投入相关性强。不过，项目在与A市产业匹配精准度方面还需要进一步提升。

2. 投入经济性

（1）投入规模合理性（权重10分，得分率86%）。A市投入包括专项经费、办公场所与人才公寓三个方面：市、县两级财政将为研究院提供7亿元的专项经费支持；高新区为研究院提供建筑面积30000平方米的办公场所，负责5年期间的全额租金补助；高新区提供不超过150套公寓，供研究院引进的外地籍高端人才临时居住。同时，B大学将为研究院提供学科平台、重点实验室、学科公司、人才团队及知识产权等方面的支持。

预期产出：人才引聚——引进或柔性引进院士5人、科技创新领军人才20人，吸引100名以上海内外高层次人才及行业紧缺人才落户研究院；科研平台建设——力争建成1个国家级创新平台，4—5个省部级创新平台；科技项目产出——每年转移转化科技成果5—10项，申报省部级以上项目20项以上，申请发明专利和软件著作权100件以上；建设期内孵化或引进高科技企业30—50家；第4—5年每年技术合同交易额不低于5000万元。

项目投入成本比较合理，成本测算依据比较充分。办公室与实验场所装修、展厅配置设计造价等价格在总体上比较适中，但“其他”项内容模糊，应该是拆除、垃圾清运方面的服务，价格偏高，同时存在个别项目预算较粗的问题。

其他渠道投入比较充分，但测算不够全面。其他投入包括B大学投入的人才、学科性公司建设以及知识产权等方面。另外，根据山东省人社厅相关人才政策，研究院所引进的院士、领军人才、博士后等高层次人才将同时享受省级人才相关配套支持，合计近亿元，尚未包含着研究院目前的预算之中，导致扣分。

（2）成本控制措施有效性（权重10分，得分率90%）。研究院已经建立起成文的管理体制与运行机制，其中包括专门财务管理制度，但是相关制度还需要进一步细化和完善。

3.绩效目标合理性

（1）绩效目标明确性（权重10分，得分率91%）。①绩效目标设定较为明确。②绩效目标与部门长期规划目标、年度工作目标基本一致。各院士团队均设立了明确的五年规划目标，如新能源汽车大数据分析与应用服务关键技术创新中心五年规划；年度目标如上述人才引聚、科研平台建设、科研项目产出等。不过，也存在对应关系不清楚、绩效目标申报表缺失长期规划目标等问题，扣0.6分。③受益群体定位准确性：项目人才集聚方面受益方为J市和山东省；公共服务部分以J市相关企业为服务对象，社会效益方面未来研究生就业以本地为主，定位比较准确；但研究生招生应体现一定的向山东生源倾斜的政策，此项尚未提及，扣0.2分。④绩效目标和指标设置与项目相关性：高。

（2）绩效目标合理性（权重10分，得分率91%）。①绩效目标与项目预计解决问题的匹配性较高。②绩效目标与现实需求比较匹配。③绩效目标的前瞻性和挑战性：筹建诺奖工作室计划、申报国家大科学装置计划等绩效目标，均具有较高的前瞻性，同时，也具有相当高的难度，形成较大挑战。④绩效目标细化与量化方面：大部分绩效指标做到了细化、量化，指标值设置比较合理，如预算执行率90%以上，科研项目完成率100%等。不过，也存在指标设置不当与适用不当的问题，如“预算资金到位情况”不适用于项目单位；将产出指标如“引进或柔性引进院士5人、科技创新领军人才4人”误列为效果指标，将管理类指标如“设备利用率”“人员到位率”误列为影响力指标等问题。不过，造成上述问题的部分原因是科技局提供的模板不当所致，合计扣分0.9分。

4.实施方案有效性

（1）实施内容明确性（权重5分，得分率86%）。根据《研究院建设规划与方案》《研究院五年规划与年度规划》和技术专家评审结果，研究院项目定位清楚、体制机制灵活有效，六大科研创新平台建设等内容明确、具体，与绩效目标比较匹配；但在与J市产业对接精准度方面有待提升，扣0.7分。

（2）项目时效性（权重5分，得分率96%）。项目设有明确的设立时限（2019.12.10）；项目清理、退出、调整机制比较健全，个别方面有待进一步细化。

（3）实施方案可行性（权重5分，得分率96%）。由北大、清华等7位技术专家组成的专家组评审认为，研究院前期工作扎实且进展迅速，已具备良好的科技创新、成果转化孵化以及产业化推进基础，项目推进计划切实可行，能有力推进J市产业升级和新旧动能转换。但也需要进一步细化，如补充对研究院未来主要产品形态和商业模式的说明等。

（4）过程控制有效性（权重5分，得分率96%）。项目已经建立了较为完善的管理体制和运行机制，对过程管理中的相关问题作出了较为充分的预计，相关措施、机制能够保证项目顺利实施。不过，上述措施还不够完善、细化，扣0.7分。

5. 筹资合规性

（1）筹资合规性强（权重10分，得分率93%）。项目资金来源渠道符合相关规定；资金筹措程序科学规范，已签订相关协议；资金筹措包括市、区财政两个渠道，体现了权责对等、财权和事权相匹配的原则；不过，项目单位忽视了可以享受的省级人才政策支持，需要补充省级财政投入相关资料，扣0.7分。

（2）财政投入能力强（权重5分，得分率92%）。①各级财政资金配套方式和承受能力科学合理：除市、区两级财政投入的7亿元外，待研究院项目获得批准落地后，省级人才政策相关配套财政投入预计近亿元，此项未列入预算收入部分，扣0.4分。②调研结果显示，各级财政部门和其他部门没有类似项目资金重复投入。③财政资金支持方式科学合理。相关投入按照年度绩效考核结果分别支付，支持方式符合预算绩效管理改革的要求。

（3）筹资风险可控性强（权重5分，得分率90%）。本项目建设期投入均来自省市区三级财政，基本不存在筹资风险。未来设立投资基金运营中可能面临一定风险，需要在现行运行机制基础上完善相关制度体系，以达到控制风险的目标，扣0.5分。

6. 总体结论

根据《A市市级政策和项目预算事前绩效评估管理暂行办法》（A财绩〔2019〕4号），研究院项目得分为92.1分，评估结论为：建议予以支持。

（四）完善建议

1. 充分发挥双方优势，实现前瞻性和应用性的统一

研究院需要充分发挥院士团队的研究优势和特色，通过人才带动、项目引领，形成平台、人才、项目一体化发展的集聚效应。选取优势领域，对标山东省和J市相关产业规划和发展优势，明确合作模式，形成该领域（研究方向）的产业联盟，服务于本地企业的转型升级，实现合作共赢。

2. 进一步提高投入来源多元化水平

（1）对省市县三级财政投入统筹安排。作为新型研发机构，研究院要凸显投资主体多元化、运行机制市场化特点，对市区两级财政投入之外的其他投入（如承担省部级以上科研项目、各级政府高层次人才补贴、科技成果转化收益、公共研发服务收入、股权投资收益等）应结合绩效目标进行合理测算，一并纳入研究院总体投入预算，体现财政资金的放大和引导作用。

（2）吸引、撬动社会资本，逐步扩大产业影响力。除财政支持外，研究院要利用院士团队的专业和技术优势，吸引更多的社会资本投入，以有效促进优势产业的发展。

3. 进一步完善各项管理制度

（1）进一步完善预算编制。

①细化成本测算。例如，项目中部分设备的品牌、型号未能全部体现。如“硬件设备集成”中第1项“P2.5LED屏”，仅提及技术规格为“P2.5全彩 LED大屏”，市场上此种规格的设备价格悬殊极大，预算价格存在下调的空间。同时，市场询价方面需要增加报价供应商数量。

②相关佐证资料有待完备。根据相关预算编制要求，设备购置费预算须提供拟购置设备三家以上的供货厂家及联系电话等详细资料。目前提供的设备预算表格均缺少供货厂家栏次，无法对支出金额合理性进行核查。根据相关预算编制要求，测试化验加工费应注明测试批次及单价等预算依据。项目所提供的预算表格缺少该部分内容。

③装修费用预算不够准确。其中安装工程只包含电气安装，造价偏高；10%管理费利润可不计取或者减半计取。另外，“其他”内容不明，弹性较大。

④办公家具采购预算有下调空间。根据评估组从政府采购供应商获得的报价，研究院所报采购报价中，小型办公家具的价格比较适中，大中型办公家具的价格普遍高于市场价格30%左右，导致办公家具预算总体偏高，建议对家具采购的预算适当下调。

⑤预算费用归类不够规范。根据目前预算和财务管理规定，项目经费支出划分为设备费、材料费、测试化工费、燃料及动力费、差旅费、会议费、国际合作及交流费、知识产权事务费、劳务费、专家咨询费、间接费用等明细子目。编制预算时须按支出性质对应上述明细科目，目前提供的预算表未严格按照上述费用类别进行编制，不利于后期财务验收时将预算支出与实际支出进行比对。另外，目前提供的预算表缺失经费支出对应的资金来源性质及支出年度等内容。例如，哪些明细项目使用的是财政资金、拟投入的时间等。

（2）进一步完善预算绩效管理。绩效目标表格式不够规范，绩效指标编报质量有待提升：首先，绩效目标申报表结构不合理：一级决策类指标缺失，现有的“投入与管理”设置不当，从财政部到省级绩效目标申报表均无此类结构。其次，个别指标适用不当甚至错误。例如，“预算资金到位情况”适用于科技局的部门预算而不适于该预算单位。最后，个别指标设置不当：例如，将各项产出指标列入“科研成果”；将“设施设备使用率”“耗材使用率”“系统正常运行率”误列为社会效益指标；将“长效管理、人力资源、部门协助、配套设施、信息共享”等管理性指标误列为“影响力”目标。

（3）进一步规范项目组织架构及管理机制，加强项目申报和过程管理，明晰知识产权归属，建立切实可行的成果共享机制与成果转化机制，形成知识产权运营模式。

（4）市与区县财政体制方面需要进一步完善：对于项目投入的支出责任，市级与区级口径不一：高新区在入园协议中承诺5∶5的分摊比例，市级则要求按照4∶6分摊，导致研究院负责人感觉无所适从。建议在“双招双引”政策执行方面两级政府保持统一口径，以扎扎实实地提高J市整体营商环境质量。

4. 进一步放大项目社会效益

项目协议中关于联合申请教育部研究生指标的内容，有待进一步细化。为了充分体现财政投入的公共性和地方性，建议在研究生招生政策方面向山东考生适度倾斜。

四、重点项目事前绩效评估案例（2）——X人防可视化指挥综合平台项目

项目建设目标为：依托省电子政务外网，构建联通省、市、县三级人防部门和单建人防工程的非涉密信息传输网络，为工程视频监控资源汇聚管理、多级视频会商和可视化指挥提供信息传输通道；建立省、市、县、重点工程四级人防视频会商机制，搭建融合通信平台，完善可视化指挥手段，实现全省人防视频、语音、图像、感知信息的互联互通，构建满足各级人防指挥的可视化、数据化、智能化综合指挥平台。2022年度拟申请省级财政资金3006.23万元，主要用于建设融合通信、图上可视化、视频会商、人防工程视频监控、安全防护等系统。

为客观评估该项目，北京某管理咨询有限公司受托对该项目进行了事前绩效评估工作。工作组运用专家咨询、现场调研、专家论证会等方式，按照事前绩效评估指标体系及评分标准，对项目进行了客观、公正的评估。评估得分为：62.7分，评估结论为：不予支持。具体意见如下：

（1）立项必要性。项目设立与人防办职能职责相关，且属于公共财政支持范围，但与有关规划衔接度较弱；实施方案中未对已有系统和拟建系统的关系进行充分论述；由于现有系统及省政务外网可以实现拟建系统的部分功能，项目具有一定的可替代性，且现实需求分析不够充分，投资迫切性不足。

（2）投入经济性。申请资料仅对省本级项目当年所需预算进行测算，与预期实现的总体目标不匹配；实施方案制定的成本措施不够全面，未从方案比选、技术路线优化等角度阐述成本控制情况。

（3）绩效目标合理性。项目中长期绩效目标未明确具体建设规模与预期实现的社会效益；绩效指标设置不够完整，指标值未体现出一定的前瞻性和挑战性；受益群体定位不够准确，未体现直接受益者。

（4）实施方案有效性。一是项目申报流程不完整。作为新增的1000万元以上项目，未进行事前绩效自评估工作，未经充分调研、论证现有涉密系统与非涉密可视化平台系统建设边界和实现路径；未取得相关部门对建设内容完整性、技术路线可行性等方面的审核批复。二是项目实施方案缺少顶层设计。仅涉及省本级建设内容，未明确市、县以及具体人防工程点位的建设内容，缺少全周期的进度安排、未阐述后期运维计划。三是项目建设内容不完整。视频会商仅明确利用省平台，无落地方案；个别项有建设方案无预算，个别项有预算没有建设方案。四是项目技术方案不完整。方案中大量安全与密码设备，未能充分结合业务工作特点对可能涉及的网络安全问题进行充分论证。

（5）筹资合规性。项目对省、市、县三级财政支出责任划分不够明确，未对各级财政承受能力进行有效论证，未考虑市、县两级筹资风险。

五、案例评析：从案例看事前绩效评估的作用

事前绩效评估旨在通过专门途径、专业手段以确定某个项目或政策是否应该获得政府预算资金的支持，其评估结论决定项目能否“上马”、政策能否出台，同时也决定相应的财政支出是否会发生。因此，该环节是预算决策的关键环节[①]。对政府而言，在确定“有所为”方面，事前绩效评估制度的建立使政府应“为”之事顺利获得财政保障，也使政府不该“为”之事得到明确的判断，从而有效避免财政资金的浪费。显然这一点在财政“紧平衡”时代具有特别重要的意义。

（一）事前绩效评估可以决定政策或项目的“生”或“不生”

事前绩效评估是指由主管部门（单位）或财政部门依据国家或地方政府重大决策部署、部门和单位事业发展规划等，对重大项目和政策，运用科学、合理的评估方

① 山东省预算绩效管理规范性文件表述中一般将事前绩效评估置于绩效目标管理之前，作为预算绩效管理周期的首要环节。本书对此持不同意见。原因有二：首先，绩效目标管理环节是对所有预算项目的统一要求，并无例外；其次，绩效目标合理性是事前绩效评估的对象，是“五性”之一。因此，本书将绩效目标管理置于预算绩效管理周期之首，事前绩效评估次之。

法，通过成本效益分析等方式，从立项必要性、投入经济性、绩效目标合理性、实施方案可行性、筹资合规性等方面进行客观、公正的测量、分析和评价，并作出财政支持与否的判断。在预算绩效管理周期中，该环节是政策或项目决策的必备环节。

根据我国现行预算管理制度，事前绩效评估获得“予以支持”结论的项目，可以进入财政项目库，“排队等待”预算资金；获得此结论的政策可以进入执行环节。否则，“不予支持”（或者比较委婉的“暂缓支持”）的结论意味着该项目或政策被“枪毙”的命运。在此，财政作为国家治理的基础这一功能体现得淋漓尽致。

（二）事前绩效评估可以避免财政资金的无效支出，节约资金，有助于提升财政资源利用效率

我国经济正处于高质量发展阶段，也处于国内外多重挑战的漩涡之中，各级财政都面临“紧平衡”的巨大压力，分配好、运用好财政资金显得尤为必要。但令人痛心的是，现实中很多地方政府的形象工程造成了国家财政资金的巨大浪费，这些项目具有典型的“有产出、无绩效”特征[①]。假设其立项过程不存在违法违纪问题，如果这些项目经过规范有效的事前绩效评估，那些虽有一定程度的公共性、但在优先性方面不可能靠前的项目，就可以被有效“扼杀”或暂停，从而避免公共资金的无效支出和巨大浪费。这一点对于缓解财政“紧平衡”压力显然具有很强的吸引力。

（三）事前绩效评估可有效促进政策或项目的完善

事前评估是一个汇聚众智的过程，因为在此过程中要吸收来自政策制定机构、第三方机构、各类专家、人大代表政协委员等方面的意见建议，在对政策或项目作出是否提供财政支持的同时，也会指出其设计方案存在的各种问题并给出解决或完善的建议。因此，评估过程也是一个促进政策或项目完善并提高其决策科学性的过程。

（四）事前绩效评估与事后绩效评价功能互补，共促预算绩效提升

绩效评价虽然功能强大，但无法从根本上解决绩效目标缺失、拍脑袋决策等问题。事前绩效评估通过全面论证立项必要性、投入经济性、绩效目标合理性、实施方案可行性、筹资合规性等，及时分析资金投向是否科学，减少财政资金的浪费，有助于提高财政资金投入的精准性[②]，从而与事后绩效评价形成有效的互补作用。

---

① 如“凤凰壁画”案例，资料详见https：//www.thepaper.cn/newsDetail_forward_1331199。

② 广州市黄埔区财政局加强事前绩效评估促进财政资金投入公平、精准、科学、有效，广东省财政厅（gd.gov.cn）。

第三节 事前绩效评估与预算评审的一体化融合

一、事前绩效评估与预算评审一体化融合的现实意义

（一）事前绩效评估与预算评审的融合可促进预算编制流程的优化，有助于管理效率的提升

《中共中央 国务院关于全面实施预算绩效管理的意见》（中发〔2018〕34号）提出“各部门各单位要结合预算评审、项目审批等，对新出台重大政策、项目开展事前绩效评估”，从顶层设计角度对事前绩效评估（以下简称“事前评估”）与预算评审融合作出了总体规划，明确了事前评估与预算评审融合机制在我国预算绩效管理改革中的基本定位。34号文将“立项必要性、投入经济性、绩效目标合理性、实施方案可行性和筹资合规性等”（以下简称“评估五性”）作为重大项目事前评估的基本内容。《中华人民共和国预算法实施条例》第四十一条明确规定“各级政府财政部门应当建立和完善项目支出预算评审制度，各部门、各单位应当按照本级政府财政部门的规定开展预算评审”。《财政部关于加强中央部门预算评审工作的通知》（财预〔2015〕90号）将预算评审的内容定义为“完整性、必要性、可行性和合理性等”（以下简称“评审四性”）。对比可见，对同一个项目的预算编制而言，“评估五性”与“评审四性”在内容方面既存在高度的交叉又存在较高的互补性。如“立项必要性”“评审必要性”两项内容高度重合；“绩效目标合理性”“投入经济性”与预算评审的“合理性”也高度重合。如果将立项必要性的审核、预算投入规模适当性与准确性的审核、绩效目标合理性的审核、实施方案可行性审核等合并开展，可节约大量的人力、物力和时间的投入，是经济性原则在预算管理中的实际运用，也是贯彻落实国家关于加快制度创新实施流程再造的落地之举。

面对预算与绩效管理一体化的新形势、新要求，将事前评估与预算评审的融合作为实现预算和绩效管理一体化的关键点和突破口，解决好预算决策阶段存在的突出问题，可以更好地推动财政资金聚力增效，提高公共服务供给质量，增强政府公信力和执行力。事前绩效评估与预算评审在内容上的高度重合决定了既存在通过融合进行流程再造的必要，也存在实现融合的基础条件。两项工作一体化开展，既能满足全面实施绩效管理的要求，又能提高预算编制的科学性，具有很强的现实意义。

（二）事前绩效评估与预算评审都是循证决策的有效手段，二者的融合有助于推进预算决策的科学化

循证决策是一种基于证据而进行决策的政策制定方式，目的在于确保政策干预产生最佳结果，提高政策的有效性、减少资源浪费。循证决策以制度建设为支撑，强调“信息”向“证据”的转换，注重证据基础设施建设。事前绩效评估与预算评审的融合为预算决策提供可循之证，通过搜集项目决策所需各方面信息，与政府部门、智库机构、相关专家进行合作、协作，将信息加工成为规范化的报告，作为项目决策的依据，满足其作为决策证据的要求。因此，事前绩效评估与评审的融合不仅为预算循证决策提供了重要证据，而且开辟了新的途径，是促进预算决策科学化的有效手段。

（三）事前绩效评估与预算评审将外部资源引入预算决策过程，有助于实现预算决策的民主化

事前绩效评估与预算评审都有将专家和第三方机构等外部智力资源引入政府决策过程的特征，从而使预算决策的民主化程度大大提高。事前绩效评估将外部智力资源的范围扩大到人大代表和政协委员，二者的融合将使这一民主化决策机制得到进一步强化；更进一步，通过建立人大代表政协委员参与预算决策的常态化机制，可使预算决策的民主化程度得到有效保障。

二、事前绩效评估与预算评审融合的理论分析

（一）预算评审的含义

项目预算评审是部门预算审核的关键环节，主要对项目预算的完整性、必要性、

可行性和合理性等方面进行评议和审核。其主要类型也可分为三个方面（见图4–4）：

（1）按照评审主体的不同，可以分为自评审与外部评审两类：自评审由预算部门自行组织，外部评审则由预算部门以外的主体实施，常见的如财政部门或第三方机构评审。

（2）按照评审时间的不同，可分为初次评审与再评审：预算部门对部门本级及所属单位申报的项目开展初次评审，财政部门对拟纳入预算安排的项目开展实施再评审。

（3）按照评审形式的不同，可分为独立评审与多主体联合评审等。

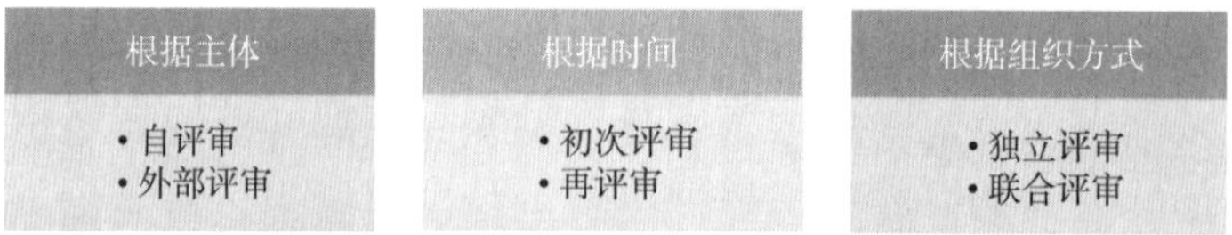

图4–4　项目预算评审的主要类型

（4）事前绩效评估与预算评审融合的含义

事前绩效评估与预算评审的融合是预算和绩效管理在一体化过程中的首次融合。首先，对重点项目事前绩效评估与预算评审的全部内容进行梳理分析、合并去重、补足缺项；其次，对相关工作流程进行优化；最后，其工作结论既包括对项目可行性作出的定性判断，也包括对预算安排作出的定量结论。

本书将预算评审与事前绩效评估融合以后的决策活动“预算项目绩效评审”，简称“绩效评审”，是在预算项目进入项目库之前，通过专业性审核与评议，以判断是否提供财政支持并确定支出规模的过程，是提高预算编制科学性民主性的重要手段。

（二）推进事前绩效评估与预算评审一体化融合是强化预算决策理论研究的需要

我国的项目预算绩效管理从理念到制度均从世行项目管理受益良多。世界银行对其贷款项目实行全生命周期管理，共分为8个环节（见图4–5），项目评估是基本环节之一，通常分预评估与正式评估两个环节。预评估环节审查所有工作是否达到了评估所要求的水平，判断项目准备情况与评估时间，因此起到关键作用。正式评估由世行项目团队在贷款国项目办协作下进行，审查项目自识别和准备阶段以来开展的工作及完成的文件，确定项目准备工作是否完成，出具评估结论。财务管理工作组则要对项目的财务部分进行评估。世行项目团队还要为世行管理层编制《项目评估报告文件（PAD）》（投资项目）或《规划文件》（调整贷款项目），作为世界银行批准项目谈判及报世界银行董事会批准的依据。本阶段还要对《项目信息文件》进行更新，在项目获准后会正式对外公开。

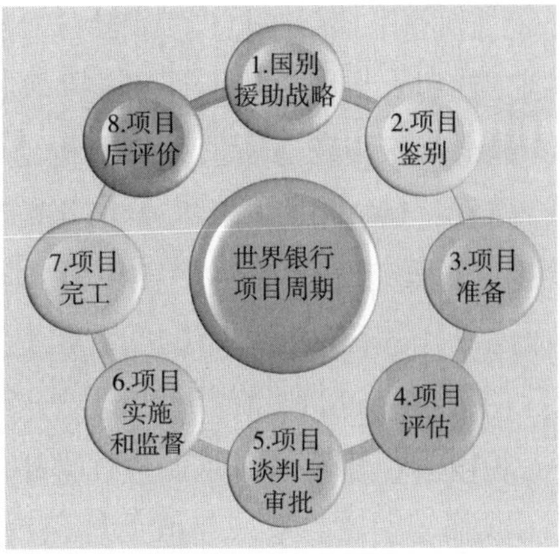

图 4–5　世界银行贷款项目的生命周期

有关事前绩效评估的文献主要围绕其意义、内容和方法三个方面：事前绩效评估是我国预算决策改革的举措之一。我国决策体制改革正在经历从个人决策向民主决策、从经验决策向科学决策转化的过程[①]；重大政策和项目事前评估是解决实践中“拍脑袋”决策问题的关键步骤，是我国预算决策走向科学化的表现[②③]；事前评估的重点应包括建立科学的第三方评估方法和机制、强化评估结果的应用、围绕事前评估结果、加强事中跟踪评价等方面[④]。施青军和马文竭（2019）在“评估五性”的基础上探讨了我国开展事前评估的思路与方法，包括德尔菲法、情景分析法、综合分析法和交叉影响分析法等[⑤]。曹堂哲（2020）以北京市事前评估实践为例，从评估对象、评估主体、评估指标流程及深化等问题进行了全面分析。[⑥]

我国对预算评审的学术研究一直比较薄弱。已有成果主要围绕预算评审的理念与定位、方法与机制等方面展开：①在理念与定位方面，李和森（2009）将财政评审视为我国财政部门的一项“技术管理”职能，与“制度管理”共同形成财政管理的两大支柱，认为公共财政投资规模越大，越要强化和提升财政评审在预算管理中的地位作用，使财政预算管理由过去主要靠制度管理，转向制度管理与技术管理并重的“两条腿走路”格局；财政评审的属性为公共评审，应牢固树立和坚持“不唯减、不唯增、只唯实”的科学评审观，着力构建和完善“全过程、全方位”服务的财政评审管理机制[⑦]。刘兴云等（2013）将其定位于信息不对称条件下的财政“专业

① 周光辉.当代中国决策体制的形成与变革［J］.中国社会科学，2011（03）：101–120，222.

② 王学军，王子琦.从循证决策到循证治理：理论框架与方法论分析［J］.图书与情报，2018（03）：18–27.

③ 吴晶，杜艳瑞.事前绩效评估管理探析［J］.财政监督，2019（18）：61–63.

④ 刘晗.关于加强财政投资项目事前绩效评估的探讨［J］.财经界（学术版），2019（20）：26–27.

⑤ 施青军，马文竭.我国开展重大政策事前绩效评估的思考［J］.财政监督，2019（20）：49–53.

⑥ 曹堂哲.重大政策、项目事前绩效评估的若干问题探讨［J］.中国财政，2020（09）：52–54.

⑦ 李和森.财政投资评审的重新定位［J］.山东社会科学，2009（04）：63–68.

技术管理”，是提高财政管理科学化、精细化不可或缺的重要环节，应该融入政府预算管理的全过程[①]。李名渊（2014）将财政投资评审视为实现预算绩效管理目标的有效途径；[②]成丽莉（2019）提出基于“物有所值”理念构建中央部门项目预算评审体系。[③]②在评审方法方面，高权（2009）利用不完全信息静态博弈模型对公共财政中的科技项目预算评审进行了专门研究[④]；卢晓文（2017）对成本效益分析法在财政项目评审中应用进行了专门研究。[⑤]③在预算评审的实现机制方面，张伟（2012）则对项目投资财政评审中的风险防控机制进行了专门研究。[⑥]任会扬等、李方旺（2015）[⑦]、骆小宁（2016）[⑧]、甘信厚（2019）[⑨]、苏州市财政投资评审中心课题组（2020）[⑩]等均围绕具体形势下预算评审机制面临的问题、发展与改革思路提出对策建议。

综上所述，现有文献主要对事前评估或预算评审进行专门研究，对于实践中亟须解答的预算评审与事前评估的融合问题，仅有个别文献涉及，如潘青锋（2019）从实践视角提出“强化评审把关，强化绩效目标前置要求”[⑪]，但对二者融合的理论依据、基础条件、实现机制等方面均未涉及。本节依据全周期预算绩效管理模型，重点研究促进二者融合的实现机制，为深入推进预算绩效治理、提升国家治理体系和治理能力现代化提供有力支撑。

（三）事前绩效评估与预算评审一体化融合的载体

1. 事前绩效评估与预算评审一体化融合的理论载体

从理论方面来看，事前绩效评估与预算评审的一体化融合以预算绩效管理周期为载体。事前绩效评估是绩效决策的关键环节，预算评审则是预算决策的重要环节，二者的融合是对项目预算决策环节进行的流程优化，是走向预算和绩效管理一体化的起点，堪称“预算—绩效第一融”。该项融合的意义在于对欲办之事与欲花之钱是否匹配的问题作出科学的回答，既有效避免了工作重复，缩短了预算编制环

---

① 刘兴云等.公共财政评审研究［M］.北京：经济科学出版社，2013：48-50.

② 李名渊.财政投资评审：实现预算绩效管理目标的有效途径［J］.预算管理与会计，2014（04）：40-41.

③ 成丽莉.基于“物有所值”理念构建中央部门项目预算评审体系［J］.管理会计研究，2019，2（03）：7-16，86.

④ 高权.基于不完全信息静态博弈模型的公共财政中科技项目预算评审研究［J］.生产力研究，2009（18）：184-185.

⑤ 卢晓文.成本效益分析法在财政项目评审中的应用研究［J］.经济研究参考，2017（51）：37-44.

⑥ 张伟.关于项目投资财政评审中的风险防控机制的思考［J］.科技信息，2012（04）：72.

⑦ 李方旺.积极谋划新常态下的预算评审工作［J］.中国财政，2015（22）：28-29.

⑧ 骆小宁.新常态下如何完善预算管理中预算评审的作用［J］.中外企业家，2016（24）：87.

⑨ 甘信厚.新形势下的财政预算评审机制建设［J］.中国财政，2018（07）：56-58.

⑩ 苏州市财政投资评审中心课题组.新时代财政改革背景下地方财政评审发展研究［J］.中国财政，2020（06）：66-69.

⑪ 潘青锋.浅析开展财政预算评审与事前绩效评价有机结合的重要性［J］.山西财税，2019（11）：46-47.

节的时间，既体现了经济性要求、又可提升预算编制效率，是讲究管理绩效的典型表现。

2. 事前绩效评估与预算评审一体化融合的现实载体

中发〔2018〕34号文要求“力争用4—5年时间基本建成全方位、全过程、全覆盖的预算绩效管理体系，实现预算与绩效管理的一体化”。“一体化”是绩效理念、方法与预算全面融合的结果，是我国预算绩效管理改革的直接目标。2020年以来，地方和中央部门先后启动运行的预算管理一体化系统为预算与绩效的全面融合提供了技术载体，使绩效评审具备了现实基础。如图4-6所示。

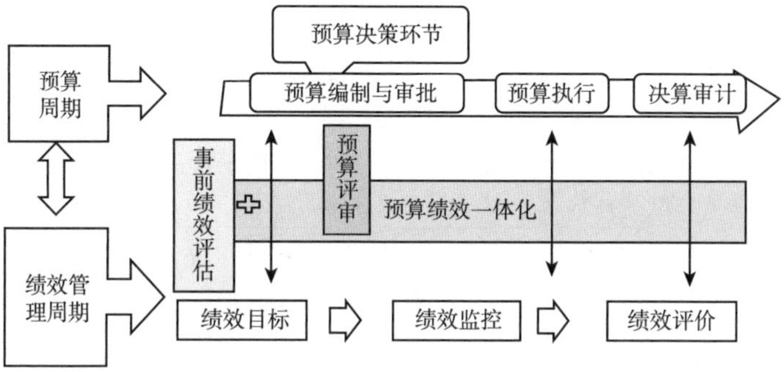

图4-6　预算评审与事前绩效评估融合的载体——核心业务一体化系统

三、事前绩效评估与预算评审融合的必要性

事前绩效评估与预算评审在内容上的交叉性决定了实现融合的必要性；二者在功能上的互补性、在目标与组织上的一致性，则决定了实现一体化融合的可能性。

（一）事前绩效评估与预算评审的交叉性

事前绩效评估与预算评审融合的必要性来自其实施内容上的交叉性。重大项目事前绩效评估围绕“立项必要性、投入经济性、绩效目标合理性、实施方案可行性、筹资合规性”五个方面，其目的在于回答“财政是否支持”的问题；预算评审从“资料完整性、立项必要性、方案可行性、预算合理性”四个方面对财政支出项目进行评价和审核，以回答“财政支持多少”的问题。二者都要对项目设立的必要性、实施方案的可行性作出判断；对于项目预算，事前绩效评估在“投入经济性”方面要对项目投入成本与产出的匹配性、成本测算的合理性与依据的充分性作出判断，预算评审则要对项目支出内容的真实性、合规性、预算需求与绩效目标的科学性作出判断[①]。因此，二者在内容上存在着一定的重复和交叉（见表4–11），如果将其融为一体，则可避免重复，提高预算编制过程的效率，这也是绩效管理改革关于流程优化的内在要求。

表4–11　　事前绩效评估与预算评审内容比较

事前绩效评估的内容	预算评审的内容
1.立项必要性：主要评估项目设立是否符合国家及省相关行业发展政策，是否与主管部门职能、规划及年度重点工作相关，是否有迫切的现实需求和明确的服务对象，是否属于公共财政支持范围，是否按规定履行主管部门审批程序等。	1.必要性：立项依据是否充分、与部门职责和宏观政策衔接是否紧密、与其他项目是否交叉重复等。
2.绩效目标合理性：主要评估项目绩效目标是否明确，是否与相关规划、计划相符，绩效目标与绩效指标和现实需求是否匹配，绩效目标和指标是否细化、量化，目标值是否具有科学性、前瞻性等。	2.合理性：项目支出内容是否真实、合规，预算需求和绩效目标的设置是否科学合理等。
3.投入经济性：主要评估项目投入产出比是否合理，成本测算是否充分，成本控制措施是否科学有效等。	
4.实施方案可行性：主要评估项目实施方案设计是否合理可行，人员、设施、物资等基础保障条件是否具备，不确定因素和风险是否可控，项目是否采取有效的过程控制措施等，项目设立、清理和退出是否有明确的时限和步骤，是否符合全生命周期管理的要求。	3.可行性：立项实施方案设计是否可行、是否具备执行条件等。
5.筹资合规性：主要评估项目资金来源渠道、筹措程序是否合规，投入渠道及方式是否合理，筹资风险是否可控，是否按规定开展财政承受能力评估和债务风险评估等。	4.完整性：项目申报程序是否合规、申报内容是否全面、所需资料是否齐全等。

事前绩效评估与预算评审融合的必要性也从大样本调查结果中得以证实。面向评审专业人员的全国性调查[②]显示，对事前绩效评估与预算评审均“非常熟悉”的124位受访者[③]中，认为“感觉非常必要融合”的共117人，占比高达94.35%；加上“感觉有必要融合”的4人，合计达到98%。

① 《财政部关于加强中央部门预算评审工作的通知》（财预〔2015〕90号）。

② 本次调查采用问卷星全部通过微信发放，调查时间从2020年9月2日—23日，共收回问卷443份。本节所称问卷均指该问卷。

③ 这部分受访者的来源分布比较均匀，财政部门、预算部门、高校或研究机构占比接近，均在21%—24%；从事绩效评价的第三方机构略多。如下图所示。

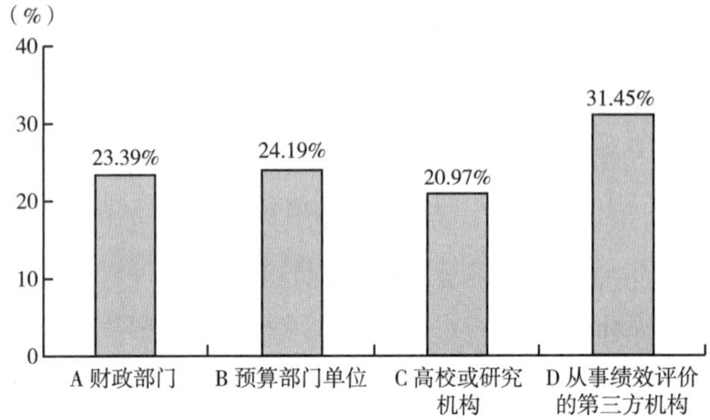

（二）事前绩效评估与预算评审的互补性

传统的预算评审主要以基建项目为对象，在项目确定以后进行，评审内容以投入的经济性评价为主，比较侧重于成本收益分析；事前绩效评估适用于各级政府的重大政策和重点项目，更加强调政策和项目的必要性，对财政是否支持作出科学的判断；而且目前已经建立起完整的指标体系，要通过对每个指标进行打分作出全面科学的判断。因此，从决策科学性方面来看，事前绩效评估与预算评审具有很强的互补性，更有必要融为一体。

对同一个预算项目而言，围绕“五性”实施的事前绩效评估，目的在于回答“财政是否支持”的问题；围绕“四性”实施的预算评审则是对“财政支持多少”的问题做出回答。二者都要对项目设立的必要性、实施方案的可行性作出判断；对于项目预算，事前绩效评估在“投入经济性”方面要对项目投入成本与产出的匹配性、成本测算的合理性与依据的充分性作出判断，预算评审则要对项目支出内容的真实性、合规性、预算需求与绩效目标的科学性作出判断。显然，二者也存在较高的互补性，表现在如下两个方面：

1.二者在绩效目标审核方面的互补性

绩效目标是预算绩效管理的基础，在全周期模型中居于龙头地位。绩效目标审核是事前评估的重点内容，是判断“欲办之事”与“欲花之钱”是否匹配的关键。预算评审在预算合理性方面虽然包括“预算需求和绩效目标的设置是否科学合理”，但对绩效目标审核内容的要求过于简单，通过一体化融合则可避免此类问题的发生。

2.二者在预算投入精确性方面的互补性

事前评估与预算评审均以项目的预算投入为重点。事前评估关于预算投入规模的重点在于项目投入产出比的合理性、成本测算的充分性与成本控制措施的科学性有效性，而对所申请预算的准确性并没有提出明确的要求。在项目单位与财政部门的预算“博弈”中，预算申报数往往存在不同程度的“水分”。预算评审的重点在于提高项目预算编制的准确性。二者融合以后，通过预算评审则可借助于技术管理方面的优势“挤干水分”，项目预算的精确性因而得以提高。

（三）事前绩效评估与预算评审在流程上的继起性

在预算编制的工作流程方面，事前绩效评估在前，预算评审紧随其后，合为一体则可减少重复性工作，节约项目预算编制时间，提高预算编制过程的工作效率，起到优化预算管理流程的作用。

四、事前绩效评估与预算评审融合的可能性

（一）二者目标的统一性

“34号文”明确提出绩效管理改革的目标在于实现预算和绩效管理的一体化，着力提高财政资源配置效率和使用效益；财政部《加强预算评审工作的通知》指出，预算评审是预算管理的重要组成部分，是提高预算编制质量，优化预算资源配置的重要手段。所以说，二者都是预算资源配置的基本手段，皆以实现财政资源配置的优化为目标。

（二）二者客体的统一性

前已述及，事前绩效评估与预算评审皆以预算项目支出为工作对象，在客体上具有高度的统一性。

（三）组织方式上的一致性

事前评估与预算评审皆可由预算部门单位、财政部门或第三方机构组织实施。对于复杂性较高、意义重大的预算项目，事前评估往往需要通过借助专家和第三方机构的专业技术力量，在定性分析的基础上进行精确的定量分析来实现；预算评审也是经常需要借助专家和第三方机构的技术力量，从技术经济和财政管理的角度出发，对财政支出项目进行全过程的技术审核。因此，二者在工作方式和技术手段等方面也具有高度的一致性。在不少地方财政部门，预算评审机构或单独存在，或与其他部门合署办公，但一般都能独立行使评审职能，而且越来越多的评审机构需要行使绩效目标审核职能，从而使二者的融合具备了组织上的可能。

（四）外部资源利用方面的一致性

对项目实施方案的可行性进行评判是事前评估与预算评审的共同要求。预算项目本身具有高度的专业性和多样性，在工作过程中一般都需要各类专家的有效参与。为方便利用外部智力资源而建立专家库是常用做法。由于预算评审在我国的发展时间较长，各级评审部门都已建立起相当数量的专家库，同时也积累了丰富的、对第三方机构进行管理的经验，二者融合以后，事前绩效评估就不需要另起炉灶，直接利用已有外部资源，起到节约要素投入的效果。

综上，事前绩效评估与预算评审既有融合的必要，也有融合的可能，将二者合

并为一个过程势在必行。

五、事前绩效评估与预算评审融合的实现

（一）事前绩效评估与预算评审融合的实现路径

预算绩效评审需要对三个问题——“事该不该办”“钱该不该花”“该花多少钱”给出明确的结论。事前绩效评估与预算评审一体化融合的实现过程需要完成的任务主要包括以下四项。

1.明确工作任务

首先要对事前绩效评估与预算评审的全部内容进行梳理分析，合并去重、补足缺项。

2.优化、统一工作流程

在工作流程方面，要秉持精简科学实用的原则，对项目事前绩效评估和预算评审工作流程进行整合、优化、重塑，形成一体化的新流程。该流程主要包括三个阶段：

（1）准备阶段：由财政部门牵头，聘请相关领域专家和第三方中介机构成立工作组，深入开展前期调研，拟定工作方案，确定指标体系和资料清单；为了强化项目预算的准确性，要求项目单位提供包含详细测算过程和具体建设内容的预算书或明细表，为二者的融合奠定基础。

（2）实施阶段：向项目单位同步发送预算绩效评审通知，采取现场勘查、座谈交流、查阅资料、问卷调查等形式深入了解项目情况，以评估会的形式多方论证并出具专家评估意见。

（3）报告阶段：工作组要综合专家意见，起草报告初稿，既对项目可行性作出定性结论，又明确预算控制金额，经征求意见并修改完善后，出具正式报告。

3.统一指标体系与权重分配

（1）统一绩效评审指标体系。通过对事前绩效评估与预算评审的工作内容的全面梳理和重新组合，可以得到一套新的绩效评审指标体系：该体系由三级指标组成，一级指标包括五个——“项目设立必要性”“绩效目标合理性”“实施方案可行性”“预算编制科学性”“资金筹措合规性”，简称“新五性”，下设若干二级、三级指标（见表4–12）。

表4-12　　　　　　　　项目预算绩效评审指标体系

一级指标	二级指标	三级指标
1.项目设立必要性	1.1项目必需性	1.1.1项目是否存在迫切的现实需求？ 1.1.2项目是否具备明确的服务对象？
	1.2政策相关性	1.2.1项目是否符合国家及本地方相关行业发展政策？ 1.2.2项目是否与主管部门职能、规划及年度重点工作密切相关？
	1.3财政支持必要性	1.3.1项目是否属于公共财政支持范围？
	1.4项目重复性	1.4.1本项目是否与其他项目存在重复或交叉？
	1.5申报流程合规性	1.5.1项目申报程序是否合规？ 1.5.2申报内容是否全面？ 1.5.3所需资料是否齐全？
2.绩效目标合理性	2.1绩效目标匹配性	2.1.1绩效目标、指标与现实需求是否匹配？ 2.1.2绩效目标、指标是否与相关规划、计划相符？
	2.2绩效目标优质性	2.2.1绩效目标是否完整、明确、清晰？ 2.2.2绩效目标和指标是否细化、量化？ 2.2.3绩效目标值是否具有科学性、前瞻性？
3.实施方案可行性	3.1技术可行性	3.1.1项目技术路线是否完整、先进、合理、可行？ 3.1.2技术路线与项目内容和绩效目标是否匹配？ 3.1.3项目组织、进度安排是否合理可行？
	3.2保障条件完备性	3.2.1项目所需人员、设施、物资等条件是否具备？ 3.2.2项目所需设施、物资等基础条件是否具备？
	3.3过程控制有效性	3.3.1项目申报、审批、调整及项目资金申请、审批、拨付等方面已履行或计划履行的程序是否规范？ 3.3.2项目组织机构是否健全、职责分工是否明确、项目人员条件是否与项目有关并得以有效保障？ 3.3.3业务管理制度、技术规程、标准是否健全、完善，以前年度业务制度执行是否出现过问题，相关业务方面问题是否得到有效解决并配有相应的保障措施？ 3.3.4项目执行过程是否设立管控措施、机制等，相关措施、机制是否能够保证项目顺利实施？
	3.4风险可控性	3.4.1对项目实施中的不确定因素和风险是否充分预计？ 3.4.2项目实施中的风险是否可控？ 3.4.3对项目实施中的不确定因素和风险是否设置有效的控制预案？
	3.5项目时效性	3.5.1项目的设立、清理和退出是否有明确的时限？ 3.5.2项目设立、清理和退出的步骤是否合理可行？

续表

一级指标	二级指标	三级指标
4. 预算编制科学性	4.1 财政投入合理性	4.1.1 项目投入与预期产出、效益是否匹配？ 4.1.2 成本测算依据是否充分？ 4.1.3 成本构成是否合理？ 4.1.4 财政投入方式是否科学合理？
	4.2 成本控制有效性	4.2.1 成本控制措施是否科学有效？
	4.3 预算需求准确性	4.3.1 预算需求是否真实？ 4.3.2 预算需求是否合理？ 4.3.3 预算需求是否合规？ 4.3.4 预算需求是否准确？
5. 资金筹措合规性	5.1 资金筹措规范性	5.1.1 资金来源渠道是否符合相关规定？ 5.1.2 资金筹措程序是否科学规范？是否经过相关论证，论证资料是否齐全？
	5.2 财政负担合理性	5.2.1 各级财政资金分摊方式是否科学合理？ 5.2.2 是否体现权责对等原则？支出责任与相关事权是否匹配？ 5.2.3 本级财政与其他部门或层级财政是否存在重复或类似性投入？
	5.3 筹资风险可控性	5.3.1 对项目筹资方面存在的风险认识是否全面？ 5.3.2 针对预期风险是否设定应对措施？ 5.3.3 应对措施是否可行、有效？

（2）统一指标权重。为保证政策规定的一致性，参照现行事前绩效评估管理规范，在指标权重的设置上采用百分制，各指标权重采用等分法，即各一级指标均为20分，二级、三级指标权重可循此法，亦可根据项目特征采取适当的权重分配方法。

（3）统一评级标准。融合后的预算绩效评审既要对财政是否支持与项目的可行性作出定性判断，也要对项目的预算安排作出定量结论。结论的类型参照事前绩效评估的相关规定分为三类：予以支持、修改完善后予以支持、不予支持。在结论与指标得分的转换标准方面，可以参照《项目绩效评价管理办法》（财预〔2020〕10号），设置绩效得分与相应等级的转换关系（见表4–13）。

表4–13 项目预算绩效评审得分与等级对应关系

分数	评判结论	预算建议数	备注与说明
100—90分（含）	予以支持	××	对建议预算调整数作出解释说明
60（含）—90分	修改完善后予以支持	××	
60分以下	不予支持	0	

（二）事前绩效评估与预算评审融合案例

本报告以山东省级某重大项目A为例进行解析。A项目于2019年11月被列入事前绩效评估项目清单，是山东省级首例事前绩效评估与预算评审融合项目。省财政厅本着“趟好路子、树立典型”的目的，高度重视、盯上靠上、紧抓快办，圆满完成评估评审任务，取得显著成效。

1.项目基本情况

A项目为某省直部门信息化建设项目，计划2019—2021年分三期开展建设工作，完成“11261”任务，即“建设1套数据，1张网络，智能化综合管理和指挥调度2大平台，智慧安防、智慧执法、智慧改造、智慧队建、智慧保障、智慧协同6大模块，1证登录”，项目初始申报2020年预算3.44亿元。

2.融合工作开展情况

（1）成立项目工作组。根据工作任务需要组建项目工作组。

（2）学用结合、科学谋划。项目组成立后，广泛收集资料，深入研究事前绩效评估和预算评审相关政策。在此基础上，将事前绩效评估的“五性”与预算评审的“四性”融合为“新五性”，即立项必要性、投入经济性（含预算准确性）、绩效目标合理性、实施方案可行性和筹资合规性；制定了科学合理、切实可行的《工作实施方案》，确定“3大步骤12个环节”的工作流程（成立工作组→拟定方案→业务培训→下达通知→收集资料→现场调研→初步分析→正式评估→形成报告），细化绩效指标和资料清单。

（3）流程再造、优化融合。按照融合后的“新五性”建立统一规范的资料清单，准确分类、逐条列示，并对投入经济性相关资料应达到预算评审的深度作出明确规定。通过多次上门服务、座谈交流等方式，对部门自评和申报内容、方法进行全面辅导，以引导部门高效、规范地报送所需资料。在初步分析阶段同步进行预算准确性审核，审核结果在正式评估时作为投入经济性的判断依据。

（4）综合研判、精准把关。建立“参与式审核”机制，邀请人大代表和政协委员参加专家论证会，提高公众参与的深度和广度。在全面获取资料、科学分析研判、集体会商讨论、征求意见的基础上，形成项目支持与否、资金支持多少的综合结论。

3.结果与应用

前期，业务主管部门按照“事前绩效评估和预算评审融合开展”的要求，经过详细的自我评估，将提报资金自行压缩63.7%；在此基础上，财政部门按照确定的融合工作流程，运用专家咨询、问卷调查、现场调研、座谈论证等方式，对项目“新五性”进行了客观、公正的评估，项目综合得分为93.18分，总体意见为“予以支持”。同时，经费需求进一步压缩为0.92亿元，综合核减率达到73%。

（三）实现评估评审融合面临的主要障碍

在融合实践中，目前主要存在以下因素，阻碍了融合工作的有效推进。

1. 事前绩效评估工作普及速度较缓，制度规范建设滞后

与事后绩效评价相比，事前绩效评估起步晚、发展缓。截至2020年，除北京、山东、山西等少数省份外，目前尚有很多地区尚未实质性开展事前绩效评估，自然缺乏其与预算评审等环节协同推进的基础条件。

2. 评估评审的管理体制尚未理顺

事前绩效评估与预算评审实现融合的基本前提是由同一个主体承担两项工作。这一条件在实践中经常遭遇预算评审和事前绩效评估管理体制多样化的挑战。如果两个环节由不同部门承担、不同主体分别实施，在项目资料报送、中介机构选用和专家、现场勘查等工作环节必然存在不同程度的重复性；同时，“各自为战”可能也产生这样的后果：事前绩效评估环节确定予以支持的项目，可能因较高的预算审减率形成事实上的“不予支持”或“部分支持”。

3. 预算部门单位重视不够

部门单位作为绩效责任主体，对事前绩效评估与预算评审的融合开展，存在着认识不深、重视不够、准备不充分的问题，导致其与财政部门之间在工作衔接、配合推进方面不够协调顺畅。个别部门单位没有提前做好项目可行性论证等前置性工作，存在资料报送不全、预算编制不细等问题，致使财政部门缺少将其融合开展的基础条件。

4. 绩效服务市场发育缓慢，供给严重不足

从全国范围来看，事前绩效评估第三方服务市场发育不全，高水平的中介机构集中分布在北京、上海等，存在巨大的供给缺口。

六、事前绩效评估与预算评审融合的保障机制

为促进事前绩效评估与预算评审一体化融合的顺利实现，需要从以下四个方面实现突破。

（一）树立融合意识

首先要提高理论站位。要把事前绩效评估与预算评审融合放在新时代预算管

理改革的大局中思考，大力推进流程再造。其次要积极主动。财政部门要从“要我融合”向“我要融合”主动转变，不等不靠，积极探索，运用绩效理念指导评审实践，以预算评审提升事前绩效评估整体水平，将二者同研究、同部署、同推进、同考核。最后要审慎合规。加大教育培训力度，掌握政策要求，坚持依法依规、积极稳妥地推进事前绩效评估与预算评审一体化改革，对融合过程中出现的难点问题，及时分析、优化调整、改进提升，实现融合实效性与合规性的统一。

（二）完善运行机制

首先，完善制度供给。进一步梳理《预算法》及其实施条例等对事前绩效评估和预算评审的要求，出台实施意见、管理办法等系列制度规定，从制度层面明确融合的任务目标、工作思路和具体措施，为工作顺利开展提供指导。

其次，整合职能机构。对于地方财政运行而言，事前绩效评估是一个全新的要求；而预算评审大多用于基本建设投资类项目，是一项传统职能，二者在分工上往往分属于不同的内部机构。因此，要想使事前绩效评估与预算评审的融合成为现实，首先需要通过内部机构的优化重组，将两项分离的职能合二为一，以便于更好地开展工作。2021年8月成立的山东省财政绩效评价中心就是根据预算绩效管理改革深入推进的需要对于管理格局进行系统重塑的结果[①]。

再次，规范内部流程。围绕事前绩效评估与预算评审的融合，制定规范的工作流程，构建一套全过程全覆盖的配套制度体系，实行“一口受理、一口安排、分工协作、一口集合、一口反馈”的内部运转机制。

最后，加强部门联动。坚持权责对等、约束有力的原则，科学界定财政、预算部门、项目单位、第三方机构等相关方职责，建立以财政部门为核心的协调机制，构筑分工明确、协同有力、运转高效的工作体系。特别要压紧压实部门主体责任，完善单位自评、部门评估与财政重点评估各有侧重、有机衔接、互为补充的工作格局，激发部门单位积极性和主动性。

（三）优化工作流程

第一，资料申报阶段求“细”。聚焦提升资料编报质效，建立统一规范的自评模板和资料清单，准确分类、逐条列示，并对预算申报的细化程度作出明确规定，引导部门规范报送。发挥指标体系基础支撑作用，按照定量和定性相结合的原则，制定标准化的共性评估指标体系和相应的评估要点，并根据政策项目的具体情况，对评估指标体系进行“个性化”分解，既突出评估的定性内容，也保证评审的定量

① 资料来源：http：//www.shandong.gov.cn/art/2021/8/10/art_116200_425453.html 。

基础。

第二，具体审核阶段求“简”。按照评审评估一体化融合思路，对流程进行精简合并，在资料报送、中介机构和专家选用管理、现场评估评审等环节合并“同类项”，变“串联”为“并联”，一套人马一套流程审核一套材料，同时履行评审评估两项职能，显著提高工作效能。

第三，结果论证阶段求“同”。在全面获取资料、科学分析研判、集体会商讨论的基础上作出一致决定，确保内部无异议。在出具正式报告前，可采取发函或论证会等形式充分听取部门单位意见建议，争取“最大公约数”。此外，按照“参与式预算”要求，适当引入人大代表、政协委员以及受益对象参与，变“花钱必问效”为“花钱共问效”，提高决策科学化、民主化水平。

（四）强化结果运用

首先，通过有效整合形成“一份报告”。即事前绩效评估与预算评审结果反映在一张报告中，既要结论准确、表述全面，又要结构完整、衔接顺畅；既要对政策项目是否合理可行作出定性判断，又要对政策项目涉及预算安排的准确性作出定量结论，真正将二者合二为一。

其次，通过“双挂钩”实现奖优罚劣。即评估评审结论与部门预算安排挂钩，与部门绩效考核挂钩，督促改进，激发动力。建立责任追究机制，将评估评审结果落实情况纳入绩效评价和审计范围。

最后，通过“双考评”强化监督。即对预算单位、中介机构和专家同步进行考评，既考核预算单位方案编制及融合开展工作情况，又要对第三方机构和专家履约服务情况进行考核，充分调动第三方机构和专家对绩效评审工作的责任感和积极性。

事前绩效评估和预算评审是在新的时代背景下对预算项目实施全生命周期管理的基本要求，是实现预算—绩效管理一体化的基本形式。实现评估与评审一体化融合的过程不仅是一个将绩效化思维贯穿预算决策的过程，而且是一个不断优化预算编制技术和方法的过程，更是一个提升预算编制科学化民主化水平的探索过程。本节是理论探索与实践探索的结晶，也是未来细化深化绩效评审的新起点。下一步的研究和探索有望围绕以下三个方面开展：（1）从预算项目全生命周期管理的视角，预算—绩效一体化的全面融合如何实现？具体路径和实现方法应该是实践部门的工作重点。（2）事前绩效评估与预算评审的管理体制问题。实践中各级政府对于两个环节的管理体制并无统一要求，实践模式宛如百花齐放。显然，与二者一体化融合相适应的管理体制的调整和优化问题需要进一步研究。（3）绩效评审方法研究。

国发〔2021〕5号文明确提出“推进运用成本效益分析等方法研究开展事前绩效评估”。成本效益分析法、最小成本法、成本效用分析法等是预算绩效决策普遍采用的方法，目前在我国尚未得到很好的推广应用，应该是下一步提升绩效评审技术水平的努力方向[①]。

① 本节内容是本书作者与山东省财政厅财政绩效评价中心于2019—2020年合作研究的成果。相关内容先后发表在《公共财政研究》2021年第4期、《经济研究资料》2021年第13期。2023年10月28日财政部发布《关于印发〈预算评审管理暂行办法〉的通知》，同年12月14日，山东省财政厅印发了《山东省预算评审管理实施办法（试行）》。在预算评审组织管理方面，《预算评审管理暂行办法》第十三条明确规定：“各级财政部门要统筹安排事前绩效评估和预算评审工作。事前绩效评估已经对项目资金需求出具明确意见的，视为已开展预算评审。”《山东省预算评审管理实施办法（试行）》也作出类似的规定：“财政事前绩效评估、成本预算绩效管理等已经对项目资金需求出具明确意见的，视为已开展预算评审。”两份文件均将事前绩效评估视为预算评审的替代性环节，表明本书的阶段性研究成果得到财政部门正式文件的回应，亦可视为本书前期研究成果的一种应用。

▶ 第五章 绩效跟踪——全周期跟踪问效“山东模式”①

内容提要

全周期跟踪问效是对生命周期超过一年的重大政策、项目绩效进行跟踪监控的特殊措施。山东省 2020 年建立全周期跟踪问效机制以来，从省级到市县开展了各具特色的探索实践。其主要特征表现为五个方面：上下协同、统筹推进；横向协同、定期会商；持续跟踪、闭环管理；办事、花钱同跟踪、双监控；结果实时反馈运用、绩效—预算持续融合。本章选取省级与市级两个案例，对全周期跟踪问效“山东模式”进行研究。该模式目前面临的问题主要包括绩效目标管理质量有待提升、跟踪责任主体有待明确、人大政协参与程度有待提高、跟踪问效的时间节点与频率选择有待优化、市场化绩效服务供给规模与质量有待改善等方面，建议从夯实基础、理顺流程、强化部门绩效责任、探索人大政协参与的适当方式、规范绩效服务市场、提升服务质量等方面进行完善。

① 本章内容发表于《中国财政绩效报告——新实践、新思考（2020—2021）》，中国财政学会绩效管理研究专业委员会编选小组编，中国财政经济出版社2021年出版。部分文字有改动。

▶ 第一节 全周期预算跟踪问效"山东模式"概述

一、全周期预算跟踪问效的依据——预算绩效管理的周期性

周期性是预算管理的基本规律。"预算编制→预算审批→预算执行→决算"四环节构成了我国预算管理的基本运行过程。以预算周期为基础的预算绩效管理改革同样具有鲜明的周期性特征。21世纪以来，我国预算绩效管理周期从不完整到成功实现闭环，主要历经了三大步改革：第一步，2011年启动的、以"五有"[①]为核心的全过程预算绩效管理机制初步勾勒出预算绩效管理的周期性；第二步，34号文提出"建立全过程预算管理链条"，对新出台重大政策、项目，增加了事前绩效评估的要求，使我国预算绩效管理周期更加完善；第三步，《关于人大预算审查监督重点向支出预算和政策拓展的指导意见》提出"人大对支出预算和政策开展全口径审查和全过程监管"。至此，覆盖整个预算周期的预算绩效管理制度体系构建基本完成，"预算—绩效双循环"初步实现闭环，"周期性"典型特征愈加明显。该周期主要包含7个环节，依次为绩效目标管理、事前绩效评估、人大预算绩效审查批准、绩效运行监控、人大决算绩效审批、绩效评价管理、绩效信息运用。

二、全周期跟踪问效"山东模式"实施方案

（一）全周期跟踪的含义

根据34号文"对实施期超过一年的重大政策和项目实行全周期跟踪问效，建

① 即"预算编制有目标、预算执行有监控、预算完成有评价、评价结果有反馈、反馈结果有应用"。

立动态评价调整机制”的要求，2020年4月山东省制订出台了《省级重大政策和项目全周期跟踪问效实施方案》。“全周期”指重大政策项目始于立项、经过整个实施过程、终于退出或失效的整个生命周期（下文以“全周期”代指“全周期跟踪问效”）。从理论上看，“全周期跟踪问效”的范围涵盖项目运行或政策实施的整个生命周期；从实践来看，“全周期跟踪问效”更加强调对政策项目绩效实施的阶段性跟踪评价，类似于项目中期评估。

（二）全周期跟踪的目标

山东省级在预算管理改革中，首先将专项资金分配权下放到省级业务主管部门①；依据权责对等原则，通过绩效目标、事前绩效评估等措施强化绩效责任约束，并通过全周期跟踪问效，动态跟踪政策项目进展和实施情况，利用结果反馈、督促整改、完善政策等措施，将评估结果作为完善政策设计、年度预算安排及执行调整、资金管理机制持续优化的重要参考，促进政策实施与预算活动的全面融合，以破解事后绩效评价结果应用滞后的难题，确保放权后资金能接得住、用得好，以实现管理绩效和资金绩效的全面提升。

（三）全周期跟踪问效的组织与分工

全周期跟踪问效采取“1+1”跟踪评估模式，由山东省财政厅会同相关业务主管部门负责组织，每项政策由财政厅委托一个第三方机构开展。各方主要职责如图5-1所示。

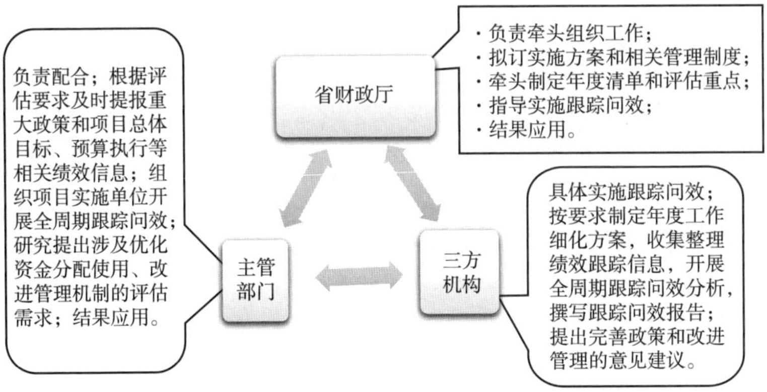

图5-1　全周期跟踪问效责任主体与职责分工

① 如山东省为践行新发展理念、大力实施创新驱动发展战略，于2019年3月出台了《山东省人民政府关于打造“政产学研金服用”创新创业共同体的实施意见》（鲁政字〔2019〕49号），旨在通过“政产学研金服”六大创新要素的有效集聚和协同融合，以山东产业技术研究院为示范样板，培育30个以上省级创新创业共同体，全面提升科技创新供给能力，为经济高质量发展持续提供动力。在支持方式上采取财政补助方式。为加强补助资金管理专门出台了《山东省“政产学研金服用”创新创业共同体补助资金管理办法》。《办法》规定由省科技厅负责提出补助资金预算安排建议，具体组织预算执行，提出资金分配方案；制定共同体绩效考核办法，对资金的支出进度、使用绩效及安全性、规范性负责；省财政厅负责组织补助资金的预算编制及审核、资金指标下达，牵头组织预算绩效管理等工作；共同体推荐部门（市）主要负责筹集配套资金，并指导和监督补助资金使用。

（四）全周期跟踪问效的主要内容

全周期跟踪问效主要围绕政策落实、预算执行与资金配置、管理使用有效性等方面内容进行（见表5–1）。

表5−1　　全周期跟踪问效主要内容

<table>
<tr><td rowspan="3">1. 政策落实情况
（根据重大支出政策清单，对照设定的长期和年度绩效目标，逐项跟踪政策具体落实情况）</td><td>①政策实施情况</td><td>重点关注政策执行是否与绩效目标一致，政策预计效果的实现进度及趋势，政策产出的完成进度及趋势，服务对象满意度及趋势等。</td></tr>
<tr><td>②政策预期绩效实现情况</td><td>通过对政策所含具体工作任务开展、完成进度等情况进行跟踪评估，对政策实施的预期绩效与实现可能作出总体研判。</td></tr>
<tr><td>③政策可持续性</td><td>重点关注政策实施环境变化情况，结合政策实施的有效性情况，分析政策实施的可持续性，提出政策终止、优化调整、加力增效的针对性建议。</td></tr>
<tr><td rowspan="2">2. 预算执行及资金配置情况</td><td>①预算执行情况</td><td>包括预算资金拨付情况、预算执行单位实际支出情况以及预计结转结余情况。</td></tr>
<tr><td>②预算资金配置情况</td><td>主要根据中央和省委、省政府重大决策部署要求，结合我省当前支出结构的合理性、相关领域现行支出政策的有效性等，研究提出进一步优化相关领域财政资金结构性配置的意见建议。</td></tr>
<tr><td rowspan="6">3. 管理使用有效性
（主要跟踪重大政策和项目的资金分配方式、使用机制、管理程序等）</td><td colspan="2">①不同政策资金因素法与项目法的更优管理方案；</td></tr>
<tr><td colspan="2">②宜因素法管理资金涉及因素和权重的科学选取与配置；</td></tr>
<tr><td colspan="2">③宜项目法管理资金涉及后补助、贷款贴息、风险补偿、竞争立项等使用机制的最佳实现方式；</td></tr>
<tr><td colspan="2">④相关政策实施资金投入有无市场化替代路径；</td></tr>
<tr><td colspan="2">⑤财政与金融政策手段融合联动的解决方案等，结合评估中发现的实际问题，广泛借鉴外省市先进做法，研究提出改进完善资金管理使用的意见建议；</td></tr>
<tr><td colspan="2">⑥其他需要补充的内容。</td></tr>
<tr><td>4. 其他需要跟踪评估的内容</td><td colspan="2">主要包括到期专项资金预算绩效评价评估、重大政策和项目事前绩效评估等。同时，面向省内外对相关领域内政策设计、管理机制等开展持续寻标对标活动，结合我省实际进行对比分析，建立起常态化的专业政策信息储备供给机制。</td></tr>
</table>

（五）全周期跟踪问效工作流程

按照“全周期跟踪、定期报告、闭环管理”的原则，全周期跟踪问效按规定流程展开，如图5–2所示。

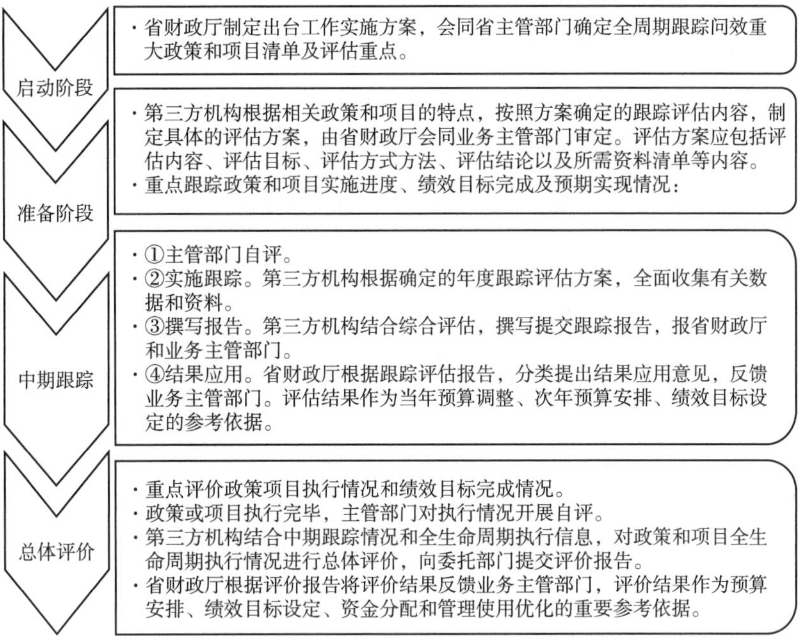

图 5-2　全周期跟踪问效工作流程

三、全周期跟踪问效“山东模式”主要特色

（一）上下协同、统筹推进

上下协同、三级联动是山东省在推进预算绩效管理工作方面一贯采用的组织方式。这种方式在发挥省级领导示范作用的同时，有效带动市县两级的探索实践。2020年，省级选取生态文明建设奖补等6个重大政策和项目开展全周期跟踪问效，对政策落实、资金管理及政策实施效果等进行跟踪问效；同时，积极带动市县开展此项工作。2020年已有济南、临沂、淄博、日照等8个地市建立全周期跟踪问效机制。

（二）横向协同、定期会商

在省级层面，建立全周期跟踪问效工作定期会商制度，由省财政厅召集，业务部门和第三方机构共同参与，集体研究确定重大政策和项目监控工作方案和重点任务，协调解决工作中存在的问题，确保全周期跟踪问效顺利开展。例如，2020年上半年，对山东省重点水利工程建设“头号”工程——小清河防汛综合治理项目率先启动全周期跟踪问效实践。具体工作的开展采取“省财政厅+省水利厅+第三方机构”三方合作模式，对小清河沿线5市12个县市区的项目投资、资金落实、财务管理、产出效益和资金使用效果等实施全过程跟踪问效。针对发现的问题，及时研究提出改进管理建议，调整完善工作措施，在主汛期前顺利完成小清河防洪综合治理各项任务，为流域内平稳安全度过汛期提供了有力保障。

（三）办事、花钱同跟踪、双监控

全周期跟踪问效的核心是将“目标实现”和“资金运用”作为主要着力点，实施绩效实现过程与预算资金使用的“双监控”。一是对影响目标实现的设计、计划、实施等环节进行全方位监控；二是通过项目主管部门、预算管理处（科）室、跟踪问效工作组对资金进行多层次监控。在此过程中强化业务部门对支出控制的责任和绩效意识，切实做到在预算额度内精打细算，实施内容上精益求精。

（四）持续跟踪、闭环管理

1. 明确各环节工作重点

重大政策项目全周期跟踪问效工作从政策设计、项目立项开始，到政策项目结束，其关键点在于“跟踪”的持续性。按照“全周期跟踪、定期报告、闭环管理”的原则，山东省全周期跟踪问效分为“启动—准备—中期跟踪—总体评价”四个阶段，根据政策和项目生命周期各个阶段的不同特征选择跟踪重点，确定跟踪内容，以提升重点政策和项目支出的绩效。例如，桓台县采取“五步走”跟踪方案：①关键时点选择——精准把握项目关键时点；②跟踪——及时跟踪项目实施；③分析——“问题导向”型深入分析；④反馈——第一时间反馈跟踪报告；⑤整改——限期完成问题整改。该方案针对性强，即查即改，对于破解事后评价结果应用滞后的问题不啻为一剂良方。

2. 合理选择跟踪频次

在跟踪频次的选择方面，既要确保重点内容不“漏网”，又要考虑跟踪活动本身的成本与跟踪对项目和政策实施造成的额外成本，将其降至最低，因此，科学合理的跟踪频次需要在实践中通过不断的“实验”和“试错”来确定。例如，对于跨年度的重大政策和项目，烟台市跟踪次数不少于3次；日照市将评价周期延长至项目完工时间，每年年底进行阶段性评价，项目结束后作出总体评价。这种方式使评价周期与项目预算周期、执行周期一致，有助于增强结果应用的针对性和有效性。

（五）及时运用、促进融合

山东省市县三级跟踪问效均要求在政策实施期内持续开展，将跟踪问效形成的绩效信息作为当年预算调整、次年预算安排、绩效目标设定的重要参考依据，与政策调整、改进管理、优化流程有机衔接；政策执行期满后，对照绩效目标，对政策和项目进行综合评估，评估结果作为政策延续执行、调整后延续执行、中止执行及年度预算安排的重要参考依据，推动形成预算绩效管理与重点事业融合发展的良性互动机制。

四、全周期跟踪问效实施情况

2020年度山东省级首次开展全周期跟踪问效，选择了5个项目进行实施。其中，对于“环境污染防治资金——生态文明建设财政奖补资金”“住房和城镇化建设资金——老旧小区改造补助资金”两个项目，在实施2019年度绩效评价的同时实施2020年全周期跟踪问效；对于“养老服务业发展资金”等3个政策项目2020年实施情况开展全周期跟踪问效，涉及资金185.42亿元。2021年跟踪问效范围扩大到8个政策项目，涉及资金28.56亿元（见表5–2）。

表5–2　　山东省级2020—2021年度全周期跟踪问效项目一览表

2020年度全周期跟踪问效政策/项目信息		
序号	项目名称	标的金额（万元）
1	环境污染防治资金——生态文明建设财政奖补资金	22607
2	住房和城镇化建设资金——老旧小区改造补助资金	281629
3	养老服务业发展资金	50000
4	乡村振兴重大专项中约束性任务重点水利工程建设资金	1500000
5	支持发展“十强”现代优势产业集群财政政策	—
2021年度全周期跟踪问效政策/项目		
1	资源枯竭城市转移支付资金	91400
2	国土勘探和治理资金——采煤塌陷地综合治理资金	16000
3	促进就业创业资金——高校毕业生服务基层引领资金——大学志愿服务西部计划山东项目	290
4	教育发展资金——第一医科大学、齐鲁工业大学科教融合补助经费	124500
5	养老和养老服务业发展资金——困难老年人补贴资金	23400

续表

2021年度全周期跟踪问效政策/项目		
序号	项目名称	标的金额（万元）
6	农业政策性补贴和粮油发展资金——林业改革发展资金——林业有害生物防治经费	7700
7	宣传文化旅游发展资金——广电事业发展资金	7531
8	金融创新发展引导资金——直接融资奖励资金	14764

▶ 第二节 全周期跟踪问效典型案例与思考

一、山东省生态文明建设财政奖补资金中期跟踪问效案例

（一）政策概况

为践行习近平关于“绿水青山就是金山银山”的绿色发展理念，根据《山东省人民政府办公厅关于印发〈建立健全生态文明建设财政奖补机制实施方案〉的通知》（鲁政办字〔2019〕44号）等文件要求，自2019年3月19日起，山东省逐步建立了涵盖主要污染物排放调节资金收缴、节能减排奖惩机制、空气质量、地表水环境、自然保护区生态补偿、以及重点生态功能区转移支付等在内的“1+6”奖补机制。为此，专门设立山东省生态文明建设财政奖补资金，统筹省级主要污染物排放基金和环保等方面收入，根据各地市环境生态质量与环境治理绩效分配资金，以引领各地市走高质量、高效益、低污染的绿色发展之路。该资金包括环境质量生态补偿资金和节能减排奖补资金两部分，具体管理由省、市、县财政、生态环境、自然资源、发改委四部门分工负责。

绩效目标：全省各市要达到国家下达的总量、水、气等环境质量年度目标；加强自然保护区必要的设备购置及能力建设，提高日常管理水平；推动各市完成能耗总量和强度“双控”年度目标任务。在省级所下达绩效目标的基础上，全省各地市结合实际对绩效目标和指标进行微调。

（二）跟踪方法与过程

1. 跟踪方法

由工作组结合现场调研和非现场评价，采用案卷分析、现场调研、比较分析、因素分析等方法对项目实施情况及资金使用情况进行综合评价。

2. 跟踪范围

由于青岛、临沂、济宁、聊城四市根据前期考核结果需上缴赔偿资金，因此2020年受益范围为济南、菏泽等12市。第一次跟踪截止时点为2020年8月30日，第二次跟踪截止时点为2020年12月31日。

3. 实施过程

以第一次跟踪为例：（1）前期准备。2020年8月25日前，工作组在梳理、分析项目基本情况的基础上结合2019年资金重点评价及跟踪问效要求，编制全周期跟踪问效工作方案。9月1日—9月5日，工作组对项目单位提交的资料进行初步审核，对相关数据、背景文件进行分析和汇总，制定现场调研计划及调研提纲。（2）组织实施。2020年9月11日前，工作组选取济南市生态环境局和济南市钢城区第二污水处理厂开展现场调研，以了解市级财政奖补资金整体安排与区级项目组织管理、进度实施、监督监管情况。第二次跟踪中，2021年1月4日—1月15日，评价工作组在现场调研地市覆盖率67%、资金覆盖率85%的基础上，综合考虑地域分布、资金投入量、支持项目类型、历年生态文明建设成效、中期跟踪进度等因素，实施现场评价并同步开展满意度调查。

（三）主要发现

1. 政策执行与绩效目标基本一致

第一次跟踪发现：项目层面产出时效与成本指标已部分达成，其他产出指标和效益指标预期能够达成或基本达成。2020年投入的8629.57万元主要用于支持水、大气、自然保护区、节能减排等项目169个。项目大多处于建设前期或建设中，预期部分项目年度内无法形成有效产出和效益。节能减排项目完工率较高；地表水、自然保护区等项目完工率偏低，不足10%，如表5-3所示。

表5-3　2020年度生态文明建设财政奖补资金支持项目实施情况表　单位：个

项目类型		项目数	项目进度			完成率(%)
			未开工	实施中	已完工	
环境质量生态补偿项目	空气	91	27	45	19	20.88
	地表水	28	14	12	2	7.14
	自然保护区	36	21	13	2	5.56
节能减排奖补项目		14	6	2	6	42.86
合计		169	68	72	29	17.16

第二次跟踪发现：2019年3月，山东省出台山东生态文明建设财政奖补政策，

施行有效期至2020年12月31日；现行奖补机制改为“1+6”模式。比对当年四季度环境空气质量监测数据、全省140个国控、省控考核断面监测数据及年度能耗总量、强度“双控”考核情况等效益指标数据发现，山东省生态文明建设财政奖补政策实施预期效果与绩效目标较为一致，环境效益逐步显现，政策目标预期能够在一定时期内实现。

2.资金分配与管理

（1）资金分配方式：各市对奖补资金的分配方式主要有项目法、因素法和混合法三种。对造成较大环境影响、急需财政资金进行改造升级的项目主要采用项目法分配资金；采用因素法时，主要依据考核因素和环境质量，综合考虑资金投入、政府和企业事权进行资金分配。将项目法与因素法相结合的资金分配方式称为混合法，如威海市，首先按照项目法选择支持项目，剩余资金按照因素法，根据各区体量和污染防治任务量进行切分。

（2）资金管理模式：根据各市在统筹方面的差异性可分为两种管理模式：1/3的地市实行统筹，将补偿资金用于抵扣赔偿后，再将剩余资金建成固定资金池，作为项目资金上限；其余地市依据奖罚独立原则，将补偿资金全部投入所支持的项目。

3.预算执行情况

截至2020年8月底，省级奖补资金26077万元已全部拨付至地市；在此基础上，济南等12地市统筹资金共计32051.87万元，已拨付项目单位12729.4万元（占比39.71%）（见表5–4）。

表5–4　2020年度生态文明建设财政奖补资金总体执行情况表　单位：万元

序号	项目类型	项目数	已拨付到项目实施单位资金	市财政未拨付资金	县财政未拨付资金	小计	资金到位率(%)
1	空气质量生态补偿	91	6633.69	0	6260.82	12894.51	51.45
2	地表水环境质量生态补偿	28	3753.71	0	5441.35	9195.06	40.82
3	自然保护区生态补偿	36	1312.00	1052.00	2767.00	5131.00	25.57
4	节能减排奖补	14	1030.00	0	379.00	1409.00	73.10
5	未分配资金	—	0.00	171.00	3251.30	3422.30	0
合计		169	12729.40	1223.00	18099.47	32051.87	39.71

截至2020年8月底，已完成和未完成资金分配的地市各占一半；共分配资金28629.57万元（占比89.32%）；已拨付到项目单位12729.4万元，其中已完成支付2900.03万元，预算执行率为22.78%。

截至2021年1月14日，2020年省级奖补资金21394.72万元已经从地方国库拨付到项目单位，预算执行率为67%；各地市预算资金共计支出10593.55万元，实际支出率为33%（见表5-5）。

表5-5　　2020年度生态文明建设财政奖补资金预算分市执行情况表　　单位：万元

序号	地市	2020年度					
		项目数量	奖励资金	实际到位	预算执行率	实际支出	预算支出率（%）
1	济南	11	4383	4383	100%	1408.49	32
2	淄博	19	2002.58	775.92	39%	715.65	36
3	枣庄	4	273	273	100%	178	65
4	东营	31	4091.85	3798.93	93%	1390.48	34
5	烟台	32	4530	2870	63%	1366.53	30
6	潍坊	6	1373	1373	100%	637.21	46
7	泰安	34	3621.59	2356.57	65%	1537.61	42
8	威海	21	2022	1827.8	90%	685.26	34
9	日照	4	441	441	100%	373.82	85
10	德州	2	40	40	100%	22.5	56
11	滨州	25	6754.2	2964.5	44%	2082.55	31
12	菏泽	10	2241	291	13%	195.45	9
合计		199	31773.22	21394.72	67%	10593.55	33

4. 政策可持续性

山东省《建立健全生态文明建设财政奖补机制实施方案》及配套补偿办法出台于2019年3月，各项配套补偿办法预期执行至2020年12月31日。“十四五”期间生态文明建设将仍是各级政府的重要任务，政策环境将保持长期稳定；生态保护补偿机制是调动各方积极性、保护好生态环境的重要手段。奖补机制在提升空气质量、改善地表水环境、加强自然保护区建设和促进节能减排方面发挥了积极作用，2020年获得国家体制机制改革创新奖励资金2000万元。从长期看，生态文明建设奖补政策与全省地域特点及发展战略有望深入融合。

（四）结论与建议

1. 主要结论

山东省生态文明建设财政奖补政策自2019年实施以来，全省生态环境建设取得积极成效，空气质量、地表水环境质量及自然保护区建设完成国家下达的“十三五”目标，生态文明奖补机制初现成效，政策实施具有良好的可持续性①。政策实施近两年来，生态文明建设的引领示范作用得到有效发挥，生态文明建设主体责任的落实得到有效激励，在优化生态文明建设财政资源配置、带动各市探索生态文明财政奖补机制建设方面效益较为显著。不过，资金拨付进度慢、项目执行进度滞后等问题依然存在，资金管理机制仍有待完善。

2. 完善建议

根据国家相关政策修订完善配套补偿办法，优化调整生态文明建设奖补机制，扩大生态保护补偿覆盖领域，建立健全奖补资金管理机制，如按照项目实际对奖补项目进行分类处置，或加快分配与拨付进度，或收回或调整等；根据国家相关政策修订完善配套补偿办法，同时督促各市完成项目储备工作，减少“资金等项目”问题的发生。

（五）结果运用

上述问题和建议已经向省、市、县相关部门进行反馈。本政策于2020年底到期。2021年1月，在认真分析总结两年来运行情况的基础上，结合工作实际和绩效评价与跟踪结果，山东省修订出台了新的《实施方案》，重点对其中涉及的大气、地表水、自然保护区等生态补偿办法进行修改完善。此外，修改后的6个具体办法不再保留“暂行”字样，实施期限均设定为2021—2023年。

二、山东省生态文明建设财政奖补资金中期跟踪问效案例评析

本案例较好地体现了全周期跟踪问效的要求，对政策绩效和2019年中期综合评价提出的问题进行持续跟踪，所提建议针对性较强，对于后续跟踪和新政策的制订提供了较好的基础条件。不过，考虑到中期跟踪的特殊性，跟踪报告在政策可持续的表述方面不够全面深入，建议从政策持续的必要性与可能性两个方面进行完善；另外，对于项目法和因素法在政策执行过程中的适当性未作出评判，对于省内外同类政策的寻标、对标问题未曾提及。

① 第一次跟踪发现，截至2020年8月底，政策实施未发生影响预期目标实现的事项，超过50%的项目预期将在2020年底前完成，政策目标预期能够在一定时期内实现。

三、A市促进先进制造业和数字经济发展政策跟踪评价案例

（一）政策概况

2019年1月，A市响应党中央“两个强国”的战略方针和山东省发展先进制造业和数字经济的指导方向，为扶持工业发展，出台了促进先进制造业和数字经济发展的“1+4”政策群。主政策（简称“1号文”）与延伸政策之间的关系如图5-3所示。为此，该市设立了先进制造业和数字经济发展专项资金，每年安排财政资金5亿元，用于支持先进制造业和数字经济发展。

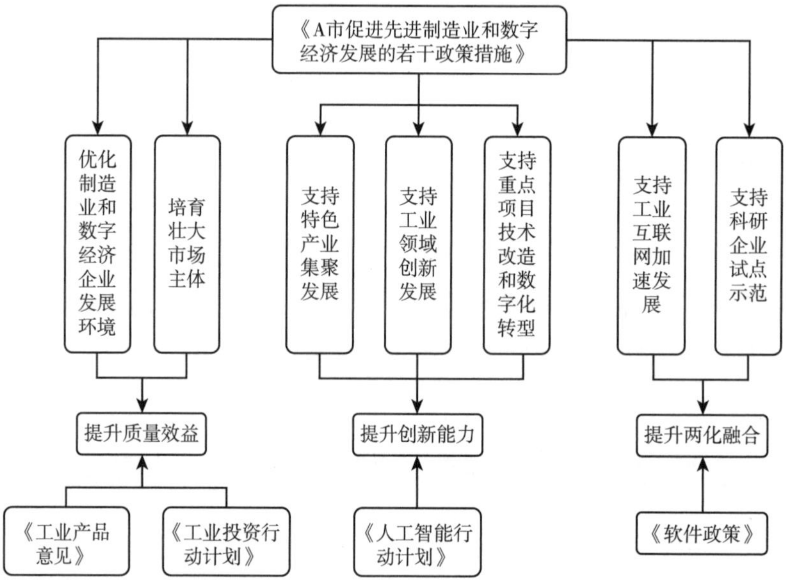

图5-3　A市先进制造业和数字经济发展政策体系

（二）跟踪评价实施过程

1.实施方式

由第三方机构组建全周期跟踪评价工作组（以下简称“评价组”）具体实施。

2.跟踪范围与频率

第一次跟踪范围为2019年1月3日至2020年7月31日，第二次跟踪范围向后延伸到2020年12月31日。因此，第二次跟踪时政策已经连续执行两年，也可视为对该政策实施的中期评估。

3. 绩效目标修正

经过前期调研、收集和查阅相关政策、分析业务处室自评报告等环节，在市工信局申报绩效目标基础上，评价组从政策制定、政策实施、政策产出、政策效益四个维度对年度绩效目标进行梳理、修订，修订前后的绩效目标对照如表5–6所示。其中，新增政策制定类目标，对决策过程进行考察；政策的产出和效益目标根据"提升质量效益""提升创新能力""提升两化融合"① 三个方面进行设置，以考虑政策实施后工作的完成情况、重点关注领域内产生的效果等。

表5–6　修订前后政策绩效目标对照表

目标维度	原定目标	原定目标值	修订后目标	修订后目标值
政策制定	—	—	政策依据充分性	充分
	—	—	客观需求满足度	满足
	—	—	政策制定规范性	规范
	—	—	政策目标合理性	合理
	—	—	政策内容重复性	不重复
	—	—	政策内容合理性	合理
政策实施	区域覆盖率	100%	实施方案健全性	健全
	申报企业应奖尽奖率	100%	认定办法内容合理性	合理
	项目申请资质审核覆盖率	100%	奖励通知内容合理性	合理
	支持项目依规公示率	100%	财务管理制度健全性	健全
	项目受理及时性	及时	组织分工合理性	合理
	项目评审及时性	及时	工作执行有效性	有效
	专项资金拨付及时性	及时	预算执行率	100%
	—	—	预算编制准确率	100%
政策产出	落实政策文件数量	≥5	上规入库奖励企业数量	427
	落实项目类别数量	≥10	中小企业称号奖励企业数量	767
	企业绩效评价数量	≥1500	重点技改奖励企业数量	85
	补贴上规入库企业数量	≥500	市级研发机构奖励企业数量	21
	支持中小微企业数量	≥700	软件企业荣誉资格奖励企业数量	33
	支持软件和电子信息企业数量	≥50	工业互联网平台奖励企业数量	44
	支持参加会展企业数量	≥100	—	—
	项目管理经费支出额	≤5	—	—
	专家评审费用支出额	≤10	—	—

① 三方机构所设置的指标名称本身不够规范，具体见点评部分。

续表

目标维度	原定目标	原定目标值	修订后目标	修订后目标值
政策效益	全年规模以上工业增加值增长率	增长	全年规模以上工业增加值增长率	≥7%
	主营业务收入同比增长	增长	第二产业GDP占比增长率	≥1%
	软件和信息服务业收入同比增长率	增长	规模以上制造业研发经费内部支出占主营业务收入比重增长率	≥5%
	两化融化指数	≥80	规模以上制造业每亿元主营业务收入有效发明专利数增长率	≥5%
	技术改造投入增长率高于全省均值	高	两化融化指数	≥80
	数字经济占比	≥35%	规模以上信息化建设投入占主营业务收入比重增长率	≥5%
	单位生产总值能耗下降率	达标	受益企业满意度	≥95%
	主要污染物减排量达到省控目标	达标	—	—
	资金管理办法健全	健全	—	—
	部门配合机制	健全	—	—
	企业满意率	≥95%	—	—
	区县满意率	≥95%	—	—

第一次跟踪时，工作组根据跟踪期政策执行的实际进度，确定了需要跟踪的绩效目标。当时由于2020年度部分奖励申报通知尚未下发，因此政策实施中的预算准确率以及政策产出中部分产出目标无法实施跟踪；而政策效益需要在政策全部落实之后才能进行分析测算，故而此次暂未跟踪政策效益目标。第二次跟踪内容包括全部指标。

4. 跟踪结果

评价组经过“前期准备—过程实施—结果报告”三个阶段的工作，完成《A市促进先进制造业和数字经济发展政策全周期跟踪评价报告》。该报告采用的跟踪指标体系与评价结果如表5-7所示。

表5-7　　2020年政策绩效跟踪评价结果

一级目标	二级目标	权重分	得分
A政策制定（20）	A1政策依据（6）	6	6
	A2政策目标（5）	5	2.5
	A3政策内容（9）	9	5.5

续表

一级目标	二级目标	权重分	得分
B政策实施（20）	B1业务管理（6）	6	6
	B2资金管理（3）	3	3
	B3组织实施（7）	7	7
	B4资金投入（4）	4	0
C政策产出（30）	C1提升质量效益（12）	12	12
	C2提升创新能力（12）	12	12
	C3提升两化融合（6）	6	6
D政策效益（30）	D1提升质量效益（17）	17	16.6
	D2提升创新能力（5）	5	5
	D3提升两化融合（5）	5	5
	D4满意度（3）	3	3

报告认为，上述政策体系制定依据充分、流程规范、实施方案健全，取得了十分明显的成效。不过，政策本身仍不够完善，主要失分点在于：①政策总体目标不够具体量化，比较宽泛，针对性不强；②共有三项政策内容存在重复情况，例如“支持重点技改项目建设”“支持数字化、网络化、智能化技术改造”等项目；③部分政策实行新的奖励标准与原奖励标准相比有显著提升，例如全国级“隐形冠军”企业奖励标准从原先的100万元提高至200万元，导致了奖励资金总量增加，财政压力增大；④2020年度政策资金需求总量为10.55亿元，超出专项资金上限5亿元一倍以上，资金总量没有进行有效控制。

5. 跟踪评价结论

（1）政策实现的绩效值得肯定。政策把推动制造业高质量发展放在首位，切实提升工业经济的支柱地位和辐射带动作用，有效促进了A市新旧动能转换步伐的加快。主要绩效表现在：一是工业领域企业质量效益稳步提升，全年规模以上工业增加值增长率达12.2%，全年规模以上工业营业收入增长率达14.3%，全年规模以上工业利润总额增长率达40.6%，各类指标皆属于全国前列水平。二是多家科技研发中心成立，加快推进了“智造A市”的建设任务，2020年度全市高新技术投资累计同比增长64.2%，居同类型城市中的领先水平。三是在疫情影响之下，工业生产迅速恢复，全市规模以上工业企业复工复产率先达到100%、位居全国主要城市之首，口罩等防疫物资生产能力迅速增长，一个月时间打通口罩生产全产业链。

（2）政策存在的主要问题。一是专项资金预算缺乏总量控制，约束性不足。截至2020年7月3日，第一批资金4.21亿元已拨付受益企业，占当年预算的94.10%。据测算，2020年全年实际需要兑现的财政资金规模为10.36亿元，超过预算的一倍还多。

究其原因，其一是该政策群出台前未进行事前绩效评估和论证，对补助范围、标准及所需资金未做测算。其二是奖补标准缺乏弹性，造成资金出现硬缺口。“1号文”中涉及47条补助标准，仅有19条使用了弹性标准，采用固定补助标准的条款比例达59.57%。其三是政策兑现标准偏高。所有设置了弹性标准的补助项目都以最高标准进行奖励兑现，政策执行成本未经测算，对政策执行中所需预算资金缺少总量约束。

二是政策扶持方向分散，靶向性不强。作为A市工业领域的综合性扶持政策，政策设计覆盖了该市工业产业全领域和工业发展全链条，未结合当前的发展短板设立引导和鼓励政策，也没有针对龙头企业和重点领域加大核心产业扶持，政策体系缺乏系统规划，政策扶持方向分散、重点不突出、目标不明确，资金分配“撒芝麻盐”，在解决该市先进制造和数字经济产业“不够大、不够强、不平衡、不充分”等主要问题方面效果不明显，财政资源配置效率不高。

三是政策制定延续性差、出多门，新旧政策标准不一。如对全国“隐形冠军”企业奖励标准，《关于支持非公有制经济健康发展的若干政策措施》（A发〔2018〕9号）为100万元，本政策提高到200万元，执行成本提高了1倍；同时存在不同部门之间补贴政策重复、补贴标准不一的问题。如“大力培育平台型企业和平台经济”条款，发改委奖励标准为100万元；工信局按照投资额占比测算，最高补助额1000万元，相差10倍。

（3）完善建议。加强顶层设计，增强政策靶向性；强化预算约束力，实行总量控制；统筹整合各类财政资金，加大财政资金投入；增强政策延续性，加强部门功能性分工等。

6. 结果运用

根据绩效跟踪报告，A市财政局提出的完善建议如下：①加强顶层设计，增强政策靶向性；②实行政策预算总量控制，建议工信局结合发展重点，在政策之间、各处室之间做好预算资金额度的划分控制，提高预算编制和执行的精准度，强化预算约束；③开展事前绩效评估，提前做好补贴规模测算，提高预算编制准确性；④统筹整合各类专项资金，探索市、区两级财政分担机制，形成市区两级上下联动、共同投入的局面；⑤做好新旧政策的衔接，增强政策延续性；⑥加强部门间协调配合，根据政策重点明确责任划分。

四、A市促进先进制造业和数字经济发展政策跟踪评价案例评析

评价组通过一套较为完善的指标体系对政策立项和执行情况进行了两次中期跟

踪，为后期同类项目的开展积累了经验，并对政策执行中存在的问题进行揭示，提出完善建议，大部分被财政部门所采纳、应用。不过，从指标体系设计和报告质量来看，依然存在不少问题。

（一）政策评价指标体系不够完整

首先，评价组虽然对政策绩效目标作出了修订，但决策绩效目标仍然不够完整。例如，本次跟踪的“1+4”政策群作为J市支持先进制造业发展的重大政策，内容方面缺少明确的实施终止或退出时限，应通过“政策内容——政策内容合理性”指标予以反映，并相应扣减指标得分；其次，针对政策管理方面缺少事前绩效评估环节这一问题，应通过“政策制定过程——政策制定程序规范性”指标予以反映并扣减指标得分。跟踪报告并未明确地指出这两个主要缺陷，修订后的指标体系缺少评估政策制定过程的二级指标，“流程规范”的评估结论显然依据不足。

（二）部分指标质量不高

首先，指标体系内部分指标之间缺乏应有的内在逻辑：如“B政策实施”下设“B1业务管理”“B2资金管理”“B3组织实施”“B4资金投入”四个二级指标；其次，部分指标名称不够规范且简单重复，如“C政策产出”下设三个二级指标“C1提升质量效益”“C2提升创新能力”“C3提升两化融合”，与“D政策效益”的二级指标名称完全相同，容易造成理解上的混乱。

（三）对政策问题的分析深度不够，专业水平有待提高

本政策执行中出现的最大问题是政策对资金的需求超出预算安排一倍以上，导致对符合条件的企业奖助政策难以全部落实。其主要原因则是该重大政策在出台之前缺少事前评估环节，业务部门对于政策实施所产生的资金需求估计严重偏低。因而，问题的症结在于“绩效环节缺失”——绩效意识尚未在业务部门生根发芽、预算绩效管理尚未成为预算部门的自觉行动；而评价机构开出的却是“预算药方”，给出的结论是“专项资金预算缺乏总量控制，约束性不足”。药不对症，绩效跟踪环节的意义就要打折扣，不可避免地给后续的结果应用造成误导。

另外，对于全周期跟踪问效所要求的同类政策的外部寻标、对标问题，评价报告同样未曾提及。

五、全周期跟踪问效“山东模式”面临的主要问题与完善思路

山东省在全周期跟踪问效方面的探索在取得初步成效的同时，也遇到大量的困难和制约因素。主要表现在以下四个方面。

（一）全周期跟踪问效“山东模式”面临的主要问题

1. 全周期跟踪问效的基础不够扎实，“有”而不“优”

基础不实的问题主要表现在：第一，绩效目标管理虽已实现对一般公共预算的全覆盖，迈出了从“无”到“有”的第一步，但绩效目标不完整、不全面、不规范的现象依然普遍存在，从“有”到“优”的提升还任重而道远；第二，事前绩效评估在各级政府重大政策决策过程中尚未成为“必选项”；预算部门工作人员绩效意识比较淡薄、绩效与预算“两张皮”的问题还比较突出，提升改革质量成为目前面临的突出问题。

2. 全周期跟踪问效责任主体的选择与成本的权衡

全周期跟踪的主体包括财政部门、业务部门、第三方机构、人大代表和政协委员等，各方之间的责任分工既决定着跟踪的成本、也决定着跟踪的成效，需要在二者之间作出权衡和抉择。山东模式采取以财政部门牵头组织、业务部门配合、第三方机构实施的分工方式，这是不是最好的组织方式？按照“全过程监管”的要求，人大代表也应该全程参与。那么，人大代表如何参与？有没有更好的组合形式？

3. 全周期跟踪问效实施的“最优方式”尚待明确

在全周期跟踪问效机制运行过程中，暴露出来的主要问题包括跟踪的时间节点如何确定、跟踪频率多少更为合适等问题，山东模式作出了初步探索，由于时间较短、实施的政策和项目数量较少，目前还难以给出最优答案，需要在更多的实践中进行探索、总结。

4. 绩效服务市场供给严重不足

预算绩效管理改革催生了一个庞大的服务市场，吸引了大批第三方机构入市“淘金”。预算绩效管理改革越深入，包括绩效跟踪在内的绩效管理服务的供需矛盾就愈加尖锐。预算绩效管理从业人员需要具备丰富的财政学、行政管理学、会计学等专业素养，人员素质决定着服务质量。山东预算绩效与评价中心2020年11月进行的调查[①]表明，目前为山东服务的144家机构中，由会计事务所转型而来的超

① 山东省预算绩效管理状况调查方式包括问卷和访谈两种方式。问卷调查采用问卷星进行，样本范围包括全省16个设区市、117个区县财政部门、144个第三方机构、140个预算部门单位；在此基础上对济南、青岛、德州、济宁、临沂、日照等市进行了现场或在线访谈。

过60%，专门从事预算绩效管理的机构仅占少数。这一问题具有普遍性，在市县层面更为突出，已经在很大程度上制约着预算绩效管理改革的深入推进。

（二）全周期跟踪问效“山东模式”的完善思路

山东省对于全周期跟踪问效的探索和实践时间尚短，需要从各环节进行细化和完善，以促进预算绩效管理改革的持续深入。

1. 夯实基础、突出重点，促进跟踪质量从“有”升“优”

绩效目标管理是整个绩效管理的龙头和基础，决定着后续环节的质量水平。要提升跟踪质量，首先，必须以绩效目标编制为突破口，提高政策和项目立项决策的科学性；做实项目库，提高项目预算和实施计划的精准度。其次，部门单位的绩效责任既包括执行责任，也包括自我监控责任。必须在落实部门单位绩效责任的同时压实其绩效监控责任，提高日常监控质量，为降低跟踪监控频率、提高跟踪监控绩效创造条件。

2. 立足政策项目整个生命周期，做好绩效跟踪与其他环节的衔接

全周期跟踪的范围是重大政策项目的整个生命周期，从立项到实施、清理退出各个环节“一个都不能少”。本书两个政策案例因出台较早均未实行事前绩效评估。对此，跟踪方案就要将政策制定作为监控重点；跟踪过程中要重点关注项目实施重要节点产出与支出进度的匹配性、项目实施过程的规范性，如项目开工、变更、阶段验收等，项目完工后着力关注实施效果，提高跟踪监控的针对性、有效性。在结果应用方面，日照市“边评边改”的方式还可以进一步规范，发现问题督促单位及时整改，特别是加大跟踪监控结果与政策调整和预算挂钩的力度，倒逼各方面强化绩效理念、规范管理流程、提升管理绩效。

3. 强化预算部门绩效责任，探索人大政协参与跟踪问效的有效方式

归根究底，全周期跟踪问效是对重大政策或项目从立项到执行整个过程进行绩效跟踪的一种方式。从绩效责任的归属来看，财政部门是预算资源的配置主体，承担着对部门预算编制和绩效目标审核的责任；随着专项资金分配权限下放到部门，预算部门承担着专项资金的分配责任。按照政策或项目的执行绩效水平分配预算资金是预算绩效管理的重要目标，预算部门是实现预算—绩效挂钩的基本主体；单位或项目单位是预算资源的运用主体，承担实现预算绩效的职责。因此，在跟踪责任的划分方面，自然应该以预算部门的日常跟踪为主、财政部门的重点跟踪为辅；同时还要发挥审计部门和人大代表、政协委员的协同监督作用。日照市吸收人大代表政协委员全程参与绩效跟踪和评价取得了良好效果，其他地市可以在借鉴的基础上探索更为有效的参与方式。

4. 规范绩效行业管理，提升绩效服务水平，为提升改革质量提供智力保障

为提升绩效市场的供给服务质量，首先，需要尽快成立地方性预算绩效管理行业协会，以发挥其规范管理、专业培训等优势，选择熟悉预算绩效管理理论和政策的高水平师资，根据预算部门单位和第三方机构的需求特征制订分层培养计划。其次，将后备人才培养作为财经高校专业改革的重点任务，为打造“人人懂绩效、事事讲绩效”的改革环境提供智力保障。

▶ 第六章

夯实微观——山东省预算绩效评价的发展与完善

内容提要

绩效评价是我国预算绩效管理改革的切入点，是整个预算绩效管理周期的核心。山东省预算绩效管理改革从世行贷款项目绩效评价起步，在国内资金项目绩效评价范围的持续扩展中不断发展、完善；同时，项目绩效评价与第三方服务市场管理制度逐步建立、不断完善。本章旨在总结山东省微观层面项目绩效评价的发展与完善过程，并通过典型案例展示其发展成效。

第一节 山东省绩效评价的规范化进程

预算绩效评价是预算绩效管理的核心环节（以下简称“绩效评价”），也是我国预算绩效管理改革的切入点。山东省预算绩效管理改革步伐与国家一致，从世行贷款项目绩效评价起步，逐步向国内资金项目扩展。随着绩效评价经验的积累，相关制度规范逐步建立并不断走向完善。

一、山东省绩效评价管理的规范化进程

改革伊始，为落实财政部《财政支出绩效评价管理暂行办法》（财预〔2011〕285号），山东省财政厅制定出台了《山东省省级财政支出绩效评价管理暂行办法》（鲁财预〔2011〕67号）；2020年初，为落实财政部《项目支出绩效评价管理办法》（财预〔2020〕10号），山东省提出“夯实主体责任、加强统筹协调、完善评价方式、强化结果运用”的要求，并配套出台了“两个《规程》”——《山东省省级项目支出绩效单位自评工作规程》《山东省省级项目支出绩效财政评价和部门评价工作规程》（鲁财绩〔2020〕4号），作为绩效评价的基本操作规范。

第三方机构是绩效评价的主力军，也是外部主体深入了解政府运行的一个“探针”，对其行为进行规范必不可少。通过十多年的努力，《山东省省级部门委托第三方机构参与预算绩效管理工作办法》（鲁财绩〔2023〕7号）正式出台，标志着山东省预算绩效管理服务市场走向规范化。

随着制度规范的细化，绩效评价过程更加规范，评价指标体系更加科学、完善，绩效评价这一环节越来越成为全面反映政府预算资金运行绩效的“B超机”。

二、山东省绩效评价管理规范主要内容

（一）山东省省级项目支出绩效评价主要内容

山东省级项目支出绩效评价包括财政评价和部门评价两种类型，通过《山东省

省级项目支出绩效财政评价和部门评价工作规程》(鲁财绩〔2020〕4 号)进行规范，简称“《山东评价规程》”，共8章43条。

第一章：总则(第1—7条)。主要对财政和部门评价的定义、适用范围、基本原则、主要依据、基本环节、结果应用等作出规定。

(1)项目绩效评价的定义。对于项目绩效评价的定义，山东省延续了财政部“10号文”关于经济性、效率性、有效性、公平性的“4E”要求，但对项目绩效自评管理单独制定了《山东省省级项目支出绩效单位自评工作规程》(简称“《自评规程》”)，将项目支出绩效财政评价和部门评价定义为：省财政部门或预算部门运用科学、合理的绩效评价指标、评价标准和方法，对省级项目支出的经济性、效率性、效益性和公平性进行客观、公正的分析和评判，形成评价结论，出具绩效评价报告，并加强绩效评价结果应用的活动和过程。与“10号文”关于财政评价的定义“财政部门对预算部门的项目组织开展的绩效评价”相比，该定义将评价结果运用也作为评价管理的内容，更为全面、完整。

根据该定义，项目绩效评价的主体包括财政部门和预算部门，这两个部门与预算资金的使用单位相对独立，因此可以将评价服务委托给第三方。本书将此类评价与第三方评价统称为绩效他评，与绩效自评相对应。

(2)适用范围。《山东评价规程》适用于四个方面的资金项目：第一，省级四本预算安排的支出项目；第二，政府投资基金、政府和社会资本合作(PPP)、政府采购、政府购买服务、政府债务等项目；第三，对于转移支付资金，中央未有明确规定和要求的，可参照执行；第四，对涉农等整合资金，明确到具体项目或专门用途并批复下达绩效目标的项目。

(3)基本原则。“10号文”要求绩效评价遵循“科学公正、统筹兼顾、激励约束、公开透明”的基本原则。《山东评价规程》在“科学规范、激励约束、公开透明”的基础上增加了一个“绩效相关”原则，要求“评价结果应当清晰反映绩效目标的实现情况以及预算支出和绩效之间的对应关系”。这一原则意味着绩效评价要揭示出“绩效目标→预算投入→项目产出→项目效果”之间的内在逻辑，以“结果链”统领评价指标体系和评价报告，并以相关性作为筛选关键绩效评价指标的基本原则，体现了绩效评价管理的山东特色。

第二章：前期准备(第8—18条)。包括确定绩效评价对象和范围、成立评价工作组、开展前期调研、研究制订绩效评价工作方案、组织专家论证等内容。

(1)确定评价对象和范围。对于财政评价，要求优先选择贯彻落实党中央、国务院重大方针政策和决策部署，省委、省政府重点安排的项目，以及覆盖面广、社会关注度高的项目。同时，对实施期长、影响力大的重点项目，要求周期性组织开展绩效评价。对于部门评价，要求优先选择反映部门履职的重大改革发展项目，随机选择一般性项目。原则上5年实现重点项目全覆盖。

（2）绩效评价指标体系设计。这是前期准备环节的关键，包括绩效评价指标设计、评价标准确定和权重分配三个方面。评价指标设计要求与评价对象密切相关，并根据KPI原则，优先选取最具代表性、最能反映产出和效益的核心指标。其创新点在于提出设置否决性核心指标的要求，发挥该类指标在优化资源配置中的引领作用，并建议从资金使用、资金拨付和政府采购的合规性、实际支出与预算差异度、实际支出进度与预算进度的相符性、项目实际完成率等关键指标中筛选。

（3）项目绩效评价方式与方法。"10号文"将常用的绩效评价方法总结为成本—效益分析法、比较法、因素分析法、最低成本法、公众评判法五种；在此基础上，《山东评价规程》增加了标杆管理法。

在评价方式上，山东省一直采用现场评价与非现场评价相结合的方式。现场评价是指采取现场勘察、查询、复核等方式，通过进一步核实、查证、分析、论证有关情况和问题进行评价的方式；适用该方式的范围原则上不低于具体资金使用单位总量的30%、项目预算总金额的60%。非现场评价则是对被评价部门单位提供的项目资料和数据资料进行分类、汇总、分析和评价的过程，要求覆盖所有资金使用单位和项目预算资金。

（4）编制社会调查方案。这种方案是针对具体评价项目涉及的利益相关方开展各种形式调查的工作计划。社会调查方案须明确调查目的、调查对象范围、样本数量、调查方式、抽样方法，设计调查问卷内容和访谈提纲等。科学的调查方案是决定绩效评价报告质量的基础。

（5）评价实施方案制定。这是决定绩效评价工作计划的关键环节。评价方案主要包括项目概况、项目绩效目标、评价思路、绩效评价指标体系、社会调查、组织实施计划、资料清单等及基础数据表等内容。

财政部门为了保证评价质量，往往会协助第三方机构组织专家论证会，对绩效评价方案进行集中论证、一对一辅导。由第三方机构根据专家意见对评价方案进行完善、报财政部门批准后实施。

第三章：组织实施（第19—26条）。包括下达绩效评价通知书、资料搜集与核查、非现场评价、现场评价、梳理问题清单、形成初步结论、绩效等级评定、绩效沟通等内容。其中，现场评价一般按照调研访谈→资料核查→实地勘察→社会调查→分析评价的流程进行。

项目绩效等级划分采用"20号文"规定的优、良、中、差四个等级。

第四章：提交绩效评价报告。包括报告的撰写、论证、提交三个环节。

报告论证是提升绩效评价报告质量的关键环节，要求被评价部门单位、相关专家参加，就评价报告的完整性、逻辑性、合理性、充分性及所提意见建议的针对性、可操作性、可实现程度等征求意见。对于被评价部门单位和专家所提出的、对评价结果有重大影响的意见，要求提交书面说明。

实践证明，绩效评价方案论证与报告论证两个环节非常重要、必不可少。对第三方机构而言，这种论证会是一种针对性极强的学习和辅导机会，两次论证可以帮助他们快速提高绩效评价工作能力，以保障其提交的绩效报告质量；对财政部门和业务主管部门而言，既是利用外部专家资源对绩效信息施加的一种“质量保险”，也是对第三方机构实施监督的有效措施。

第五章：档案归集与质量控制（第30—33条）。

委托方要对绩效评价指标体系、评价方案和评价报告进行审核，对第三方业务质量进行考评，将考评结果与评价费用的支付挂钩。

第六章：绩效评价结果应用（第34—38条）。

绩效评价结果是指评价完成后形成的、全面反映绩效评价对象绩效状况的内容、事项、结论及建议等，主要包括评价报告与问题清单等，是绩效信息的主要形式。结果应用包括书面形式的结果反馈、被评价部门单位的问题整改、与预算的挂钩、移交与问责四个环节。问题整改由被评价部门单位分散进行，根据需要也可以集中反馈整改结果。被评价单位自收到反馈意见之日起 60 日内，要向省财政部门或主管部门报送整改落实情况和评价结果应用情况。

实行绩效评价结果与预算的挂钩是预算绩效化改革的“初心”所在，也是财政部门积极倡导、推动这场改革的根本动力所在。部门评价结果作为本部门编报预算、完善政策、调整项目和改进管理的重要依据；财政评价结果作为安排政府预算、调整政策、改进管理的重要依据。具体挂钩方式如图6–1所示。

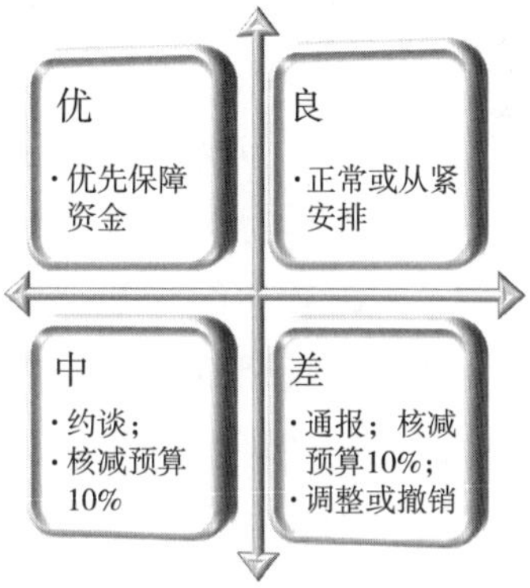

图6–1　绩效与预算挂钩方式

第七章：评价结果的报告与公开（第39—40条）。

省财政部门将财政评价结果总体情况向省政府报送。对党委、政府关心、社会公众关注、对经济社会发展有重大影响的重点项目绩效评价结果，省财政部门或预算部门应向省政府专题报告。

省财政部门和预算部门应当将绩效评价结果分别编入政府决算和本部门决算，报送省级人民代表大会常务委员会，并依法予以公开。

第八章：附则（第41—43条）。

（二）山东省级项目绩效自评管理主要内容

《山东省省级项目支出绩效单位自评工作规程》（简称《自评规程》）共6章

21条。

第一章：总则（第1—5条）。主要对绩效自评的定义、对象、主体和原则作出规定。

（1）定义：单位自评是指省预算部门组织部门本级和资金使用单位，对预算批复下达的项目绩效目标完成情况进行自我评价的预算绩效管理活动。

（2）客体：包括①纳入省级预算管理的一般公共预算、政府性基金预算、国有资本经营预算的项目支出；②政府投资基金、政府和社会资本合作（PPP）、政府采购和政府购买服务、政府债务项目等涉及预算资金及相关的管理活动；③明确具体项目、有专门用途，并批复下达绩效目标的涉农等整合资金。

（3）主体：省预算部门本级和资金使用单位按要求具体负责自评工作，对自评结果的真实性和准确性负责。

（4）原则：全面覆盖、简便易行、真实准确、公开透明。

第二章：自评内容与方法（第6—9条）。自评方法、绩效指标权重分配、绩效等级划分均与“10号文”一致。

（1）自评内容：主要包括项目总体绩效目标、各项绩效指标完成情况以及预算执行情况。

（2）权重分配：预算执行率10%、产出指标50%、效益指标30%、服务对象满意度指标10%。除预算执行率指标外，其他指标可适当调整。

（3）自评方法：比较法为主。

（4）绩效等级划分：总分100分，分为优、良、中、差四个等级。

第三章：组织实施（第20—11条）。

省本级项目支出绩效自评流程：年度预算执行完毕部署绩效自评→单位实施绩效自评→省预算部门审核汇总自评结果→向省财政部门报送自评结果。

省对下转移支付项目的单位自评流程：省预算部门会同省财政部门确定转移支付绩效自评清单→省预算部门组织单位实施自评→省预算部门审核、汇总后撰写绩效自评报告→向省财政部门报送自评结果。

第四章：抽查复核（第12—14条）。

（1）抽查复核主体与对象：省财政部门对省预算部门、单位自评情况进行抽查复核；省预算部门根据工作需要，对所属单位绩效自评情况进行抽查复核。

（2）抽查复核内容：主要包括自评覆盖面、自评内容完整性、绩效指标设置合理性、数据准确真实性和自评结果客观性等。

（3）抽查复核程序：①前期准备（成立工作组、确定抽查复核对象、了解其业务情况、确定抽查复核标准）→②制定方案→③下达通知书→④实施抽查复核（审核书面材料、现场勘查验证、对自评结果进行综合分析评判）→⑤形成结论、征求意见→⑥被抽查复核部门单位整改。

第五章：结果应用与公开。

（1）结果应用：①省预算部门应加强单位自评结果的整理、分析和反馈。将单位自评结果作为编制预算、完善政策和改进管理的重要依据。对预算执行率偏低、绩效自评等级为中、差的项目，要单独说明原因，提出整改措施，并在预算编制、分配资金时从严从紧安排。②省财政部门对未按要求开展单位自评、自评结果与实际情况出入较大或绩效为差的项目予以通报，从紧从严安排 预算或取消预算安排，并将自评抽查复核结果纳入省直部门预算管理绩效综合评价。对使用财政资金低效无效并造成重大损失、单位自评弄虚作假且情节严重、抽查复核结果与自评结果出入较大的，应按照有关规定对相关责任人问责。

（2）结果公开：省预算部门应当按照要求将单位自评结果编入本部门决算，报送省人大并依法予以公开。

第六章：附则（第19—21条）。

三、山东省第三方绩效服务市场规范的建立与完善

（一）山东省第三方绩效服务市场的规范化进程

自2011年出台《山东省省级财政支出绩效评价管理暂行办法》（鲁财预〔2011〕67号）开始，山东省就启动了对第三方绩效评价市场的培育和管理规范化工作。到2023年底，山东省财政厅共出台了3个管理办法、1个工作规程，实现了第三方绩效服务供给市场的规范化。

2014年12月31日，出台《山东省省级预算绩效管理委托第三方机构评价管理办法（试行）》（鲁财绩〔2014〕4号）；

2018年11月6日，出台《山东省省级预算支出项目第三方绩效评价工作规程（试行）》（鲁财绩〔2018〕7号）；

2021年12月13日，发布《山东省省级部门委托第三方机构参与预算绩效管理工作暂行办法》（鲁财绩〔2021〕12号）。该办法共6章25条：第一章：总则，明确《办法》的制定依据、适用范围及遵循的原则等；第二章：职责分工，明确委托方、资金使用单位和第三方机构等各方职责；第三章：第三方的选取和委托，明确第三方机构的选取和委托方式，规定第三方机构被禁止的行为；第四章：委托服务费用，明确付费主体、委托费用的测算因素和测算方法；第五章：管理与考核，明确档案管理、验收考评、备案管理、违法违规信息报告等。第六章：附则。

2023年12月21日，发布《山东省省级部门委托第三方机构参与预算绩效管理工作办法》（鲁财绩〔2023〕7号），作为引导和规范第三方机构参与预算绩效管理、提高其执业质量和水平的正式规范。该《办法》的出台标志着山东省实现了第三方绩效服务市场管理的规范化。

（二）山东省第三方绩效服务市场管理规范的主要内容

《山东省省级部门委托第三方机构参与预算绩效管理工作办法》共6章28条。主要包括如下内容。

第一章：总则（第1—6条）。主要包括第三方的定义、委托服务的内容形式与特征、委托服务需遵守的原则等。

（1）第三方的定义与资格范围：第三方是指依法设立并向委托方提供预算绩效管理相关服务、独立于委托方和预算绩效管理对象的组织。对其资格范围同时列出了正负两张清单：正面清单包括专业咨询机构、会计师事务所、资产评估机构、律师事务所等中介机构或社会组织，以及科研院所、高等院校等单位。负面清单明确要求公益一类事业单位不得作为第三方承接政府购买预算绩效管理服务。

（2）第三方受托提供服务的范围：同样采用清单式管理：正面清单主要包括①事前绩效评估、②绩效目标审核、③绩效评价、④绩效评价结果复核、⑤绩效指标和标准体系制定、⑥预算绩效管理相关课题研究等。负面清单包括①绩效目标设定、②绩效运行监控、③绩效自评等属于预算部门或单位强化内部管理的事项，原则上不得委托第三方开展；确需第三方协助的，应严格限定各方责任，第三方仅限于协助委托方完成部分事务性工作，不得以第三方的名义代替委托方对外出具相关报告和结论。

（3）第三方服务产出：包括独立出具的审核意见、结论、报告等。

（4）委托原则：权责清晰、主体分离；厉行节约、突出重点；质量导向、择优选取。

第二章：职责分工（第7—9条）。如图6-2所示。

委托方职责	第三方职责	绩效管理对象职责
• 提出工作需求和目标；提供培训和指导 • 协调相关部门单位提供资料 • 审核资料，跟踪督导 • 审核服务产出，验收考评 • 强化绩效信息应用	• 坚持独立公正与利益回避，对工作成果负责，须要素完整、依据充分、结论客观、建议可行； • 成立工作组，确定项目负责人（主评人）； • 制定实施方案，报委托方审定并严格实施； • 严守保密纪律 • 规范档案管理	• 配合第三方工作，及时搜集提供相关资料 • 对第三方现场调研、座谈、访谈、问卷调查等给予必要的配合和支持 • 根据反馈意见，对相关问题及时整改

图6-2　预算绩效管理各方职责分工

第三章：第三方的选取和委托（第10—15条）。

（1）委托方式：根据委托事项的性质，采取全权委托或部分委托、单独委托或多家委托的方式，并根据不同委托方式界定第三方的工作定位和责任分担，以充分发挥第三方的作用。

（2）选取标准：①专业能力突出－具备参与预算绩效管理工作所必需的人员力量、设备和专业技术能力；②治理结构健全，内部质量控制完备，具备规范健全的财务会计、资产管理、保密管理、业务培训等管理制度；③具有良好信誉；④委托方可根据所委托预算绩效管理工作的特殊需求，增设选聘第三方的特定条件，但不得以不合理的条件对第三方实行差别待遇或者歧视待遇。原则上不得选取已参与项目前期工作的第三方从事同一项目的预算绩效评价工作。

（3）选取途径：通过财政部“预算绩效评价第三方机构信用管理平台”查询第三方有关信息，按照政府采购、政府购买服务的程序和要求进行选取。

（4）关于第三方行为的禁止性条款：①未经委托方同意，擅自转包、分包所承接的预算绩效管理业务。②允许其他机构以本机构名义或者冒用其他机构名义开展业务。③出具本机构未承办业务、未履行适当程序、存在虚假情况或者重大遗漏的意见、结论、报告等工作成果。④以恶意压价等不正当竞争手段承揽业务。⑤聘用或者指定不具备条件的相关人员开展业务。⑥其他违反国家法律法规的行为。

第四章：委托服务费用（第16—19条）。

（1）付费原则：谁委托、谁付费；

（2）服务费价格确定方法：成本法、计时收费法。

（3）服务费资金来源：项目支出或公用经费。

第五章：管理与考核（第20—26条）。主要包括：

（1）主评人负责制；

（2）绩效付费制：委托方在对第三方工作完成情况和业务质量进行验收考评后根据考评结果向第三方付费；

（3）档案材料的规范与管理；

（4）黑名单制度：财政厅建立违法违规信息报告制度，将第三方及其工作人员预算绩效管理工作中发生的重大违法违规案件及时上报财政部。

第六章：附则。

▶ 第二节　代表性项目绩效评价指标体系

项目绩效评价指标体系可谓绩效管理“核心”的核心，既是难点，也是关键点，更是考验第三方机构竞争力的焦点。本书将部分项目绩效评价案例指标体系[①]与读者分享，以促进各部门与第三方机构绩效评价水平的共同提高。

一、案例一：科教融合新建大学专项建设项目绩效评价指标体系

（一）项目背景

为深化科技教育体制改革，促进科教融合发展，提升山东省高等医学教育办学层次和水平，加快经济文化强省建设，山东省委、省政府决定合并泰山医学院、省医科院和有关省属医院，集聚全省力量打造一所全国一流新的国际上有重要影响的应用研究型医科大学——山东第一医科大学。省委办公厅、省政府办公厅出台相关文件，提出设立齐鲁医科大学（筹）专项建设项目，加强学科建设和师资队伍建设，提升学校办学实力。

（二）项目预算

2022年山东第一医科大学建设项目省级财政拨款10亿元，全部到位。主要用于教学提升、科研提升、人才队伍提升、公共服务提升及教学科研运行支撑等方面。

（三）项目绩效评价指标体系

2022年科教融合新建大学专项建设项目评价指标体系如表6–1所示。

① 资料来源：案例一至案例四来自山东省预决算公开平台（shandong.gov.cn）；案例五和案例六来自笔者对第三方机构调研，列入本书时对其部分指标进行修改完善。

表6-1 2022年科教融合新建大学专项建设项目绩效评价指标体系[①]

一级指标	二级指标	三级指标	四级指标	指标解释
决策（16分）	项目立项（4分）	立项依据充分性（2分）	立项与政策相符性（0.5分）	项目立项是否符合国家、省级有关法律法规、相关政策、发展规划等，用以反映和考核项目立项依据情况。
			立项与部门职责的相符性（0.5分）	项目立项是否主管部门的部门职责，属于部门履职所需，用以反映和考核项目立项依据情况。
			项目与公共财政支持范围相符性（0.5分）	对项目是否属于公共财政支持范围、是否符合中央、地方事权支出责任划分原则进行评价。
			立项的重复性（0.5分）	对项目是否与相关部门同类项目或部门内部相关项目重复进行评价。
		立项程序规范性（2分）	项目立项程序的合规性（1分）	项目申请、设立过程是否符合相关要求，用以反映和考核项目立项的规范情况。
			项目立项科学性（1分）	项目事前是否已经过必要的可行性研究、专家论证、风险评估、绩效评估、集体决策，用以反映项目立项的科学性。
	绩效目标（6分）	绩效目标合理性（3分）	项目是否有绩效目标（1分）	项目是否有绩效目标。
			绩效目标与实际工作相关性（1分）	项目绩效目标与实际工作内容是否具有相关性。
			与预算确定的项目投资额匹配性（1分）	是否与预算确定的项目投资额或资金量相匹配。
		绩效指标明确性（3分）	项目绩效目标是否细化分解（1分）	是否将项目绩效目标细化分解为具体的绩效指标。
			绩效指标是否清晰、可衡量（1分）	是否通过清晰、可衡量的指标值予以体现。
			与项目目标任务数或计划数匹配性（1分）	是否与项目目标任务数或计划数相对应。

① 括号内数字为指标权重，下同。

续表

一级指标	二级指标	三级指标	四级指标	指标解释
决策（16分）	资金投入（6分）	预算编制科学性（2分）	预算编制合理性（0.5分）	预算编制是否科学合理。
			预算内容与项目内容匹配性（0.5分）	预算内容与项目内容是否匹配。
			预算额度测算充分性（0.5分）	预算额度测算是否充分、精准，是否按照标准编制。
			与预算确定的项目投资额匹配性（0.5分）	预算确定的项目投资额或资金量是否与工作任务相匹配。
		资金分配合理性（4分）	资金分配充分性（2分）	预算资金分配依据是否充分，用以反映和考核项目预算资金分配的科学性情况。
			资金分配额度合理性（2分）	资金分配额度是否合理，与项目实际是否相适应，用以反映和考核项目预算资金分配的合理性情况。
过程（24分）	资金管理（16分）	资金执行到位情况（3分）	财政资金到位率（2分）	实际到位资金与预算资金的比率，用以反映和考核财政资金落实情况对项目实施的总体保障程度。
			财政资金到位及时率（1分）	及时到位资金与实际到位资金的比率，用以反映和考核财政资金到位及时程度。
		预算执行率（8分）	预算执行率（8分）	项目预算资金是否按照计划执行，用以反映或考核项目预算执行情况。
		资金使用合规性（5分）	资金使用合规性（3分）	项目资金使用是否符合相关的财务管理制度规定，是否符合项目预算批复或合同规定的用途，是否存在截留、挤占、挪用、虚列支出等情况，用以反映和考核项目资金的规范使用情况。
			资金使用流程规范性（2分）	项目资金使用流程是否符合相关的财务管理制度规定，用以反映和考核项目资金的规范运行情况。
	组织实施（8分）	管理制度健全性（2分）	管理制度健全性（2分）	是否建立了健全的组织机构；是否已制定或具有相应财务和业务管理制度；对应的财务和业务管理制度是否合法、合规、完整。用以反映和考核管理制度对项目顺利实施的保障情况。

续表

一级指标	二级指标	三级指标	四级指标	指标解释
过程（24分）	组织实施（8分）	制度执行有效性（6分）	项目管理规范性（2分）	组织宣传、申报审核程序是否合理，用以对项目实施过程中管理是否规范进行评价。
			项目调整及支出调整手续的完备性（2分）	项目调整及支出调整手续是否完备，用以对项目及支出调整是否按照规定程序和权限，并履行相应手续进行评价。
			项目档案资料齐全性（2分）	项目申报、审核、公示、复核等资料是否齐全并及时归档，用以对项目档案资料是否齐全进行评价。
产出（40分）	产出数量（15分）	学科建设、人才队伍、科学研究实际完成情况（15分）	新增省级一流本科专业（1.5分）	本年度新增省级一流本科专业的数量。
			新增省级一流本科课程（1.5分）	本年度新增省级一流本科课程的数量。
			发表SCI论文（1.5分）	本年度发表SCI论文的数量。
			新上国家级科研项目（1.5分）	本年度新上国家级科研项目的数量。
			新增省级以上科研奖励（1.5分）	本年度新增省级以上科研奖励的数量。
			年度研究生培养数量（1.5分）	本年度研究生培养数量。
			支持院士、领军、潜力、教学科研团队总数（1.5分）	本年度支持院士、领军、潜力、教学科研团队总数。
			高层次人才引进数量（1.5分）	本年度高层次人才引进数量。
			新招聘博士数量（1.5分）	本年度新招聘博士数量。
			购置图书数量（1.5分）	本年度购置图书数量。
	产出质量（15分）	人才队伍建设（5分）	人才合同签订情况（2.5分）	合同条款是否完整，是否经学校内部相关部门共同研究确定；具体岗位职责与聘期任务是否明确。
			人才合同履行情况（2.5分）	学校是否有对合同履行情况的考核，引进人才是否完成聘期内任务（涵盖使用专项资金引进人才）；柔性引进人才情况考核。

续表

一级指标	二级指标	三级指标	四级指标	指标解释
产出（40分）	产出质量（15分）	学科建设与科学研究（6分）	教育部第五轮学科评估情况（3分）	教育部第五轮学科评估情况。
			学科建设与科学研究政策与措施有效性（3分）	是否有单独的政策（文件），是否有明确的工作措施；政策、工作措施等与产出数量、质量的吻合度。
		项目评审通过情况（4分）	项目评审通过率（2分）	项目评审通过率。
			科研项目验收合格率（2分）	科研项目验收合格率。
	产出时效（5分）	项目实施时效性（5分）	政采资金节约率（5分）	政采资金节约率。
	产出成本（5分）	省财政经费支出的有效度（5分）	实际成本与工作内容的匹配程度（5分）	实际成本与工作内容是否相匹配。
效益（20分）	实施效益（12分）	社会效益（12分）	全国高校ESI综合排名（4分）	全国高校ESI综合排名。
			进入ESI全球前1%的学科（4分）	本年度进入ESI全球前1%的学科的数量。
			软科中国最好学科上榜学科（4分）	软科中国最好学科上榜学科的数量。
	满意度（8分）	教师满意度（4分）	考察高校教师满意度（4分）	教师对项目整体实施情况满意度。
		学生满意度（4分）	考察高校学生满意度（4分）	学生对项目整体实施情况满意度。

二、案例二：山东省发展改革委数字机关建设项目

（一）项目背景

党的十九大报告提出建设数字中国。省委、省政府高度重视数字山东建设工

作，并出台相关文件，全面推动数字山东建设。省发展改革委提出省发展改革委数字机关建设方案，主要建设内容包括数字法治文件办理、数字法治文件归档、数字法治工作调度、系统适配、移动办公系统升级、对接全省统一用户体系，以及相应的工程监理、等级保护测评、软件测评和风险评估、密码应用与安全性评估等内容。项目建成后，将进一步提升全委数字化水平，真正实现签批、签章全流程线上办理，线上全程留痕运行，行政执法案卷按标准自动对接归档，法治事务调度更加高效便捷。

（二）项目预算

山东省发展改革委数字机关建设项目年度到位资金140万元，实际支出资金132.21万元，结余资金7.79万元，预算执行率94.44%。

（三）项目绩效评价指标体系

山东省发展改革委数字机关建设项目绩效评价指标体系如表6-2所示。

表6-2　山东省发展改革委数字机关建设项目绩效评价指标体系

一级指标	二级指标	三级指标	指标解释
决策（15分）	项目立项（4分）	立项依据充分性（2分）	项目立项是否符合法律法规、相关政策、发展规划以及部门职责，用以反映和考核项目立项依据情况。
		立项程序规范性（2分）	项目申请、设立过程是否符合相关要求，用以反映和考核项目立项的规范情况。
	绩效目标（5分）	绩效目标合理性（2分）	项目所设定的绩效目标是否依据充分，是否符合客观实际，用以反映和考核项目绩效目标与项目实施的相符情况。
		绩效指标明确性（3分）	依据绩效目标设定的绩效指标是否清晰、细化、可衡量等，用以反映和考核项目绩效目标的明细化情况。
	资金投入（6分）	预算编制科学性（3分）	项目预算编制是否经过科学论证、有明确标准，资金额度与年度目标是否相适应，用以反映和考核项目预算编制的科学性、合理性情况。
		资金分配合理性（3分）	项目预算资金分配是否有测算依据，与项目单位或地方实际是否相适应，用以反映和考核项目预算资金分配的科学性、合理性情况。

续表

一级指标	二级指标	三级指标	指标解释
过程（25分）	资金管理（12分）	资金到位率（4分）	实际到位资金与预算资金的比率用以反映和考核资金落实情况对项目实施的总体保障程度。
		预算执行率（4分）	项目预算资金是否按照计划执行，用以反映或考核项目预算执行情况。
		资金使用合规性（4分）	项目资金使用是否符合相关的财务管理制度规定，用以反映和考核项目资金的规范运行情况。
	组织实施（10分）	管理制度健全性（4分）	项目实施单位的财务和业务管理制度是否健全，用以反映和考核财务和业务管理制度对项目顺利实施的保障情况。
		制度执行有效性（4分）	项目实施是否符合相关管理规定用以反映和考核相关管理制度的有效执行情况。
		检查督导（2分）	项目单位对项目具体实施单位定期对实施内容以及进度进行检查督导并存有检查档案。
	档案管理（3分）	项目档案管理情况（3分）	对项目档案管理是否齐全，是否有专人管理进行评价。
产出（30分）	产出数量（8分）	实际完成率（8分）	项目实施的实际产出数与计划产出数的比率，用以反映和考核项目产出数量目标的实现程度。
	产出质量（8分）	质量达标率（8分）	项目完成的质量达标产出数与实际产出数的比率，用以反映和考核项目产出质量目标的实现程度。
	产出时效（8分）	完成及时性（8分）	项目实际完成时间与计划完成时间的比较，用以反映和考核项目产出时效目标的实现程度。
	产出成本（6分）	成本节约率（6分）	完成项目计划工作目标的实际节约成本与计划成本的比率，用以反映和考核项目的成本节约程度。
效益（30分）	项目效益（30分）	经济效益（5分）	项目实施是否产出综合经济效益。
		社会效益（5分）	项目实施是否产生社会综合效益，提升社会企业便利度进行评价。
		生态效益（5分）	项目实施是否带来污水、垃圾处理率提升，绿化面积增加等对污染减排和改善人居环境的积极影响；或项目实施对当地生态带来环境恶化等消极影响。
		可持续影响（5分）	项目实施是否促进可持续发展的影响产生，项目后续运行及成效发挥的可持续影响情况。
		满意度（10分）	社会公众或服务对象对项目实施效果的满意程度。

三、案例三：2022 省级养老管理和服务培训项目

（一）项目背景

党中央把积极应对人口老龄化上升为国家战略，并在相关文件中做了专门部署。人口老龄化是人类社会发展的客观趋势，建设老龄事业和养老服务体系的重要性和紧迫性日益凸显，任务繁重。为满足老年人日益增长的多样化养老服务需求，开展养老管理和服务人员培训，规范推进技能等级评价认定，全面增强养老服务人员的职业技能水平和就业创业能力，提升养老服务队伍的职业化、专业化水平，增强广大老年人的获得感、幸福感、安全感，山东省民政厅开展了2022省级养老管理和服务培训项目。

（二）项目预算

2022 年度省级养老服务与管理人员培训，年初预算 300 万元，拟计划支出 300 万元，实际支出 297.56万元，支出率为 99.19%。

（三）项目绩效评价指标体系

省级养老管理和服务培训项目绩效评价指标体系如表6-3所示。

表6-3　　省级养老管理和服务培训项目绩效评价指标体系

一级指标	二级指标	三级指标	指标解释
决策（10分）	项目立项（2分）	立项依据充分性（1分）	项目立项是否符合部门职责、属于公共财政的支持范围、符合资金管理办法等相关政策要求，项目内容是否与养老服务专项资金—省级养老管理和服务培训等目标相关。
		立项程序规范性（1分）	项目是否按照规定的程序申请设立，事前是否已经过必要的可行性研究、专家论证、风险评估、绩效评估、集体决策；审批文件、材料是否符合相关要求。
	绩效目标（4分）	绩效目标合理性（2分）	对各项目预期绩效目标的设定情况，绩效目标与正常的业绩水平相符情况进行评价。
		绩效指标明确性（2分）	对绩效目标是否细化量化，与实际情相符的情况进行评价。
	资金投入（4分）	预算编制科学性（2分）	预算编制应经科学论证、按标准编制、测算依据充分，预算内容应与项目内容匹配，资金量与工作任务匹配。
		资金分配合理性（2分）	对项目预算资金分配的测算依据及资金分配额度的合理性，与项目单位实际相适应情况进行评价。

续表

一级指标	二级指标	三级指标	指标解释
过程（25分）	资金管理（13分）	资金到位率（3分）	对省级财政资金到位情况和到位及时性进行评价（到位率=实际到位资金/计划投入资金×100%）（到位及时率=及时到位资金/应到位资金×100%）。
		预算执行率（4分）	各项目单位项目实际支出资金与实际到位资金的比率，用以反映或考核项目预算执行情况。
		资金使用合规性（6分）	对项目资金使用是否符合相关的财务管理制度规定，是否单独核算、专款专用；是否存在违规支出的情况进行评价。
	组织实施（12分）	管理制度健全性（2分）	项目实施单位的管理制度是否健全，用以反映和考核业务管理制度对项目顺利实施的保障情况。
		制度执行有效性（10分）	对项目实施是否严格执行相关项目管理制度，项目及预算调整是否按照规定程序和权限，并履行相应手续，执行采购程序，项目质量检查、验收、资料档案等的管理控制情况进行评价。
产出（30分）	产出数量（4分）	培训班数量（2分）	对省级养老管理和服务培训班次开展情况进行评价。
		培训人数（2分）	对省级养老管理和服务培训参加人数情况进行评价。
	产出质量（6分）	出勤率（2分）	对省级养老管理和服务培训课程的出勤率情况进行评价。
		考核合格率（2分）	对省级养老管理和服务培训课程的参训人员培训完结后的考核情况进行评价。
		师资要求符合性（2分）	评价承训机构的师资、场地、内部管理等条件的标准，反映动态管理的情况。
	产出时效（10分）	完成及时性（10分）	对省级养老管理和服务培训的时间期限情况进行评价。
	产出成本（10分）	成本控制率（10分）	评价培训金额总数超预算及成本节约的情况。
效益（35分）	社会效益（20分）	养老管理和服务人员能力提升情况（10分）	反映培训使养老管理和服务人员能力提升情况。
		市县参训覆盖量（10分）	评价参训覆盖的情况。

续表

一级指标	二级指标	三级指标	指标解释
效益（35分）	可持续影响（9分）	养老服务人才供给持续性（9分）	对养老服务人才是否持续增加情况进行评价。
	满意度指标（6分）	教师授课总体满意率（3分）	参训人员对授课教师的满意度情况进行评价。
		培训综合质量满意率（3分）	参训人员对培训综合质量的满意度情况进行评价。

四、案例四：山东省国资委事业单位改企转制补助资金项目

（一）项目背景

为贯彻落实有关事业单位改革等文件精神，切实做好分类推进事业单位改革工作，促进公益事业更好更快的发展，转企改制中处理人事劳动关系和衔接建立各项社会保险制度及转制前离退休（退养）人员转制后生活待遇、医疗待遇所需费用，按原渠道解决，如若解决不了，则汇报上级审核解决。经审核确认，2022年度山东省财政厅继续对符合文件规定的改企转制事业单位予以补助。

（二）项目预算

2022年度山东省国资委事业单位改企转制补助共涉及财政资金584万元，资金全部到位，预算执行率100%。此外，2022年度山东省纺织科学研究院和山东省造纸工业研究设计院共垫资100.52万元。

（三）项目绩效评价指标体系

山东省国资委事业单位改企转制补助资金项目绩效评价指标体系如表6–4所示。

表6-4　山东省国资委事业单位改企转制补助资金项目绩效评价指标体系

一级指标	二级指标	三级指标	四级指标[①]	指标解释
决策（15分）	项目立项（8分）	立项依据充分性（4分）	项目立项与政策相符性（1分）	项目立项是否符合法律法规、相关政策、发展规划以及部门职责，用以反映和考核项目立项依据情况。
			项目立项与部门职责相关性（1分）	项目立项是否主管部门的部门职责，属于部门履职所需，用以反映和考核项目立项依据情况。
			项目与公共财政支持范围相符性（1分）	对项目是否属于公共财政支持范围，是否符合中央、地方事权支出责任划分原则进行评价。
			项目重复性（1分）	对项目是否与相关部门同类项目或部门内部相关项目重复进行评价。
		立项程序规范性（4分）	项目申报批复程序规范性（2分）	项目申请、设立过程是否符合相关要求，用以反映和考核项目立项的规范情况。
			项目立项科学性（2分）	项目事前是否已经过必要的可行性研究、专家论证、风险评估、绩效评估、集体决策，用以反映项目立项的科学性。
	绩效目标（4分）	绩效标合理（2分）	—	项目所设定的绩效目标是否依据充分，是否符合客观实际，用以反映和考核项目绩效目标与项目实施的相符情况。
		绩效指标明确理性（2分）	—	依据绩效目标设定的绩效指标是否清晰、细化、可衡量等，用以反映和考核项目绩效目标的明细化情况。
	资金投入（3分）	预算编制科学性（2分）	—	项目预算编制是否经过科学论证、有明确标准，资金额度与年度目标是否相适应，用以反映和考核项目预算编制的科学性、合理性情况。
		资金分配合理性（1分）	—	项目预算资金分配是否有测算依据，与补助单位或地方实际是否相适应，用以反映和考核项目预算资金分配的科学性、合理性情况。
过程（25分）	资金管理（12分）	资金运行效率（6分）	财政资金到位率（3分）	实际到位资金与预算资金的比率，用以反映和考核财政资金落实情况对项目实施的总体保障程度。
			预算执行率（3分）	项目预算资金是否按照计划执行，用以反映或考核项目预算执行情况。

① 绩效评价指标的权重代表该指标在整个指标体系中的地位或重要性，一般以数字来表示。不少政府部门与第三方机构习惯称之为“分值”，严格来讲是不够规范的，而且在绩效评价报告中容易与“绩效得分”混淆。本书一律称为“权重”。

续表

一级指标	二级指标	三级指标	四级指标	指标解释
过程（25分）	资金管理（12分）	资金使用规范性（6分）	资金使用合规性（4分）	项目资金使用是否符合相关的财务管理制度规定，用以反映和考核项目资金的规范使用情况。
			资金使用流程规范性（2分）	项目资金使用流程是否符合相关的财务管理制度规定，用以反映和考核项目资金的规范运行情况。
	组织实施（13分）	管理制度健全性（5分）	—	项目单位制定的管理制度是否健全，用以反映和考核管理制度对项目顺利实施的保障情况。
		制度执行有效性（8分）	项目管理规范性（4分）	对项目实施过程中管理是否规范进行评价。
			项目调整及支出调整手续的完备性（2分）	对项目及支出调整是否按照规定程序和权限，并履行相应手续进行评价。
			项目档案资料齐全性（2分）	对项目档案资料是否齐全进行评价。
产出（30分）	产出数量（10分）	实际完成率（10分）	应付尽付率（10分）	对补助资金发放的完成情况进行评价（应付尽付率=实际发放的人数/应发放的人数）×100%）。
	产出质量（10分）	质量政策执行（10分）	补助对象发放符合情况（5分）	对补助资金发放对象是否符合要求进行评价。
			补助标准发放符合情况（5分）	对补助资金发放标准是否符合要求进行评价。
	产出时效（5分）	完成及时性（5分）	补助资金发放及时情况（5分）	对补助资金发放效率进行评价。
	产出成本（5分）	成本控制率（5分）	—	项目实施成本控制情况进行评价。
效益（30分）	项目效益（30分）	社会效益（12分）	项目单位活力提升有效性（6分）	对项目实施后增强项目单位的活力情况进行评价。
			离退休人员切身利益维护有效性（6分）	对项目实施后维护离退休人员切身利益进行评价。
		可持续影响（13分）	社会稳定维护有效性（6分）	对项目实施后维护社会稳定情况进行评价。
			公共事业资源配置优化有效性（7分）	对项目实施后优化公共事业资源配置情况进行评价。
		满意度（5分）	离退休人员满意度（5分）	对项目单位的满意度情况进行评价。

五、案例五：山东省省属企业国有资本经营预算支出项目绩效评价指标体系

（一）项目概况

为贯彻落实中央、省委工作部署相关要求，支持L集团高质量发展，山东省国资委自2021年起连续三年，从省级国有资本经营预算安排一定资金向L集团注资。2022年注资主要用于基础设施和重点项目建设。评价过程中得知，该集团未对财政资金单独核算，与自有资金合并用于项目投资等支出。截至2022年12月31日，项目单位实际支出大于财政资金注资金额。

（二）项目绩效评价结论

对L集团注资项目绩效评价综合得分为94.00分，评价等级为“优”。

（三）项目绩效评价指标体系

现将山东省省属企业2023年度国有资本经营预算支出对L集团注资项目绩效评价指标体系列示如表6–5所示，以供参考。

表6–5　2023年度国有资本经营预算支出L集团注资项目绩效评价指标体系

一级指标	二级指标	三级指标	四级指标	指标解释	评价标准
决策（15分）	项目立项（8分）	立项依据充分性（4分）	项目立项与政策相符性（1分）	项目立项是否符合法律法规、相关政策、发展规划以及部门职责，用以反映和考核项目立项依据情况。	项目立项符合国家法律法规、国民经济发展规划和相关政策，得0.5分；项目立项符合行业发展规划和政策要求，得0.5分；否则不得分。
			项目立项与部门职责相关性（1分）	项目立项是否与主管部门的部门职责相符，属于部门履职所需，用以反映和考核项目立项依据情况。	项目立项与部门职责范围相符，属于部门履职所需，得1分；否则不得分。
			项目与国有资本经营预算支持范围相符性（1分）	对项目是否属于国有资本经营预算支持范围进行评价。	项目属于国有资本经营预算支持范围，符合中央、地方事权支出责任划分原则，得1分；否则不得分。

续表

一级指标	二级指标	三级指标	四级指标	指标解释	评价标准
决策（15分）	项目立项（8分）	立项依据充分性（4分）	项目重复性（1分）	对项目是否与相关部门同类项目或部门内部相关项目重复进行评价。	项目与相关部门同类项目或部门内部相关项目不重复，得1分；否则不得分。
		立项程序规范性（4分）	项目立项科学性（2分）	项目事前是否已经过必要的可行性研究、专家论证、风险评估、绩效评估、集体决策，用以反映项目立项的科学性。	事前已经过必要的可行性研究、专家论证、风险评估、绩效评估、集体决策，得2分；否则不得分。
			项目申报批复程序规范性（2分）	项目申请、设立过程是否符合相关要求，用以反映和考核项目立项的规范情况。	项目申报、批复程序规范，按照相关文件要求执行，得1分；审批文件、材料符合相关要求，得1分；否则不得分。
	绩效目标（4分）	绩效目标合理性（2分）	—	项目所设定的绩效目标依据是否充分，是否符合客观实际，用以反映和考核项目绩效目标与项目实施的相符情况。	项目单位制定了具体的绩效目标，且绩效目标与实际工作内容具有相关性，与预算确定的项目投资额或资金量相匹配，得2分；每发现一处不相关，扣0.5分，扣完为止；若未制定绩效目标，则不得分。
		绩效指标明确性（2分）	—	依据绩效目标设定的绩效指标是否清晰、细化、可衡量等，用以反映和考核项目绩效目标的明细化情况。	绩效目标细化量化程度高，预期产出效益和效果符合正常的业绩水平，且与预算确定的项目投资额或资金量相匹配，得2分；否则每发现一处不合理的，扣0.5分，扣完为止。
	资金投入（3分）	预算编制科学性（2分）	—	项目预算编制是否经过科学论证、有明确标准，资金额度与年度目标是否相适应，用以反映和考核项目预算编制的科学性、合理性情况。	预算编制经过科学论证，且预算内容与项目内容匹配，预算额度按照标准编制、测算依据充分，预算确定的项目投资额或资金量与工作任务相匹配，得2分；否则每发现一处不科学合理的，扣0.5分，扣完为止。

续表

一级指标	二级指标	三级指标	四级指标	指标解释	评价标准
决策（15分）	资金投入（3分）	资金分配合理性（1分）	—	项目预算资金分配是否有测算依据，与补助单位或地方实际是否相适应，用以反映和考核项目预算资金分配的科学性、合理性情况。	①预算资金分配依据充分，得0.5分，否则不得分。 ②资金分配额度合理，与项目单位或地方实际相适应，得0.5分，否则不得分。
过程（25分）	资金管理（15分）	资金运行效率（7分）	财政资金到位率（3分）	实际到位资金占预算资金的比率，用以反映和考核财政资金落实情况对项目实施的总体保障程度。	指标得分=财政资金到位率×权重3分。 资金到位率=（实际到位资金/预算资金）×100%。 实际到位资金：一定时期（本年度或项目期）内落实到具体项目的资金。预算资金：一定时期（本年度或项目期）内预算安排到具体项目的资金。
过程（25分）	资金管理（15分）	资金运行效率（7分）	预算执行率（4分）	项目预算资金是否按照计划执行，用以反映或考核项目预算执行情况。	指标得分=预算执行率×权重4分。 预算执行率=（资金使用数/实际到位数）×100%。 实际支出资金：一定时期（本年度或项目期）内项目实际拨付的资金。
过程（25分）	资金管理（15分）	资金使用规范性（8分）	资金使用方向合规性（5分）	项目资金使用是否符合相关的财务管理制度规定，用以反映和考核项目资金的规范使用情况。	资金使用符合国家财经法规和财务管理制度以及有关专项资金管理办法的规定、项目预算批复或合同规定的用途，得5分；存在截留、挤占、挪用、虚列支出等情况，每发现一处扣2分，扣完为止；存在不符合项目预算批复或支出依据不合规的，每发现一处扣1分，扣完为止。
过程（25分）	资金管理（15分）	资金使用规范性（8分）	资金使用流程规范性（3分）	项目资金使用流程是否符合相关的财务管理制度规定，用以反映和考核项目资金的规范运行情况。	资金使用流程规范合规、手续齐全完整，得3分；每发现一处不规范的，扣0.5分，扣完为止。

续表

一级指标	二级指标	三级指标	四级指标	指标解释	评价标准
过程（25分）	组织实施（10分）	管理制度健全性（3分）	—	项目单位制定的管理制度是否健全，用以反映和考核管理制度对项目顺利实施的保障情况。	项目单位根据特点制定了具体的项目管理办法、实施细则，内容完整合理，得3分；每发现一处不合理、完整的，扣1分，扣完为止。
		制度执行有效性（7分）	项目管理规范性（4分）	对项目实施过程中管理是否规范进行评价。	该项权重4分。项目过程管理规范，得4分；否则，每发现一处不规范，扣1分，扣完为止。
			项目调整及支出调整手续的完备性（1分）	对项目及支出调整是否按照规定程序和权限，并履行相应手续进行评价。	该项权重1分。项目单位预算调整按照规定程序和权限进行，手续完备，资料齐全得1分。否则，每发现一处不规范，扣0.5分，扣完为止。
			档案资料齐全性（2分）	对项目档案资料是否齐全进行评价。	项目申报、批复文件、项目实施成果文件等资料齐全并及时归档，有专人管理，得2分。否则，每发现一处不规范的，扣0.5分，扣完为止。
产出（30分）	产出数量（10分）	实际完成率（10分）	债务偿还完成率（10分）	对债务偿还工作完成情况进行评价。	该项权重10分。指标得分=实际完成率×权重10分。 实际完成率=（实际还款额度/计划还款额度）×100%。如存在项目计划内容不够清晰、完整，无法考量完成情况扣1分。
	产出质量（8分）	质量达标率（8分）	债务偿还合规率（8分）	对债务偿还工作过程合规情况进行评价。	该项权重8分。每发现一处不合规，扣1分，扣完为止。指标得分不得超过8分。
	产出时效（8分）	完成及时率（8分）	债务偿还及时率（8分）	对债务偿还工作完成及时情况进行评价。	该项权重8分。每发现一处未及时完成，扣1分，扣完为止，指标得分不得超过8分。
	产出成本（4分）	成本控制率（4分）	—	项目实施成本控制情况进行评价。	该项权重4分。项目成本控制情况好得4分，否则，按超出预算比例扣分。

续表

一级指标	二级指标	三级指标	四级指标	指标解释	评价标准
效果（30分）	项目效益（30分）	经济效益（8分）	企业资产负债率降低情况（4分）	反映经过及时归还贷款，企业的资产负债率的降低程度。	该项权重4分。项目实施后对降低企业的资产负债率的效果显著得4分，较显著得2—3分，一般得1分，不显著得0分。
			资金使用成本降低情况（4分）	反映项目单位资金使用成本降低程度。	该项权重4分。项目实施后对降低资金使用成本的效果显著得4分，较显著得2—3分，一般得1分，不显著得0分。
		社会效益（8分）	企业资金压力缓解情况（8分）	反映项目单位资金压力缓解情况。	该项权重8分。项目实施后可持续性效果显著得8分，较显著得4—7分，一般得1—3分，不显著得0分。
		可持续影响（8分）	企业可持续发展促进情况（8分）	反映项目单位可持续发展情况。	该项权重8分。项目实施后可持续性效果显著得8分，较显著得4—7分，一般得1—3分，不显著得0分。
		满意度指标（6分）	项目受益单位满意度（6分）	对项目单位收到国有资本经营预算资本金的满意度进行评价。	该项权重6分。指标得分=满意度×指标满分权重，指标得分不得超过6分。

六、案例六：山东省省属企业国有资本经营预算支出风险基金救助项目绩效评价指标体系

（一）项目概况

为有效防范和化解省属企业财务风险，山东省通过国有资本预算资金设立省属企业财务风险防范准备金，G集团是风险防范准备金的管理主体，通过执行《G公司省属企业风险防范金管理办法》，为出现财务风险的企业提供救助资金。2022年度该准备金向G集团注资，报山东省国资委备案后为出现财务风险、符合条件的企业提供资金支持。截至2022年底，G集团已经山东省国资委批准，按照要求将风险

防范金专项用于救助H公司。

（二）项目绩效评价结论

通过对项目的决策、过程、产出和效益四个方面进行客观、公正的评价，山东GH注资项目综合评价得分为94.09分，评价等级为“优”。

（三）项目绩效评价指标体系

现将山东省省属企业2023年度国有资本经营预算支出风险防范基金救助项目绩效评价指标体系列入表6-6，以供参考。

表6-6　国有资本经营预算支出省属企业风险防范项目绩效评价指标体系

一级指标	二级指标	三级指标	四级指标	指标解释	评价标准
决策（15分）	项目立项（8分）	项目立项依据充分性（4分）	项目立项与政策相符性（1分）	项目立项是否符合法律法规、相关政策、发展规划以及部门职责，用以反映和考核项目立项依据情况。	项目立项符合国家法律法规、国民经济发展规划和相关政策，得0.5分；项目立项符合行业发展规划和政策要求，得0.5分；否则不得分。
			项目立项与部门职责相关性（1分）	项目立项是否为主管部门的部门职责，属于部门履职所需，用以反映和考核项目立项依据情况。	项目立项与部门职责范围相符，属于部门履职所需，得1分；否则不得分。
			项目与国有资本经营预算支持范围相符性（1分）	对项目是否属于国有资本经营预算支持范围进行评价。	项目属于国有资本经营预算支持范围，符合中央、地方事权支出责任划分原则，得1分；否则不得分。
			项目重复性（1分）	对项目是否与相关部门同类项目或部门内部相关项目重复进行评价。	项目与相关部门同类项目或部门内部相关项目不重复，得1分；否则不得分。
		立项程序规范性（4分）	项目立项科学性（2分）	项目事前是否已经过必要的可行性研究、专家论证、风险评估、绩效评估、集体决策，用以反映项目立项的科学性。	事前已经过必要的可行性研究、专家论证、风险评估、绩效评估、集体决策，得2分；否则不得分。

续表

一级指标	二级指标	三级指标	四级指标	指标解释	评价标准
决策（15分）	项目立项（8分）	立项程序规范性（4分）	项目申报批复程序规范性（2分）	项目申请、设立过程是否符合相关要求，用以反映和考核项目立项的规范情况。	项目申报、批复程序规范，按照相关文件要求执行，得1分；审批文件、材料符合相关要求，得1分；否则不得分。
	绩效目标（4分）	绩效目标合理性（2分）	—	项目所设定的绩效目标是否依据充分，是否符合客观实际，用以反映和考核项目绩效目标与项目实施的相符情况。	项目单位制定了具体的绩效目标，且绩效目标与实际工作内容具有相关性，与预算确定的项目投资额或资金量相匹配，得2分；每发现一处不相关，扣0.5分，扣完为止；若未制定绩效目标，则不得分。
		绩效指标明确性（2分）	—	依据绩效目标设定的绩效指标是否清晰、细化、可衡量等，用以反映和考核项目绩效目标的明细化情况。	绩效目标细化量化程度高，预期产出效益和效果符合正常的业绩水平，且与预算确定的项目投资额或资金量相匹配，得2分；否则每发现一处不合理的，扣0.5分，扣完为止。
	资金投入（3分）	预算编制科学性（2分）	—	项目预算编制是否经过科学论证、有明确标准，资金额度与年度目标是否相适应，用以反映和考核项目预算编制的科学性、合理性情况。	预算编制经过科学论证，且预算内容与项目内容匹配，预算额度按照标准编制、测算依据充分，预算确定的项目投资额或资金量与工作任务相匹配，得2分；否则每发现一处不科学合理的，扣0.5分，扣完为止。
		资金分配合理性（1分）	—	项目预算资金分配是否有测算依据，与补助单位或地方实际是否相适应，用以反映和考核项目预算资金分配的科学性、合理性情况。	①预算资金分配依据充分，得0.5分，否则不得分。 ②资金分配额度合理，与项目单位或地方实际相适应，得0.5分，否则不得分。

续表

一级指标	二级指标	三级指标	四级指标	指标解释	评价标准
过程（25分）	资金管理（15分）	资金运行效率（7分）	财政资金到位率（3分）	实际到位资金与预算资金的比率，用以反映和考核财政资金落实情况对项目实施的总体保障程度。	指标得分=财政资金到位率×权重3分。 资金到位率=（实际到位资金/预算资金）×100%。 实际到位资金：一定时期（本年度或项目期）内落实到具体项目的资金。 预算资金：一定时期（本年度或项目期）内预算安排到具体项目的资金。
			预算执行率（4分）	项目预算资金是否按照计划执行，用以反映或考核项目预算执行情况。	指标得分=预算执行率×权重4分。 预算执行率=（资金使用数/实际到位数）×100%。 实际支出资金：一定时期（本年度或项目期）内项目实际拨付的资金。
		资金使用规范性（8分）	资金使用方向合规性（5分）	项目资金使用是否符合相关的财务管理制度规定，用以反映和考核项目资金的规范使用情况。	资金使用符合国家财经法规和财务管理制度以及有关专项资金管理办法的规定、项目预算批复或合同规定的用途，得5分；存在截留、挤占、挪用、虚列支出等情况，每发现一处扣2分，扣完为止；存在不符合项目预算批复或支出依据不合规的，每发现一处扣1分，扣完为止。
			资金使用流程规范性（3分）	项目资金使用流程是否符合相关的财务管理制度规定，用以反映和考核项目资金的规范运行情况。	资金使用流程规范合规、手续齐全完整，得3分；每发现一处不规范的，扣0.5分，扣完为止。

续表

一级指标	二级指标	三级指标	四级指标	指标解释	评价标准
过程（25分）	组织实施（10分）	管理制度健全性（3分）	—	项目单位制定的管理制度是否健全，用以反映和考核管理制度对项目顺利实施的保障情况。	项目单位根据特点制定了具体的项目管理办法、实施细则，内容完整合理，得3分；每发现一处不合理、完整的，扣1分，扣完为止。
		制度执行有效性（7分）	项目管理规范性（4分）	对项目实施过程中管理是否规范进行评价。	该项权重4分。项目过程管理规范，得4分；否则，每发现一处不规范，扣1分，扣完为止。
			项目调整及支出调整手续的完备性（1分）	对项目及支出调整是否按照规定程序和权限，并履行相应手续进行评价。	该项权重1分。项目单位预算调整按照规定程序和权限进行，手续完备，资料齐全得1分。否则，酌情扣分。
			项目档案资料齐全性（2分）	对项目档案资料是否齐全进行评价。	项目申报、批复文件、项目实施成果文件等资料齐全并及时归档，有专人管理，得2分。否则，每发现一处不规范的，扣0.5分，扣完为止。
产出（30分）	产出数量（10分）	实际完成率（10分）	省属企业受助对象数量（5分）	对应受益企业接受支持情况进行评价。	该项权重5分。应支持用款企业达到预期目标，得5分，否则不得分。
			风险基金规模（5分）	对风险基金规模是否达到预期进行评价。	该项权重5分。风险基金规模达到需求，得5分，否则不得分。
	产出质量（5分）	质量达标率（5分）	受助企业符合率（5分）	对受助用款企业是否符合标准情况进行评价。	该项权重5分。指标得分=救助用款企业符合率×权重5分。救助用款企业符合率=（救助用款企业符合标准数/救助用款企业数）×100%。

续表

一级指标	二级指标	三级指标	四级指标	指标解释	评价标准
产出（30分）	产出时效（10分）	完成及时率（10分）	救助及时率（5分）	对发生风险的企业救助是否及时情况进行评价。	对用款企业救助及时，及时解决了用款企业资金使用风险，得5分；否则酌情扣分。
			用款企业利息上交及时率（5分）	对用款企业利息上交是否及时进行评价。	用款企业利息上交足额且及时，得5分；否则酌情扣分。
	产出成本（5分）	成本控制率（5分）	—	项目实施成本控制情况进行评价。	该项权重5分。项目成本控制情况好得5分，否则，按超出预算比例扣分。
效益（30分）	项目效益（30分）	经济效益（8分）	风险基金盈利水平（4分）	对项目风险基金收益实现情况进行评价。	该项权重4分。项目按预期取得收益得4分，否则按不足比例扣分，扣完为止。
			社会资本投入带动情况（4分）	对项目实施是否带动社会资本投入情况进行评价。	该项权重4分。项目实施能够带动社会资本投入，得4分；否则酌情扣分。
		社会效益（8分）	对用款企业融资困难问题的缓解程度（8分）	对项目实施缓解用款企业融资困难问题的程度进行评价。	该项权重8分。项目实施缓解了用款企业融资难的问题，得8分，否则酌情扣分。
		可持续影响（8分）	长效机制健全性（8分）	对G公司的融资能力、用款企业的还款能力等方面进行评价。	该项权重8分。G公司的融资能力、用款企业的还款能力等方面较强，得8分，否则酌情扣分。
		满意度指标（6分）	受益企业满意度（6分）	对用款企业收到风险基金的满意度进行评价。	该项权重6分。指标得分=满意度×指标满分权重，指标得分不得超过6分。

七、案例总结与反思

（一）绩效评价实践中存在的主要问题

财政部门在评价结果利用中发现并反馈的问题主要包括：首先，体现政策导向的关键核心指标作用不够突出，导致指标体系设计缺乏问题导向；其次，评价结果缺少区分度，导致结果应用难，尤其是在与预算分配挂钩方面难以实现奖优罚劣；再次，部分三方机构专业能力有限，评价报告挖掘不出有深度的真问题，泛泛而谈的问题清单难以揭示真正的痛点和难点；最后，绩效自评“水分”偏高，与财政评价或部门评价等他评结果之间缺少可比性、无法实现统筹。这些问题正在对改革形成新的困扰和挑战。

（二）提升绩效评价质量的思路与建议

提升绩效评价质量既需要评价技术和评价能力的提升，也需要评价管理流程的进一步优化，并提升评价结果的透明度。

首先，在项目绩效评价实施方案设计方面，要突出评价的政策性，要在充分理解项目政策意图的基础上，根据主要政策目标设置关键绩效指标。

其次，强调问题导向，突出关键核心指标的地位。结合审计发现的突出问题设计具有针对性的绩效评价指标体系，实施“问题导向型”绩效评价，对关键核心指标可实行“一票否决制”，并以问题分析的深度和解决方案的有用性作为衡量报告质量的标准。

再次，提高部门单位对绩效自评的认识水平，建立内外配合型自评约束机制。绩效自评是促进部门单位完善政策、改进管理的内省式手段，也是落实绩效责任、实现自我激励约束的有效措施。从部门与人大之间的委托—代理关系来看，部门承担着向人大报告受托责任履行情况即部门绩效的义务，这一点意味着各预算部门应该在报送决算报告时同时报送绩效自评报告，接受人大监督，并随着决算报告的公开而同时公开。因此，规范化的自评报告与公开机制可以成为促进绩效自评结果客观性提升的外部力量。

最后，建立健全第三方绩效评价质量约束和优化机制。第三方机构与财政或部门之间的委托—代理关系意味着对其出具的评价报告同样需要承担与评价相关的绩效责任。我国预算绩效管理改革的快速推进刺激着绩效服务市场在短时间内的爆发式增长，第三方机构鱼龙混杂的局面短时间内难以有效解决。优胜劣汰是市场的基本法则，在竞争中求生存并发展壮大是第三方机构提升服务质量的内在动力；市场竞争构成其提升评价质量的第一重压力；财政和预算部门作为委托方对绩效评价报告质量具有自发的监督动机，由此形成第三方机构不断提升自身工作质量的第二重压力。对于绩效评价报告的质量水平，除委托方外最具发言权的应该是作为同行的三方机构。因此，建立有效的三方机构报告质量交流平台和同行互评机制，将同行互评作为提升报告质量的手段，既能构成第三方机构质量提升的第三重压力，也为其进一步成长提供了难得的学习机会。

第七章
破冰中观——山东省部门整体绩效评价探索

内容提要

部门整体绩效管理是预算绩效管理体系的重要组成部分，在促进预算部门单位提高履职成效和公共服务能力、提升政府执行力与公信力方面发挥关键作用。作为一种中观层面的绩效管理新模式，部门整体绩效管理在制度设计、实施路径等方面均无成例可循。山东省按照“试点先行、逐步推开”的工作思路，积极探索，大胆创新。在持续试点的基础上，2021 年初制定出台了《山东省省级部门和单位整体绩效管理暂行办法》，初步构建了具有山东特色的部门整体绩效管理体系。其主要经验包括设计省市县联动等四重工作机制，构建“五化”绩效指标体系，打造涵盖环环相扣的全过程管理模式，取得了良好开局，成效不断显现。

▶ 第一节 部门整体绩效评价“山东模式”概述

部门整体绩效管理，是全面实施预算绩效管理体系的重要组成部分，在促进政府部门提高履职成效和公共服务能力、提升政府执行力与公信力方面发挥关键作用。中发〔2018〕34号文明确提出：“将部门和单位预算收支全面纳入绩效管理”，聚焦部门和单位核心业务实施效果，为中观层次绩效管理改革提供了基本指南。

一、山东省部门整体绩效评价探索

作为“全方位”维度一种面向中观层面的绩效管理新模式，部门整体绩效评价在制度设计、实施路径、管理体系和具体操作层面均无现成经验可循。2019年以来，财政部选择4个中直部门及河南鹤壁市进行试点，部分省市也在积极尝试。山东省财政厅认真贯彻中央决策部署和省委省政府工作要求，按照“试点先行、逐步推开”的工作思路，积极探索，大胆创新，从构建指标体系、完善管理机制、提升工作质量等方面入手，相继出台了《部门整体绩效管理试点工作方案》(鲁财绩函〔2019〕2号)、《关于扩大部门整体绩效管理试点范围的通知》(鲁财绩函〔2020〕7号)，有序推动部门整体绩效管理试点，在工作实践中不断总结经验，完善相关措施，扎实推进改革任务落实。2021年初，制定出台了《山东省省级部门和单位整体绩效管理暂行办法》，初步构建了具有山东特色的部门整体绩效管理体系，其探索过程主要体现为以下特征。①

（一）打造四重推进机制，聚多方之力撬动改革

为顺利启动部门整体绩效管理改革，山东省构建了四重工作推进机制，以达到合力推大车的效果。

① 韩志毅，董华超.构建部门整体绩效指标标准体系的山东经验［N］.中国财经报，2020-06-06（007）.

1. 省市县联动的工作机制

考虑市县技术力量和管理基础薄弱的现状，各部门采取省级试点带动、省市县三级联动方式，以推动市县部门整体绩效管理均衡发展。2019年，山东选择8个省级部门及8个市、8个县（市、区）的同类部门，从制度设计、流程规范、指标体系构建、技术支持、管理成果等方面，全面加强指导，实现省级资源与市县共享，减轻市县工作压力和阻力。2021年，省级和15个市实现了部门整体绩效管理全覆盖，县级也全面启动了部门整体绩效管理试点工作。

2. 分工明确的责任机制

在此项工作推进过程中，各级、各部门坚持“财政牵头、部门主责、人大监督、专家指导”，财政部门牵头拟定整体工作推进计划，聘请专家上门服务指导，审核把关整体绩效管理指标体系，做到工作到位不越位；部门履行主体责任，强化主责意识，调动内部各单位积极性、主动性，协同配合、全员参与，形成工作合力。

3. 多方专家把脉会诊的“共治”机制

绩效共治是绩效管理“山东模式”的基本特色。在部门整体绩效管理改革过程中，山东省先后邀请150余名来自中央部门的行业专家、高校与科研机构绩效管理专家，对省级部门整体绩效指标体系，从核心业务指标是否突出等方面，进行充分论证，提出建设性、可行性意见和建议900余条，有效提高了绩效指标体系的科学性、完整性、合理性和约束性。

4. 有效落实责任的外部监督机制

山东省财政厅积极邀请省人大预算工作委员会参与试点工作的关键环节，建立部门整体绩效信息报告制度。2019年和2020年，省级向人大报告了试点部门整体绩效目标和自评结果，不断强化人大对部门整体绩效管理的监督。

（二）以六重接力实施全过程管理

在总结试点经验基础的上，山东省2021年研究制定了《山东省省级部门和单位整体绩效管理暂行办法》，将绩效融入预算管理各环节，着力打造涵盖“指标体系构建→整体绩效目标编报→部门自评→财政评价→结果应用→绩效报告”6个环环相扣的接力式全过程管理模式。该模式以绩效指标体系为纽带，串联各个环节，为开展整体绩效自评、监控和评价奠定基础。在预算编制环节，按照与部门职责、战略规划和预算相匹配原则，编制部门整体绩效目标，并报送人大；预算执行中，加强对整体履职目标和核心业务实施目标的跟踪与监控；预算执行结束后，对照各项指标，认真开展自我整体评价；财政部门每年选择部分部门开展重点评价，并将评价结果应用于预算安排、政策调整等方面；部门自评和财政评价结果向人大报告，并逐步向社会公开。从指标体系构建到绩效信息公开，环环相扣，推动部门逐步压实管理责任。

（三）以“五步法”构建“五化”绩效指标体系

整体绩效指标体系是部门整体绩效管理的基础与核心。各部门按照“①梳理部门职责→②构建职责体系→③整理职责目标→④设置绩效指标→⑤对应工作活动及预算项目”的“五步工作法”，突出“五化”要求，初步构建了覆盖全部107个省级预算部门的整体绩效指标体系①。

1. 体系完整化

根据部门“三定方案”，结合内部机构设置、事业发展规划和履职特点等，全面梳理部门核心职责，设置反映职责实现的关键性指标，形成完整的绩效指标体系。

2. 指标标准化

设置全省统一的框架体系，各级各部门选择相对统一稳定的指标，实现年度间、部门间的纵向可比和横向可比。以统计部门为例，省市县三级统计局职责基本类似，选择“统计数据准确率”等，作为核心关键指标，衡量各级统计部门整体绩效。

3. 标准明确化

通过多方努力收集指标标准值、标杆值或历史值等，作为设定和审核指标值的参考依据。指标值力求明确具体、可衡量。如水利部门的“农村自来水普及率”指标，参照《山东省农村饮水安全巩固提升工程“十三五”规划》中“十三五”规划末期不低于95%的要求，明确其最低标准。

4. 来源可溯化

指标、指标值、标准值及历史值等，要有明确可追溯的来源，与各类事业发展规划、行业统计年鉴或公报、行业规范性文件等有机衔接。如省自然资源厅的绩效目标和指标，主要来源于山东省国土资源工作“十三五”规划、国家和省绿色矿山名录库、第二次湿地资源调查数据、《测绘地理信息质量管理办法》等。

5. 管理一体化

根据部门整体绩效体系建设成果，梳理形成部门职能职责活动表，纳入一体化信息系统，在部门职责与项目管理两个层面，建立关键绩效指标，与财政核心业务一体化信息系统最大限度地衔接融合，依托信息化手段，实现绩效数据的精确呈现和高效利用。

（四）明确工作重点

2020年、2021年，省级选取8个省直部门，立足部门职能，以预算资金管理为

---

① 韩志毅，董华超. 构建部门整体绩效指标标准体系的山东经验［N］. 中国财经报，2020-06-06（007）.

主线，探索开展财政对部门的重点绩效评价，分析衡量部门整体和核心业务实施效果。部门整体绩效评价重点关注五个方面内容：

1.收入完整性

按照“将部门和单位预算收支全面纳入绩效管理”的要求，不仅关注预算支出，也突出对收入的分析对比，通过对上级转移支付收入、本级财政拨款收入和其他收入的全面梳理，分析收入预算的完整性，评价部门对各类收入的统筹、预测能力。

2.预算管理效率性

在部门预算管理方面，重点关注部门预算编制阶段的统筹机制、预算执行阶段的支出效率，并兼顾资产管理、财务管理和政府采购管理等，对预算整体执行率低、预算刚性约束差、政府采购预算编制不合理、管理制度执行不到位等问题及时督促整改。

3.资金分配结果与部门履职的匹配性

按照部门职责及整体绩效目标，对部门预算项目的数量、预算规模、项目内容、绩效目标等信息进行梳理，分析和衡量资金分配与部门履职的匹配程度。如对省医保局整体评价中，重点梳理待遇保障、信息化建设、医保经办管理、基金监督管理及医药服务管理等项目支出，分析支出结构，关注项目资金安排与部门职能、重点任务、政策规划等之间的匹配程度，评价部门统筹全部资源保障履职的能力。

4.成本控制有效性

一方面，关注运行保障性经费支出控制情况，分析“三公”经费、培训费等五项经费的总量控制和变化趋势。另一方面，关注项目支出标准和成本控制，对部门内部业务性质和支出内容相近的项目，通过不同项目间同类费用（如宣传费、专家咨询费、购买同类服务的费用等）预算安排规模和支出标准的横向对比，分析评价成本控制的有效性。

5.履职效果和部门可持续发展能力

以部门整体绩效目标为基础，纵向分析比较近几年履职结果，横向对标其他省市同类部门，综合评价部门履职效果和可持续发展能力。

二、部门整体绩效管理“山东模式”主要内容

《山东省省级部门和单位整体绩效管理暂行办法》（鲁财绩〔2021〕1号）（本章以下简称《暂行办法》）分为总则、整体绩效目标管理、整体绩效自评、整体绩效评价、评价结果应用及公开与附则6章，共27条以及4个附件。

（一）基本思路

第一，聚焦全过程管理，建立整体绩效指标设置、绩效目标管理、绩效自评、绩效评价、评价结果应用及公开的闭环管理模式，覆盖部门和单位整体绩效管理全过程。

第二，夯实主体责任，明确部门、单位和财政部门等不同主体的责任。其中，绩效目标编报、绩效指标体系设计、绩效自评和信息报告等环节均由部门为主具体实施，以明确部门绩效责任，激发部门开展绩效管理改革的积极性和主动性；财政部门负责组织和指导，根据需要组织实施整体绩效评价。

第三，强化结果应用。明确提出将整体绩效评价结果作为安排预算、调整政策和改进管理的重要依据。推动部门和单位将整体绩效目标、绩效自评结果和评价结果向省政府和省人大报告，并将重点部门整体绩效评价结果向社会公开。

（二）主要内容

第一章：总则（第1—4条）。

该部分内容明确了省级部门和单位整体绩效管理的来源、定义、有关部门职责分工和制定依据等。其中，省级部门和单位整体绩效管理（以下简称“整体绩效管理”）是指省级部门和单位按照预算收支全面纳入绩效管理的要求，围绕部门和单位职责、行业发展规划，以预算资金为主线，统筹考虑资产和业务活动，从运行成本、管理效率、履职效能、社会效应、可持续发展能力和服务对象满意度等方面，衡量部门和单位整体及核心业务实施效果，提高部门和单位整体绩效水平的一系列绩效管理活动，具体包括整体绩效指标设置、绩效目标管理、绩效自评、绩效评价、评价结果应用及公开等。

第二章：整体绩效目标管理（第5—11条）。

该部分内容明确了整体绩效目标的定义、范围、编制要求、绩效标准和审核要点等。

（1）整体绩效目标的范围：包括整体战略目标和年度整体绩效目标。其范围如图7-1所示。整体战略目标、年度整体绩效目标表格式如表7-1、表7-2所示。

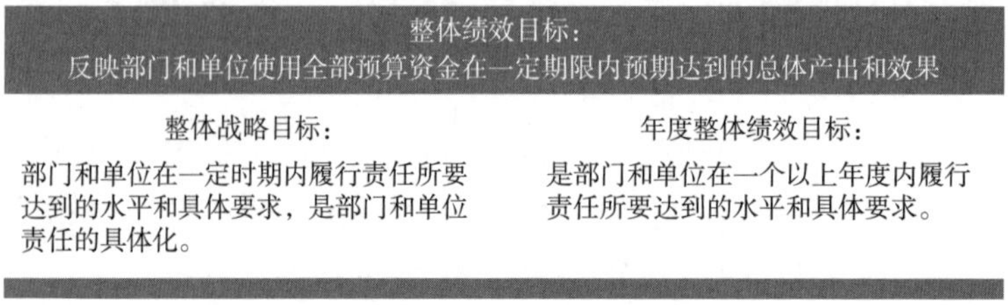

图7-1　整体绩效目标的范围

表7-1　　　　　　　　　整体战略目标表（样表）

部门名称：											
战略目标											
指标	序号	指标	指标解释	年度指标值	指标参考值						
					标准值（规划目标、行业标准或其他明确）			历史值（统计年鉴/统计公报/内部统计/其他需明确的来源）			备注
					规划值	当年标准值		前三年均值	上年值	来源/其他	
						标准值	来源				
	1										
	2										
	3	…	…	…	…	…	…	…	…	…	

（备注内容：数据来源及口径说明，或者无数据原因）

表7-2　　　　　　　　　年度整体绩效目标表（样表）

职责序号	部门职责		职责目标	绩效指标	指标解释	年度指标值	指标参考值					备注	工作活动	预算项目	对应处室
						标准值（规划目标、行业标准或其他明确标准）			历史值（统计年鉴/统计公报/内部统计/其他需明确的来源）						
						规划值	当年标准值		前三年均值	上年值	来源				
							标准值	来源							
1															
		…	…	…	…	…	…	…	…	…	…	…	…	…	…
2															
		…	…	…	…	…	…	…	…	…	…	…	…	…	…
3		..	.	.	..	..	..	..	..	..	..	..	..	..	..

（备注内容：标准值和历史值均无的原因/其他需要说明的问题）

（2）整体绩效指标体系的构建。

①整体绩效指标体系的内容：整体绩效指标体系主要是反映部门工作特点、履职特色的指标。其主要内容包括四个部分，如图7-2所示。

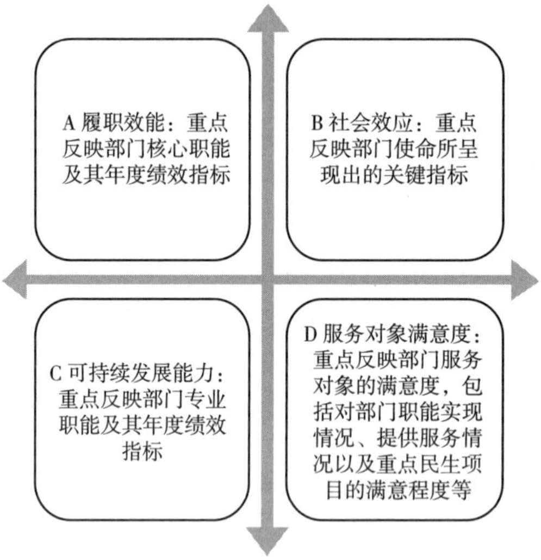

图 7-2　整体绩效指标体系的构成

②整体绩效指标体系的结构：该体系由整体战略指标体系和部门年度整体绩效指标体系两个层次的指标和目标构成。

③整体绩效指标体系构建原则：

第一，体系完整化：指标体系以结果性指标为主，过程性指标为辅，覆盖部门的核心职能，逻辑清晰，体系完整，不是部门碎片工作的简单整合，应能够系统完整呈现部门的核心履职效能。

第二，指标标准化：在全省统一框架体系内，基于规划和职责基础上构建指标体系，指标相对稳定，可实现纵向可比和横向可比。

第三，标准明确化：以明确指标标准值或历史值，作为设定和审核指标值的参考依据。

第四，来源可溯化：指标、指标值、标准值及历史值等都要有明确可追溯的来源，强调客观性和权威性，为整体绩效自评和评价奠定基础。

（3）部门整体绩效目标的编制。整体绩效目标编制包括主题战略目标编制和年度整体绩效目标编制（见图 7-3）。

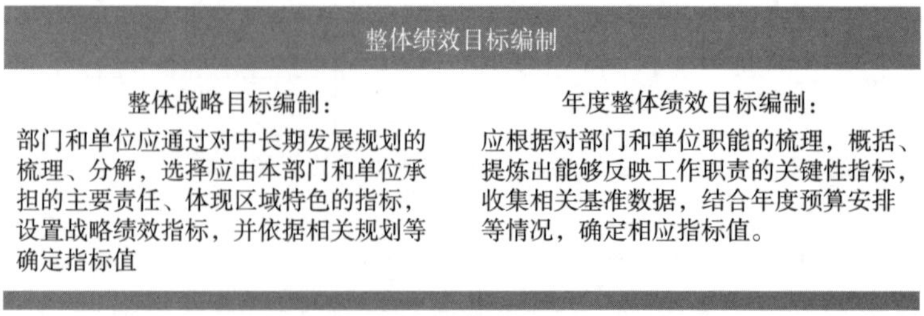

图 7-3　整体绩效目标编制的内容

①部门整体绩效目标编制要求。

第一，指向明确。绩效目标应符合法律法规规定、国家重大战略目标、国民经济和社会发展规划、部门（单位）职能及事业发展规划等要求，并与资金的政策目标、用途、使用范围、预算支出内容等紧密相关。

第二，重点突出。绩效目标应清晰反映完成部门和单位责任所要达到的水平和具体要求，体现核心产出和效果，精简准确、突出重点。

第三，实化量化。绩效指标应结合工作实际需要确定，定量细化，量化数据易于获取。不能以量化形式表述的指标，可采用定性表述，但应具有可衡量性。

第四，合理可行。综合考虑成本和效益，绩效目标要与计划期内的任务数或计划数相适应，与预算确定的投资额或资金量相匹配，对完成任务目标具有约束力，避免设立过高或过低。

②部门整体战略绩效指标与目标的设置：该指标来源于部门中长期区域发展规划、行业或事业发展规划。其指标及目标设定原则和思路为：通过对中长期发展规划的梳理、分解，以地方政府出台的或上级业务主管部门出台的规划为主，选择由部门承担主要责任、体现区域特色的指标作为战略性目标。

③部门年度整体绩效指标及目标设置。部门年度整体绩效指标体系构建按照梳理部门职责→整合职责体系→确定职责目标→设置绩效指标的路径开展。

部门内部确定部门具体职责后，将职责分配到相关各内设机构，由其具体设定绩效目标和指标。主要流程包括三个环节，如图7–4所示。

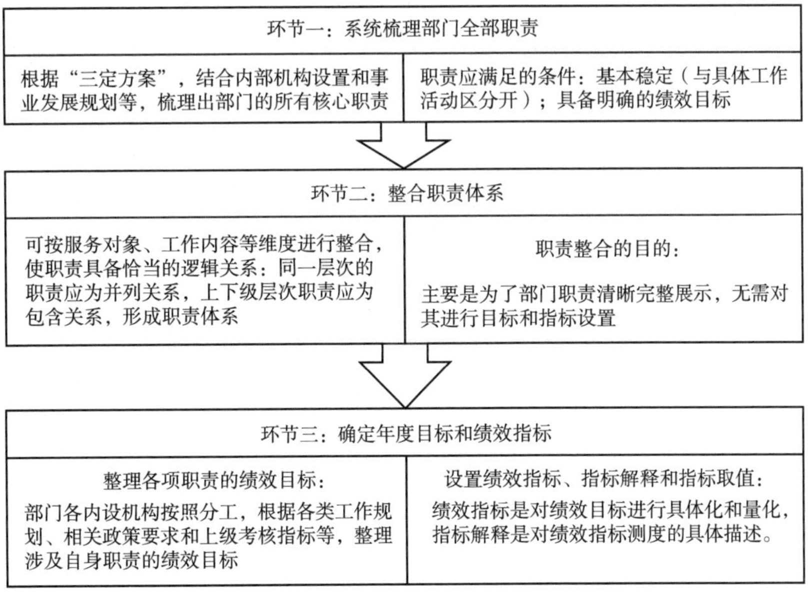

图7–4　部门职责梳理、整合与年度目标和指标确定

在部门职责梳理方面需要满足以下要求：

第一，主要反映履职职能，弱化行政职能。部门职责分为三类：核心职责、专业职责和行政职责。其中，核心职能为社会提供核心公共服务；专业职能为部门有效达成工作目标提供服务，如科技创新、人才培养等；管理/行政职能提供部门基础保障，如人财物保障等。

第二，主要梳理体现部门使命的核心职责。梳理部门职责时，应重点突出、反映核心职责。对“三定方案”中有、但是在实践中已经弱化的职责，可不必面面俱到；对“三定方案”中没有、但在实践中部门职责有新的调整时，可以有依据的添加进入。

第三，部门职责梳理可适当结合内设机构设置情况进行，但不要拘泥于现有机构。

在绩效目标设置方面需要满足以下六点具体要求：

第一，绩效指标在设置时要选择反映职责履行的核心指标，而不是反映日常具体工作内容或产出的指标。设置绩效指标时，要注意避免直接将常规工作任务完成情况直接作为考核部门职责的绩效指标。

第二，绩效指标应以结果性指标为主，尽量减少过程性指标。

第三，符合现阶段工作改进方向或事业发展方向。

第四，对于民生、社会服务类有明确服务对象的职责，应设置服务对象满意度指标。

第五，指标设置以定量指标为主；也可以设置定性指标，但是要可衡量；年度指标值应具有挑战性，要设置需要经过努力、“跳一跳”可以完成的指标值。

第六，设置核心指标。

（4）绩效标准。绩效标准是设定、审核绩效指标时所依据或参考的标准，主要包括计划标准、行业标准、历史标准等（见图7-5），也可用于对绩效指标完成情况进行比较。在绩效标准的设立方面，为体现“以绩效促改进”的原则，《暂行办法》要求在可实现的条件下应当确定相对较高的评价标准。

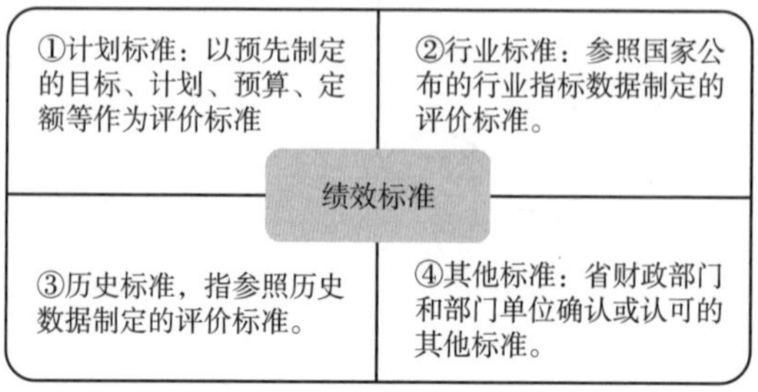

图7-5　绩效标准的类型

第三章：整体绩效自评（第12—14条）。

该部分内容明确了整体绩效自评的基本要素、指标设置和得分评定方法。

（1）整体绩效自评的基本要素：年度预算执行完毕，省级部门和单位要对年度整体绩效目标完成情况进行自我评价，自评内容主要包括年度整体绩效目标完成情况及预算执行情况。

（2）指标权重分配：整体绩效自评采用百分制。原则上预算执行率占10%、一级指标权重为90%。省级部门和单位可根据实际情况和绩效指标重要程度，设置指标权重分值。

（3）绩效评价方式与等级划分：整体绩效自评采用定量和定性评价相结合的比较法，对照年度整体绩效目标及部门预算，对目标完成及预算执行情况进行分析评判，计算各项指标得分，汇总形成绩效自评结果，并填报《整体绩效自评表》。

绩效分级方式：自评总分在90分（含）以上的为“优”，80分（含）—90分的为“良”，60分（含）—80分的为“中”，低于60分的为“差”。

第四章：整体绩效评价（第15—21条）。

该部分内容明确了整体绩效评价的定义、指标体系设置、评价方法、评价程序、整体评价结果和评价组织实施方式等。

（1）评价主体：省财政部门根据管理需要，选择部分省级部门和单位开展整体绩效评价。根据工作需要，也可委托第三方机构或组织相关领域专家（以下简称第三方）实施。

（2）整体评价指标体系的构成：整体绩效评价旨在衡量部门和单位整体成效与核心业务实施效果。评价指标主要从七个方面进行设置：①部门和单位整体绩效目标；②资源配置；③资产管理水平；④运行成本控制情况；⑤履职效能实现情况；⑥可持续发展能力；⑦满意度等。

（3）整体绩效评价指标体系的设置要求：

①一致性：与整体绩效指标充分衔接，全面反映整体目标、资金资源配置、管理效率、运行成本、履职效能、可持续发展能力和满意度等。

②核心性：优先选取最具代表性、最能直接反映部门和单位履职的核心指标，精简实用。

③可测性：指标内涵应当明确、具体、可衡量，数据及佐证资料应当可采集、可获得。

④可比性：同类部门和单位整体共性评价指标和标准应具有一致性，便于评价结果相互比较。

⑤重要性：评价指标的权重应根据其在评价体系中的重要程度确定，突出结果导向。

（4）整体绩效评价方法：主要包括成本效益分析法、比较法、因素分析法、最低成本法、公众评判法、标杆管理法等。根据评价对象的具体情况，可采用一种或多种方法搭配使用。

（5）整体绩效评价结果呈现方式：采取评分和评级相结合的方式，总分为100分，等级一般划分为四档：90（含）—100分为优、80（含）—90分为良、60（含）—80分为中、60分以下为差。

第五章：评价结果应用及公开（第22—24条）。

（1）省级部门和单位：应将自评结果作为改进管理的重要依据。对预算执行率偏低、自评结果较差的指标，要说明原因，提出整改措施。

（2）省财政部门应将整体绩效评价结果，及时反馈被评价部门和单位；被评价部门和单位应当按要求向省财政部门报送整改落实情况。该评价结果将作为安排预算、调整政策和改进管理的重要依据。

（3）逐步建立整体绩效报告与公开制度。省财政部门选择部分部门和单位整体绩效目标、绩效自评结果和评价结果，向省政府和省人大报告，并将重点部门整体绩效评价结果向社会公开。

第六章：附则（第25—27条）。

三、山东省部门整体绩效管理改革的初步成效

随着改革的持续推进，山东省部门整体绩效管理工作取得了良好开局，成效不断显现。主要表现为：

（一）部门绩效意识得到强化

部门整体绩效指标体系，由领导班子集体研究确定，突出了“部门主责”意识；多数部门建立了财务牵头、各职能机构落实的工作格局，调动和发挥部门内部各职能机构主观能动性。各部门层层梳理部门职责、行业发展规划、年度工作计划等，围绕落实规划及重点工作任务等合理安排预算，有效解决资金安排与工作任务不对应等问题，保障了中央和省委、省政府决策部署落实。如省人社厅，从省委省政府重大工作任务、人社事业发展年度计划和部门“三定”职责中，梳理出“促进就业”“养老保险”“高层次人才服务”等18项核心职责，设置了40余项绩效指标，推动了行政绩效与支出绩效的有机融合。

（二）整体预算管理水平不断提高

通过部门整体绩效管理，全面衡量和评价部门单位整体绩效水平和履职全貌，有效弥补了以政策项目绩效衡量部门绩效存在的“以偏盖全”问题，打破了财政资金分配的固化格局，强化了部门统筹财政资源能力。例如，针对相关部门业务费与核心业务关联度不高的问题，调整压减部门预算，促进了财政支出结构优化。

（三）服务质量和政府效能有效提升

通过开展部门整体绩效管理，进一步明确了部门工作目标和标准，强化了目标引导约束，激励部门调整优化政策，改进管理。通过部门整体绩效自评、外部客观评价及绩效信息公开，实现预算管理责任传导，推动部门提高行政效率和公共服务质量。

四、部门整体绩效管理改革面临的主要问题

由于部门整体绩效管理融合业务、财务、资源和资产等多方面，牵涉多元主体和多层管理架构，管理过程、操作细节较为复杂，推进中还面临预算管理深层次制度性变革等诸多困难与挑战，许多问题需要研究解决。

（一）改革外部环境面临的主要问题

1. 部门整体绩效管理与各级党委政府对部门绩效考核的关系有待明确

两者虽然相互独立，但存在不同程度的交叉。前者以部门全部预算资金为主线，主要从运行成本、管理效率、履职效能、社会效应、可持续发展能力及社会公众满意度等进行评价，便于审计、人大和社会公众监督考核和结果应用；后者由组织部门牵头，多个部门联合，重点考核党建、履职和重点任务完成情况。虽然侧重点不同，但均聚焦于部门整体履职情况，难免存在交叉和重复。因此，部门整体绩效评价结果如何有效应用于政府绩效考核，需要深入研究。

2. 结果应用有待深化

由于公务服务行业标准不系统不全面、评价环境的复杂性等，部门整体绩效管理评价结果在权威性、部门认可度等方面受到一定影响，制约了评价结果的有效运用。

3. 第三方服务水平有待提高

第三方机构业务质量参次不齐，工作经验比较欠缺，人才储备和知识储备都比较缺乏，工作能力亟待提升。

（二）改革内部环境面临的主要问题

一是，各部门对部门整体绩效管理认识不足，主体责任落实不到位，对如何构建权责统一的部门绩效管理体系，还缺乏行之有效的措施。

二是，财政系统内部对部门整体绩效认识不统一，工作推进机制不够顺畅，思路还不够清晰。例如，有的将基本支出合规性审查和重点项目绩效评价简单加总，有的以工作总结代替整体履职成效，在工作思路和方向上误入歧途。如何将部门整体绩效管理与项目管理贯通结合，如何融入成本绩效管理理念和方法，需要进一步探索研究。

（三）技术层面需要破解的难题

1. 整体绩效目标质量亟待提升

目前国内缺乏统一的衡量标准，有的部门年度核心工作目标提炼不到位、核心职责不突出，目标分散零碎，部门预算资金安排与部门职能和绩效目标关联度不高，目标值过于保守，缺乏导向、约束作用，可评价性不强。

2. 评价人员专业化水平亟待提升

财政重点评价方面，涉及预算管理、资产管理、项目管理等诸多内容，要从整体上反映部门履职情况及核心业务实施效果，涉及面广，纵横对比复杂，评价难度较大，对评价人员的专业能力提出挑战。

3. 评价结果应用制度亟待完善

一方面评价结果辅助部门管理和决策的作用有限；另一方面评价结果与财政部门预算分配决策挂钩机制还不够成熟和完善，绩效数据和评价结果应用远远不够。

五、部门整体绩效管理的完善路径

提高管理质量，注重结果应用，增强激励约束，是深化部门整体绩效管理改革的主攻方向。可以从以下几个方面入手。

（一）深度融合政府绩效管理

中央将全面实施预算绩效管理，提高到推进国家治理体系和治理能力现代化、增强政府公信力和执行力的高度来谋划部署。政府治理能力和公信力执行力的提高，最终靠各职能部门的高质量公共服务来体现。财政作为国家治理的基础和重要支柱，要跟踪预算资金的线索，追踪预算资金使用绩效，客观反映部门运行成本控制好不好，管理效率、履职效能和社会效应好不好，可持续发展能力和服务对象满意度高不高等，从不同的侧面反映政府的公信力和执行力是否提高。因此，部门整体绩效作为政府绩效的重要组成部分，要纳入政府绩效管理，与其他公共管理改革融合、衔接，评价结果相互印证相互支撑。在各职能部门内部，也要厘清业务绩效、人事绩效、部门整体绩效管理之间的关系，加强管理融合，提高管理成效。

（二）延长部门整体绩效管理链条

可以尝试将管理环节前置，开展部门整体事前绩效评估。在预算编制阶段，在政府整体战略框架内，以资金配置、机制建设等为切入点，在弹性绩效框架内配置部门资源，描述预算与部门战略、规划、计划、履职、项目之间的衔接关系，明确预算对部门整体绩效产生的支撑作用及作用轨迹。将单个项目或政策的事前绩效评估，有效嵌入部门整体事前评估，有效解决项目之间重复投入、预算固化等问题，增强部门预算的宏观统筹能力。

（三）细化部门整体绩效管理分类

根据部门性质差异，结合部门职责定位、预算规模、项目情况等，分类推进整体绩效管理工作。一是对于没有专项资金的部门，预算资金主要保基本运转和各项重点任务。此类部门，预算资金与整体绩效目标以及工作任务较难对应，成本分析难度较大。指标设置时，除共性预算管理指标外，个性职能指标主要以履职、重点工作任务为主。二是对具有专项资金管理职能的部门，重大政策和项目绩效体现了部门核心业务实施效果，对衡量部门整体绩效起关键性作用。对此类部门，要做好对政策和项目支出的审查，对重大政策和项目具体支出的存量和增量情况、本级资金和转移支付资金情况、重复支出等进行审核。要将重大政策和项目绩效，作为部门整体绩效管理的重要组成部分，探索将重大政策和项目绩效管理结果有效融入部门整体绩效的实施路径，切实提高工作实效，实现“1+1＞2”的叠加效应。

（四）完善部门整体绩效管理机制

一是调动部门开展整体绩效管理的积极性，赋予部门和单位一定的预算管理自主权，增强预算统筹能力，充分调动部门干事创业的积极性，促使部门加强自我绩效管理。二是科学合理设置部门整体支出绩效指标，将部门的使命和战略目标转换为明确、具体和可衡量的绩效目标，结合日常工作督导等，开展绩效监控，为绩效评价提供基础和依据。三是完善整体绩效评价工作体系，进一步明确工作流程、评价内容和方法等，加强与部门内控、审计监督的结合，自评与财政重点评价相结合，督促、指导部门调整完善整体绩效管理体系，引导专家和第三方机构有序参与，提高工作质量。

（五）加强整体绩效管理结果应用

进一步探索建立部门整体绩效管理结果应用机制。在部门整体绩效全覆盖基础上，要建立部门整体绩效自评结果全面报告与公开制度，接受人大代表及社会各界监督。要逐步探索研究部门整体绩效评价结果与部门预算挂钩的有效形式和方法，推动成本节约与提质增效。要树立目标导向，由过程管理向结果管理过渡，逐步将部门整体绩效管理结果，纳入政府绩效考核体系。要加强与审计、纪检、人大等结果应用协同联动，推动部门和单位全面提升履职能力和效能。

第二节 部门整体绩效评价"山东模式"典型案例

本节以2022年度山东省福利彩票发行中心部门预算整体绩效评价为例[①]介绍山东省部门整体绩效管理的内容与基本流程。

一、被评价单位基本情况

（一）单位概况

山东省福利彩票发行中心为省民政厅所属副厅级公益二类事业单位，单位核心职责为：（1）彩票销售方案制定与实施；（2）彩票销售系统的运营和维护；（3）销售系统数据管理、资金归集结算、开奖兑奖；（4）形象建设与营销宣传。

机构和人员：省福利彩票发行中心内设综合部、市场部、技术部、财务部四个机构。核定事业编制39名，其中，管理人员编制19名，专业技术人员编制20名。截至2022年末，在职人员35名；另有退休人员10名，编外长期聘用人员51名。

（二）单位预决算情况

1. 单位收入情况

2022年收入预算15369.20万元，其中政府性基金预算拨款收入13397.00万元，其他收入1011.00万元，年初结转结余961.20万元；调整后预算收入15875.09万元，其中政府性基金预算拨款收入13879.95万元，其他收入783.99万元，使用非财政拨款结余249.94万元，年初结转结余961.20万元。

① 资料来源：http：//czt.shandong.gov.cn/art/2023/12/28/art_10604_10317796.html，收入本书时对个别指标名称进行了规范。

2. 单位支出情况

2022年单位整体支出预算为15369.20万元，其中基本支出1397.00万元，项目支出13972.20万元；2022年单位整体实际支出15426.29万元，包括基本支出1552.37万元，项目支出13873.92万元。

3. 政府采购情况

2022年政府采购预算5309.01万元，包括政府性基金4809.01万元，单位资金500.00万元；政府采购实际支出5322.70万元，使用政府性基金预算财政拨款收入安排支出4835.82万元。

4. 机关运行经费情况

2022年单位事业运行经费财政拨款预算为39.00万元；运行经费实际支出45.73万元。

5. 三公经费安排情况

使用政府性基金预算拨款安排的“三公”经费预算共14.50万元；“三公”经费实际支出12.69万元。

（三）单位整体绩效目标

1. 单位整体战略目标

加强游戏研发设计，形成玩法更加丰富、结构更加合理的游戏产品体系；推动传统销售网点转型发展，加强渠道创新，建成专营兼营互补的销售渠道体系；加大营销宣传统筹整合力度，创新开展营销活动，建设上下联动、广泛覆盖、精准投放的市场营销体系；强化技术能力建设，完善保障安全运行、促进创新发展的技术体系；加强专业人才培养培训，提升队伍能力素质；深化福利彩票社会责任建设，宣传普及彩票知识，防范非理性购彩。

2. 年度绩效目标

通过彩票发行销售，实现福彩销售量平稳有序，确保彩票销售量位居全国位次；通过渠道建设管理与营销管理，不断提高渠道建设和管理水平；确保各票种销售管理系统运行安全，不发生安全责任事故；确保电脑票常规游戏开奖操作准时、规范，数据报送及时准确；通过营销宣传及福彩公益形象建设管理，着力加强公益宣传，使公益品牌形象更加深入人心；通过加强对销售网点规范化管理的监督检查，提高福彩销售网点的合规经营水平；实现全省彩票资金归集与核算零差错，保证兑奖管理安全，保护中奖彩民信息，避免信息泄露。

二、绩效评价工作开展情况

（一）评价要素

1. 评价目的

本次评价围绕山东省福利彩票发行中心单位职责、行业发展规划，以预算资金管理为主线，从财政资源配置、预算管理、绩效管理、履职效能和社会效应5个方面，对部门整体支出绩效情况进行评价，客观反映部门预算管理水平和业务实施效果。通过评价，进一步压实部门的绩效主体责任，引导部门以绩效为抓手，全面提升财务管理水平，促进部门提升履职效能，提高财政资源配置效率和资金使用效益。

2. 评价对象和范围

本次评价对象为山东省福利彩票发行中心2022年度部门整体支出15426.29万元，评价范围为省福利彩票发行中心机关。评价基准日为2022年12月31日。

（二）评价依据

本次评价依据《关于全面推进预算绩效管理的实施意见》《山东省省级部门和单位整体绩效管理暂行办法》《山东省省级部门委托第三方机构参与预算绩效管理工作暂行办法》《山东省民政事业“十四五”发展规划》《彩票管理条例》《关于修改〈彩票管理条例实施细则〉的决定》《彩票机构财务管理办法》《行政事业单位内部控制规范（试行）》等政策文件，以及反映部门管理和部门履职结果的佐证材料。

（三）评价指标体系

本次绩效评价指标体系由省财政厅根据《山东省省级部门和单位整体绩效管理暂行办法》的相关要求制定。由于山东省福利彩票中心没有转移支付资金，我们删除了“转移支付资金管理”二级指标，将其权重调整到了同一级的其他指标中。省福彩中心部门整体绩效评价指标体系如表7–3所示。

（四）评价方法

本次绩效评价采用比较法、因素分析法和公众评判法三种评价方法进行。

表7–3　　2022年度山东省福彩中心部门整体绩效评价指标体系

一级指标	二级指标	三级指标	指标解释	评分办法	指标数据来源
财政资源配置（15分）	预算安排与部门职能匹配度（8分）	（1）预算安排与部门职能匹配度（8分）	部门预算安排和支出方向是否符合部门职责和重点任务要求，是否存在交叉重复，是否明确细化。	①预算安排和部门“三定”方案确定的职责、省委省政府年度重点任务是否匹配； ②预算安排是否存在“先排钱、再谋事”的问题，是否明确细化； ③预算安排资金是否在不同项目、不同用途间分配，是否存在交叉重复； ④预算安排资金是否存在年中大量调剂、频繁调剂情况； 每有一项存在问题扣2分。	预算管理一体化系统预算编制数据及相关处室工作台账
	收入预算统筹（2分）	（2）评价落实收入统筹管理情况（2分）	部门是否依法依规将取得的各类收入纳入部门预算；部门是否加强对所属单位非财政拨款收入管理，部门预算是否如实反映所属单位事业收入、事业单位经营收入等非财政拨款收入情况。	①部门依法依规将取得的各类收入纳入部门预算，得1分，发现未按规定纳入部门预算情况，或存在未纳入预算的收入安排支出的，按项次扣0.2分，扣完为止； ②部门加强对所属单位非财政拨款收入管理，部门预算如实反映所属单位非财政拨款收入的，得1分，发现存在不足的，按项次扣0.2分，扣完为止。	预决算数据
	运行成本（2分）	（3）落实过紧日子要求情况（2分）	部门“三公”经费、会议费、培训费支出数与当年预算数、上年度预算数的变动情况，用以反映和考核部门控制和压缩行政成本、落实过紧日子要求情况。	①“三公”经费、会议费、培训费控制率=（实际支出经费金额/预算安排经费金额）×100%。控制率≤100%，得1分；每超2个百分点扣0.1分，超过10%不得分； ②“三公”经费、会议费、培训费变动率=（本年度经费决算数–上年度经费决算数）/上年度经费决算数×100%。变动率≤0，得1分；每超2个百分点扣0.1分，超过10%不得分。	预决算数据

续表

一级指标	二级指标	三级指标	指标解释	评分办法	指标数据来源
财政资源配置（15分）	重点项目保障率（3分）	（4）重点项目保障率（3分）	部门是否加大财政资源统筹，聚焦重点任务安排项目预算，是否集中财力保障重点项目资金需求。	重点项目支出安排率=（重点项目支出/项目总支出）×100%，重点支出安排率≥90%，计3分；70%（含）—90%，计2分；60%（含）—70%，计1分；低于60%不得分（重点项目指部门落实上级部门、省委省政府决策部署安排的项目以及列入部门年度或阶段性重点任务的项目）。	预算管理一体化系统预算编制数据及相关处室工作台账
预算管理（35分）	预算执行进度（3分）	（5）预算执行进度（3分）	反映和考核部门预算执行的及时性和有效性。	预算执行进度=部门预算实际支出数/（年初预算批复数+年中预算调整数）×100%。按季考核，6月底、9月底、12月底考核，每个时点1分，实际执行进度达到或快于时间进度的，得满分；慢于时间进度的，每低于2个百分点扣0.1分，每个时点扣完为止。	预算管理一体化系统预算执行数据
	收入预算完成率（3分）	（6）收入预算完成率（3分）	考察部门经费拨款以外的收入预算完成情况，具体包括政府性基金预算收入、国有资本经营预算收入、事业收入、经营收入等。	收入预算完成率=收入预算完成数/收入预算数×100%；指标分值=收入预算完成率×3分。	预决算数据
	财政结转结余控制率（2分）	（7）财政结转结余控制率（2分）	部门本年度财政结转结余资金总额与本年度支出预算数的控制比率、与上年度财政结转结余资金总额的变动比率，反映和考核部门控制结转结余资金的情况。	①财政结转结余率=财政结转结余总额/支出预算数×100%，财政结转结余率控制在9%以内（含）的，则得1分，每增加1个百分点，扣0.1分； ②财政结转结余变动率=（本年度累计财政结转结余资金总额-上年度累计财政结转结余资金总额）/上年度累计财政结转结余资金总额×100%，财政结转结余变动率≤0的，计1分；财政结余结转变动率>0的，该项不得分。	预决算数据

续表

一级指标	二级指标	三级指标	指标解释	评分办法	指标数据来源
预算管理（35分）	预算资金使用情况（3分）	（8）资金使用规范性（3分）	部门使用预算资金是否符合相关的预算财务管理制度的规定，用以反映和考核部门预算资金的规范运行情况。	①符合国家财经法规和财务管理制度规定以及有关专项资金管理办法的规定； ②资金的拨付有完整的审批程序和手续； ③符合部门预算批复的用途； ④不存在截留、挤占、挪用、虚列支出等情况。 以上情况每出现1处不符合有关要求的扣0.5分，扣完为止。	财务管理制度规定以及有关专项资金管理办法
	预决算信息公开情况（3分）	（9）预决算信息公开（3分）	部门是否按照政府信息公开有关规定公开相关预决算信息，用以反映和考核部门预决算管理的公开透明情况。	①预决算信息是否按规定内容、规定时限公开； ②专项资金是否有效公开任务清单、具体支出政策、项目申报指南、资金分配因素和分配结果、绩效自评报告等。每出现1处不符合有关要求的扣0.5分。在财政部门开展的监督检查中，发现部门及所属单位预决算信息公开方面存在问题的，每个问题扣1分。	部门公开工作报告
	预算管理信息化和项目库管理情况（3分）	（10）预算管理一体化和项目库管理规范性（3分）	部门是否按照要求推进预算管理一体化系统，并在预算管理中应用和部门落实项目库管理相关要求的情况。	①部门在一体化系统各个推进阶段，按照财政部门考核要求，预算编制、预算执行（含单位资金支付）等模块应用达标的，得满分；每有一次未达标的，扣0.5分； ②部门落实做实项目库管理的相关要求，全面清理完善项目库，各项管理机制不断健全完善，发现存在不足的，按项次扣0.5分，扣完为止。	预算管理一体化系统预算编制和执行数据

续表

一级指标	二级指标	三级指标	指标解释	评分办法	指标数据来源
预算管理（35分）	会计管理（6分）	（11）内控建设规范性（2分）	部门是否建立适合本部门实际情况的内部控制体系并组织实施，合理保证部门经济活动合法合规、资产安全和使用有效、财务信息真实完整，有效防范舞弊和预防腐败，提高公共服务的效率和效果。	①部门是否建立经济活动风险定期评估机制，风险评估至少每年进行一次，是否形成书面报告；发现不符合有关要求的扣0.5分； ②部门内控管理制度是否合规、完整，得到有效执行；若内控管理制度合规、完整，但未得到有效执行，扣0.5分；若未制定内控管理制度，或内控管理制度明显不合规、不完整，扣1分； ③部门编制年度内部控制报告，6月10日前报送财政部门，保证编报质量；发现不符合有关要求的扣0.5分； 以上扣分，合计扣完2分为止。	部门经济活动风险评估报告、年度内部控制报告、内部管理制度
		（12）会计人员任用规范性（2分）	反映部门和单位对会计人员任用管理的规范性。	①担任单位会计机构负责人（会计主管人员），是否具备会计师以上专业技术职务资格或者从事会计工作三年以上经历； ②是否存在出纳人员兼任稽核、会计档案保管和收入、支出、费用、债权债务账目的登记工作的情况； ③会计人员是否参加会计信息采集和近5年继续教育。以上各项每发现1处问题，扣0.5分，合计扣完2分为止。	现场评价
		（13）会计核算规范性（2分）	反映部门和单位对会计核算和会计工作进行的管理活动是否符合相关的财务会计管理制度的规定。	①部门是否依法设置会计账簿； ②会计凭证、会计账簿、财务会计报告和其他会计资料是否真实、完整； ③会计核算是否符合会计法和国家统一会计制度的规定； ④以上情况每出现1处不符合有关要求的扣0.5分，扣完为止。	会计凭证、会计账簿、财务会计报告和其他会计资料

续表

一级指标	二级指标	三级指标	指标解释	评分办法	指标数据来源
预算管理（35分）	政府采购管理（6分）	（14）采购活动合法性、合规性（3分）	反映部门和单位是否严格执行了政府采购程序，用以反映和考核该部门和单位政府采购的合法性、规范性。	①采购方式是否符合政府采购相关规定，采购文件编制是否合法合规； ②是否按照政府集中采购目录（是否超出政府采购范围）及政府采购限额标准执行； ③是否按照规定的采购程序组织开标、评标、定标、保证金收缴退还、履约验收等； ④是否按规定签订合同、明确双方责任，是否按合同约定方式付款； ⑤是否在“中国山东政府采购网”公开相关信息，公开内容是否完整、准确、有效； ⑥是否存在供应商有效投诉和举报，且是否负有主要责任。 以上情况每出现1处不符合有关要求的扣0.2分，扣完为止。	预算管理一体化系统、省财政政府采购系统数据及相关工作台账
		（15）政府采购执行率（3分）	部门本年度实际政府采购金额与年初政府采购预算的比率，用以反映和考核部门政府采购预算执行情况。	政府采购执行率=年初政府采购预算实际执行金额/年初政府采购预算总金额×100%； 政府采购执行率等于100%的，得3分；每减少1个百分点扣减0.1分，扣完为止。	预算管理一体化系统、省财政政府采购系统数据及相关工作台账

续表

一级指标	二级指标	三级指标	指标解释	评分办法	指标数据来源
预算管理（35分）	资产管理（6分）	（16）资产管理规范性（3分）	部门的资产是否保存完整，使用合规、配置合理、处置规范、收入及时足额上缴、管理信息数据报送及时准确，用以反映和考核部门资产安全运行情况。	①资产配置预算管理：是否按规定编制新增资产配置相关预算并严格执行，未按规定编制和执行的每项扣0.1分； ②资产使用和处置管理：资产出租出借、对外投资和处置等事项是否按权限审批，是否履行了集体决策程序，违规事项每项扣0.2分； ③资产收入管理：资产有偿使用和处置收入等是否足额收缴，是否按规定上缴国库或纳入单位预算管理，违规事项每项扣0.2分； ④资产账实相符：新增资产是否按规定登记入账，处置资产是否及时核销账务，已交付使用在建工程是否转为固定资产，违规事项每项扣0.1分； ⑤资产报告：行政事业性国有资产年度报告和月报内容是否完整准确，是否报送及时，数据错漏或漏报、迟报的每项扣0.1分。 以上每个指标0.6分，扣完为止。	预算管理一体化系统资产数据、工作台账和清查、国有资产报告等
		（17）固定资产利用（3分）	部门闲置固定资产总额与所有固定资产总额的比率变化情况，用以反映和考核部门固定资产使用效率。	闲置资产变化率X=（本年闲置资产账面价值/本年总资产账面价值）÷（上一年度闲置资产账面价值/上一年度总资产账面价值）×100%。 若$X<70\%$，得3分；$70\% \leq X < 80\%$，得2分；$80\% \leq X < 90\%$，得1分；$90\% \leq X < 100\%$，得0.5分；$X \geq 100\%$不得分。	预算管理一体化系统资产数据、工作台账和清查、国有资产报告等

续表

一级指标	二级指标	三级指标	指标解释	评分办法	指标数据来源
绩效管理（15分）	绩效目标管理（5分）	（18）绩效目标管理规范性（5分）	部门所设立的整体绩效目标与部门职能职责、事业发展规划、年度工作任务和正常业绩水平是否相符，项目绩效目标是否依据充分、是否符合客观实际，绩效指标是否清晰、细化、可衡量等。用以反映部门目标设置的合理性与指标设定的明确性。	①是否符合国家法律法规、国民经济和社会发展总体规划、省委省政府的决策部署和工作要求； ②是否符合部门和单位职责和制定的中长期实施规划； ③是否分解成具体工作任务，与年度部门预算资金、项目投资额相匹配； ④绩效指标完整、全面，与实际工作内容是否具有相关性，明确体现部门履职效果和项目效益； ⑤绩效目标值测算依据是否充分，是否通过清晰、可衡量的指标值予以体现。 每出现一项不符合有关要求的扣1分，扣完为止。	部门“三定方案”、经济发展“十四五”规划、《山东省政府工作报告》、部门工作要点及责任分工、部门整体绩效目标表
	绩效主体责任落实（5分）	（19）绩效主体责任落实有效性（5分）	部门是否有效落实全面实施绩效管理要求，是否建立健全贯穿事前、事中、事后的全过程绩效管理链条，是否有效保证绩效评价覆盖率及评价成果质量。反映部门承担绩效管理主体责任的落实情况。	部门事前绩效评估、绩效运行监控、绩效自评实现全面覆盖，应评尽评，三项工作各占1分。 ①每有1个应评政策或项目未开展事前评价扣0.5分，扣完为止；绩效监控、绩效自评根据覆盖率按比例得分（覆盖率=部门实际评价项目资金规模/应评价项目资金规模 ×100%）； ②绩效资料报送及时，报送材料符合要求、材料完整得满分1分，逾期报送不得分；每存在一项资料缺失或遗漏扣0.2分，扣完为止； ③绩效报告内容结构完整清晰，指标体系细化完善，评价结果客观公正得满分1分，每发现1处问题扣0.2分，扣完为止。	部门绩效提报资料

续表

一级指标	二级指标	三级指标	指标解释	评分办法	指标数据来源
绩效管理（15分）	绩效评价结果应用（5分）	（20）绩效评价结果应用有效性（5分）	反映部门预算绩效评价结果有效应用，切实提高财政资源配置效率和使用效益的情况。	部门是否将事前绩效评估结果、绩效目标审核结果、绩效运行监控结果、省财政重点评价、部门评价结果、单位自评结果作为编制预算、完善政策和改进管理的重要依据。 以上情况每出现1处未有效落实结果应用扣1分，扣完为止。	绩效资料
部门履职效能（25）	重点任务工作完成情况（5分）	（21）年度重点任务工作完成率（5分）	反映部门与预算资金有关的重点任务工作的完成情况，具体包括年度《政府报告》交办任务、年度工作要点及公开承诺事项等。重点任务完成率=（重点任务实际完成数/年度重点任务）×100%。	任务完成率达到100%得满分，每降低1%扣1分，扣完为止，即90%（含）以下不得分。	现场评价
	项目支出绩效复评情况（10分）	（22）项目支出绩效复评规范性（10分）	考察本部门评价年度的项目支出绩效复评结果与自评结果的差异度，本部门项目支出复评中是否有发现低效无效项目。	①自评结果和复评结果每出现一个差1档项目扣0.5分，每出现一个差2档项目扣1分，每出现一个差3档项目扣2分，扣完为止； ②项目支出绩效复评中，每有一个项目结论为“中”扣1分，每有一个项目结论为“差”扣2分，扣完为止。	
	重大政策项目实际绩效水平（10分）	（23）重大政策项目绩效完成程度（10分）	采取“短、平、快”的方式，抽查部门5个重大政策项目的实际绩效情况，综合考虑中央及省级重大专项资金项目、部门重点评价项目、财政重点评价项目等。	抽查的5个项目各占2分，按“优”2分、“良”1.5分、“中”1分、“差”0分标准逐个打分，该项得分为5个项目得分之和。	

续表

一级指标	二级指标	三级指标	指标解释	评分办法	指标数据来源
社会效应（10分）	高质量发展综合绩效（10分）	（24）高质量发展综合绩效（10分）	考察部门单位主要职能运行成效、省委省政府重大决策部署落实、政务服务质量、服务对象满意度等综合绩效情况。	在省直部门高质量发展考核中，对应指标得分排名省直部门前10%的，得分10分；排名10%—30%的，得分8分；排名30%—60%的，得分6分；排名60%—90%的，得分4分；排名后10%的，得分2分。	省直部门高质量发展考核结果

三、评价结论

（一）综合评价结论

2022年省福利彩票发行中心部门整体绩效评价得分90分，综合评价等级为“优”。

（二）绩效分析

1.财政资源配置

省福彩中心预算安排与“三定”方案确定的部门职责相匹配，能够根据《山东省民政事业“十四五”发展规划》和年度重点工作任务清单确定的工作重点进行资金分配，项目预算测算依据充分、标准明确，项目安排不存在交叉重复；能够依法将政府性基金收入、其他收入都纳入部门预算，并按照纳入预算的收入安排支出；能够控制和压缩行政成本、落实过紧日子要求；能够聚焦重点任务安排项目预算，集中财力保障重点项目资金需求。但有些项目安排与部门重点任务要求有差异，项目预算与重点工作任务内容不够匹配；同时，存在部门预算指标年中追加和调整问题。

2.预算管理

省福彩中心2022年政府性基金预算执行率达100%，收入预算完成率达100%，财政结转结余率为0，预算资金使用规范，预决算信息能够按照规定内容和规定时限公开，预决算管理的公开透明度较高；能够按照要求推进预算管理一体化系统，并在预算管理中应用，各模块应用达标；部门内控建设、会计人员任用、会计核算比较规范，能够严格执行政府购买服务程序，政府采购管理比较规范，政府采购执行率为100%；资产管理规范，能够做到资产账实相符，固定资产利用率高。但在预算管理环节存在各季度预算执行率较低、内控风险评估报告内容不够全面、对内控手册的修订不够及时等问题。

3.绩效管理

省福彩中心编制的部门整体绩效目标基本符合指向明确、重点突出、细化量化、合理可行的编制要求；有效落实了全面实施预算绩效管理的要求，建立健全了全过程绩效管理链条，做到了应评尽评，评价质量较高；绩效评价结果能够作为编制预算、完善政策和改进管理的重要依据。但有些项目存在绩效指标设置不完整，绩效监控内容不够全面等问题。

4.部门履职效能

2022年度省福彩中心各项重点任务完成情况良好；对项目支出绩效复评发现，各项目预算执行率高，产出完成情况较好，自评结果和复评结果一致，评价等级均为"优"；对五个重点项目进行抽查发现，各项目立项依据充分、绩效目标明确、预算执行率高、资金使用合规、项目管理规范、产出指标完成情况好，项目实施效果比较显著。

5.社会效应

省福彩中心2022年度在39个省直社会保障事业单位高质量发展考核中排名第7位。

（三）取得成效

1.市场营销推广效能进一步提升，销售稳定增长

一是省福彩中心积极开展各种形式销售竞赛、擂台赛等省级市级配套活动，市场营销的整体性、实效性得到大幅提升。二是根据不同游戏玩法机理和区域市场特点，采取差异化营销手段和策略，不断提升营销针对性；通过开展即开票去库存营销活动，实现了库存达标；通过组织开展系列推广活动，吸引更多年轻人参与福彩公益事业。2022年省福彩中心实现电脑票销售75.88亿元，位居全国第三位，同比增长1.85%；即开票销售15.95亿元，位居全国第五位，同比增长0.29%，销售呈现稳中有进。

2.销售渠道进一步拓展，综合竞争力得到提升

一是通过实施精细规范管理，针对市场空白区域开展定向征召，实现以新补退，保持了传统网点数量增减平衡，巩固了传统销售渠道。

二是全年拓展商业综合体销售网点106处，建设高速服务区销售网点7处，拓展新业态销售网点1300多处，滨州市成功开发兼营网点310多家，进一步拓展了新销售渠道。

三是进一步加强了自有销售厅建设管理，打造了山东福彩“快乐吧”渠道新品牌。

四是提升服务，全年为销售网点减负6100多万元、增收1440余万元，安排300万元专项资金，对销售网点进行补贴，最大限度缓解了新渠道经营压力；投入1990万元，升级完善销售场所硬件设施；组织开展全省管理员、销售人员培训，提升基层业务人员能力素质。

3.公益品牌宣传站位高，成效明显

一是确定了“助力共同富裕，贡献福彩力量”年度宣传主题，通过组织开展媒体采风，探访沂河源乡村振兴示范区，举办《2021山东省福利彩票社会责任报告》发布仪式，开展“公益宣传月”活动，优化了新媒体宣传内容制作，提高了福彩话题的曝光量和参与度。

二是坚守国家公益彩票性质定位，全年举办各种公益活动150多次，福彩公益属性和社会责任形象更加深入人心，品牌认知度和美誉度显著增强。

三是围绕助力黄河流域生态保护和高质量发展，通过研发申报“幸福黄河口”地方特色即开票，组织开展全省即开票展示作品学习交流、手工艺品展览、即开票文化展示等活动，积极传播福利彩票文化，营造了浓厚彩票文化氛围。

4.坚守初心，促进了社会福利和公益事业的发展

2022年全省共销售福利彩票91.83亿元，筹集公益金29.35亿元，公益金筹集率达到31.96%，1987—2022年底，全省共销售福利彩票2016.55亿元，筹集福利彩票公益金600.32亿元，所筹集公益金广泛应用于补充社会保障基金、教育助教助学、发展残疾人事业等社会福利和公益事业，切实履行了福彩“取之于民，用之于民”的社会承诺，为促进社会福利和公益事业的发展作出了重要贡献；同时，福利彩票还带动了信息技术、印刷、物流、新闻出版、广告等相关产业的发展。

（四）存在的主要问题

1.预算指标有调整，分季度预算执行率较低

省福彩中心两次对部门预算指标进行了追加和调整，追加了“人员经费”“广告、市场营销及宣传推广费”，调整了“研发、渠道建设、印制及物流管理”项目经费，在预算编制精细化管理方面需要进一步加强；在分季度预算执行进度方面，第二季度预算执行进度36.56%，第三季度预算执行进度66.42%，均慢于季节时间进度。

2. 绩效目标不够完整，绩效监控内容不够全面

在绩效目标管理方面，各项目均没有设置经济效益指标，指标体系不够完整；指标说明和解释不够合理和规范；不同性质的三级指标评分标准完全一样，可操作性不强；“广告、市场营销及宣传推广费”项目目标为“营销活动活跃市场，对销量提升作用明显”“业务培训有助于从业人员提升专业素质”，但没有设置相应的指标予以体现。在绩效运行监控方面，仅对产出情况和预算执行进度进行了监控，没有对预期效益实现进度和趋势情况的监控和说明，绩效监控内容不够全面，在监控指标体系上需要进一步优化和完善。

3. 内控制度更新不够及时，风险评估报告不够规范

部门内部控制手册为2019年编制，现在单位组织架构、部分政策依据和业务流程已经发生了变化，但对内控手册相关内容的修订更新不够及时；内控风险评估报告对风险的揭示和改进仅限于财务、资产和内部控制手册的修订，没有针对六大领域的各个风险点逐一进行梳理评估，内容不够全面。

4. 项目设置与部门工作任务匹配度不够

在项目安排方面，项目预算安排了“办公设备购置及信息网络购建”“劳务派遣（编外人员）及其他发行业务支出”“公证费及彩票销毁费”项目，但在省福彩中心“2022年重点工作任务清单”中，没有该三个项目的任务安排，部门预算安排和支出方向与部门工作任务要求不匹配。

四、意见建议

（一）进一步细化预算管理，加快季度预算执行进度

在预算编制方面，建议进一步完善各类项目定额支出标准，采用零基预算、作业预算等方法，以定额支出标准作为编制预算的依据，进一步提高预算编制的精准性；同时，要严把预算申报关，从紧、从严、从细安排财政资金，预算一经下达，年度内一般不追加调整预算；在预算执行方面，建议加快组织项目实施，加强分季度预算执行分析和考核，采取必要措施，确保资金按时间节点支出，切实提高财政资金使用效益。

（二）进一步规范绩效目标管理，完善绩效监控

在绩效目标管理方面，建议增加“彩票销售额”“彩票公益金筹集量”等相关经济效益指标；进一步细化绩效指标解释和评分标准说明；强化绩效目标完整性和相关性审核，做到齐全完整、细化量化、明确清晰，确保绩效目标均设定了相关联的绩效指标予以反映。在绩效运行监控方面，既要对预算资金执行情况进行监控，也要对绩效目标完成情况进行监控；既要预计产出的完成进度及趋势，也要预计效果的实现进度及趋势，并跟踪服务对象满意度及趋势，重点关注项目执行是否与绩效目标一致、执行效果能否达到预期。

（三）及时修订内控手册，提高内控制度执行有效性

按照《行政事业单位内部控制规范（试行）》要求，积极落实经济活动风险定期评估机制，对经济活动存在的风险进行全面、系统和客观评估，及时发现风险因素并采取有效的防控措施，进一步完善风险评估报告内容，确保风险点无遗漏，真正发挥风险评估报告在强化内部控制、防范风险方面的作用；同时，建议根据政策要求和单位部室职能分工变动情况，进一步梳理内控管理组织架构和业务流程，补充最新政策依据，更新议事决策流程，增加预算绩效管理流程，尽快完成部门内部控制手册的修订工作。

（四）建立三级绩效目标管理体系，强化财政资源配置

建议通过部门职责梳理建立“部门职责、工作活动、部门项目”三级绩效目标管理体系，即在部门预算编制前，首先梳理出部门职责，在各项职责下分解出各部门的工作活动，然后在工作活动框架下设置具体的部门项目，并按照绩效目标的设置要求，在三个层级上分别设定绩效目标，形成部门绩效目标管理体系。既可以保证预算安排和部门“三定”方案确定的职责、年度重点任务相匹配，做到预算项目与年度重点工作任务的协调统一，也可以有效解决部门整体支出绩效目标设置交叉重复、缺失遗漏等问题，做到绩效目标设置层级分明、重点突出、覆盖全面。

（五）多措并举，推动福利彩票事业高质量发展

1. 突出公益宣传，提升品牌形象

建议进一步完善宣传阵地建设，巩固立体化媒体宣传矩阵，以线上线下相结合的方式，结合福彩发行宗旨，传播福彩好声音；要充分发挥大众媒体宣传优势，优化自有新媒体宣传平台，推动媒体融合，创新宣传形式和手段，进一步提升福彩品

牌宣传工作的广度、深度和高度；要充分挖掘基层销售员在彩票公益形象建设方面的潜力，将购买彩票和为公益事业做贡献紧密联系起来，增强投身福利彩票就是做公益的获得感、责任感、使命感，引导形成每一个网点、每一个人都在做公益、做品牌、做文化的浓厚氛围；要通过多种宣传平台，以各种通俗易懂的形式向社会公众进行广泛宣传，提升从业者对未成年人购彩问题的重视，切实履行保障未成年人合法权益的行业责任。

2. 坚持创新发展，深化渠道建设

建议省福彩中心不断适应新形势、新要求、新变化，不断钻研游戏规则设计、开发新购彩群体，实现福彩产品、渠道、营销、技术等领域的创新发展；要统筹各地市销售网点均衡布局，对新建城市商圈、居民区网点布设及时跟进，合理布局销售网点；同时，借鉴江苏、广东等标杆省区先进经验，进一步推进“快乐吧”综合体验厅服务规范化建设，推进全省新业态销售网点建设，加快拓展销售新渠道，构建网点动态优化调整机制，加强渠道精准运营与管理，深挖销售潜力，提升渠道运营质量，塑造引领更加健康、更可持续的购彩需求，发展健康销量，不断扩大销量增幅。

3. 加强营销管理，提升营销效能

建议省福彩中心紧紧围绕“中国福彩 一起造福”营销主题和全国营销活动安排，加强资源共享，充分发挥系统优势，统筹品牌营销与游戏营销、整体营销与精准营销，做好宣传与推广活动，不断扩大品牌影响力；要坚持市场需求导向，探索推进渠道营销、服务营销，进一步做精做细营销策划，深挖游戏潜力，提高年轻彩民、中高收入彩民数量，不断优化购彩群体结构；各地市要根据游戏特点和当地实际，有针对性地开展具有地方特色、符合当地消费者多样化需求的营销推广活动，打造个性化精品营销案例，促进全省营销能力整体提升。

4. 强化监督检查，防范各种风险

福彩发行销售业务广、环节多、链条长，建议省福彩中心不断完善监督检查工作机制，严格落实责任彩票建设要求，坚守安全生产和依法合规底线，统筹发展和安全之间关系，强化忧患意识，始终把安全运行摆在重要位置，防范化解各种风险的发生，确保福彩市场健康有序发展；进一步强化责任引领，深化责任彩票建设，突出公益性，增强文化性，提高娱乐性，控制博弈性，防范投机性，减少成瘾性；要坚持对购彩者负责的责任理念，通过完善优化各项举措，积极倡导健康购彩、理性购彩理念，强化对非理性购彩行为的干预，预防非理性购彩行为的产生，维护健康彩票市场秩序。

▶ 专栏7-1 山东制定《部门预算整体绩效管理审计评价指标体系》，推进深化预算绩效管理改革

为深入贯彻落实山东省委、省政府全面推进预算绩效管理的实施意见，2024年12月18日，山东省审计厅制发《部门预算整体绩效管理审计评价指标体系（试行）》（以下简称《评价指标体系》），进一步规范政策和资金绩效管理审计，切实发挥审计对部门预算整体绩效的监督作用，推动深化实施预算绩效管理改革，提高财政资金使用效益。

《评价指标体系》主要围绕省委、省政府重大政策和重点任务完成情况，预算总体安排、收入统筹管理，预算执行进度、资金使用规范，项目安排的事前、事中、事后绩效管理，部门高质量发展情况等方面开展评价；适用于开展部门预算执行、财政财务收支审计，对预算整体绩效管理作出评价。该指标体系包括5个一级指标、15个二级指标、21个三级指标，一级指标主要包括部门履职、财政资源配置、预算管理、项目绩效管理、社会效益等，二级指标主要包括重大政策和项目绩效、预算安排与部门职能匹配度、对下转移支付分配、预算执行进度、预算资金使用等。

该体系评分采取百分制，按指标重要程度分配权重，根据综合评分结果将评价等级确定为“好”“较好”“一般”“较差”四档。综合得分与评价等级的对应关系为：综合得分≥90分，评价等级为“好”；80分≤综合得分＜90分，评价等级为“较好”；60分≤综合得分＜80分，评价等级为“一般”；综合得分＜60分，评价等级为“较差”。

《评价指标体系》旨在为山东省各级审计机关开展部门预算整体绩效管理评价监督工作提供明确的依据和指导，有助于进一步发挥审计对部门预算整体绩效的监督作用，推动构建“全方位、全过程、全覆盖”的预算绩效管理体系，促进财政资金的合理使用和优化配置。

未来，山东省审计厅将积极推动《评价指标体系》在全省各级部门预算执行审计项目中的应用，建立、完善部门整体绩效评价制度，同时，积极深化审计监督与财会监督贯通协同，联合各级财政部门强化对评价结果的运用，推动构建“预算编制有目标、预算执行有监控、预算完成有评价、评价结果有反馈、反馈结果有应用”的全过程预算绩效管理机制，进一步提升部门整体绩效管理水平。

资料来源：山东省审计厅网站：山东制定《部门预算整体绩效管理审计评价指标体系》，推进深化预算绩效管理改革。

第八章

问路宏观——山东省地方财政运行综合绩效评价探索与创新

内容提要

财政运行综合绩效评价源自“34 号文”“将各级政府收支预算全面纳入绩效管理”的要求。其源头可以追溯到 2013 年开始的县级财政管理绩效综合评价、2014 年开始的地方财政管理工作考核。财政运行综合绩效评价涵盖政府全部预算收入和支出，涉及财政运行各个方面，反映财政工作目标达成的结果及其有效实现结果的过程，是宏观层面预算绩效管理的核心。山东省 2022 年开始在市县两级开展探索，通过构建科学的指标体系和评价方法，对区域财政整体运行状况进行全面“体检”，推动实现“预算管理规范高效，财政收支平衡协调，财政发展健康持续，财政经济互促共进”的目标，有利于缓解财政压力，防范和化解地方财政风险。在此基础上，济宁、滨州等市又开展了“财政健康指数”的编制探索。

第一节 山东省地方财政运行综合绩效评价概述

我国的财政运行综合绩效评价源自“34号文”在“构建全方位预算绩效管理格局”部分关于“将各级政府收支预算全面纳入绩效管理”的要求。其源头可以追溯到2013年开始的县级财政管理绩效综合评价、2014年开始的地方财政管理工作考核。财政运行综合绩效评价涵盖政府全部预算收入和支出，涉及财政运行各个方面，反映财政工作目标达成的结果及其有效实现结果的过程①，是宏观层面预算绩效管理的核心。近年来，北京、山东、浙江、辽宁等省市纷纷开始财政运行综合绩效评价的探索，形成了各自的特色。其中，北京市的“五性”体系重点监测、评价“钱是否够用”“成本是否节约”“管理是否规范”“效果是否显著”“组收是否努力”五个维度②；浙江等省采取“财政管理+政府履职”模式，重点关注财政预算收支质量、执行状况、财政改革要求，从财政管理、政府履职成效和可持续性等各方面构建指标体系③。山东省在实施中构建的指标体系具有整合性特征，本节重点介绍其内容和实践特色。

一、山东省地方政府财政运行综合绩效评价概况

为落实“34号文”关于“将各级政府收支预算全面纳入绩效管理”的要求，鲁发〔2019〕2号文提出建立地方财政运行综合绩效管理制度，适时开展省对市县财政运行综合绩效的评价工作。山东省按照“由下及上、稳妥试点、有序推开”的思路，深入开展研究、组织试点工作、总结提炼经验，积极探索财政运行综合绩效评价路径。

---

① 马海涛，曹堂哲，彭珮文.财政运行综合绩效评价的理论、指标与展望——基于财政预算“行为－功能”的分析［J］.中央财经大学学报，2022（11）：3-16.

② 吴素芳. 创新全成本预算绩效管理“北京模式”［J］. 中国财政，2020（21）：36-39.

③ 王宏斌，刘敏，程文.关于政府财政运行情况综合绩效评价的思考［J］. 时代经贸，2020（7）：85-87.

2021年，围绕预算绩效管理“扩围提质年”活动，山东省在济南、济宁等市实施市县政府财政运行综合绩效评价，在临沂、德州2市选择部分县（市、区）实施乡镇（街道）政府财政运行综合绩效评价，日照市通过自评方式开展市、县、镇街三级试点，取得初步成效①。

2022年7月12日，山东省财政厅印发《省对下财政运行综合绩效评价试点实施方案》（以下简称《试点方案》），旨在通过构建科学的指标体系和评价方法，对区域财政整体运行状况进行全面“体检”，推动实现“预算管理规范高效，财政收支平衡协调，财政发展健康持续，财政经济互促共进”的目标。当年选择济宁市、德州市、临沂市莒县、平邑县作为试点，采取现场与非现场评价相结合的方式，解剖“麻雀”、找准症结、明确方向。在指标设置上，《试点方案》坚持科学合理、突出重点、高效实用的原则，围绕收入组织、支出保障、规范管理、可持续性、运行成效等五个方面，研究制定34项具体评价指标，既全面客观地反映市县财政运行状况，又注重突出引导性和前瞻性，实现绩效评价由“治已病”向“治未病”转变。

通过持续的试点探索，山东总结出三种地方财政运行综合绩效评价模式②。

第一，垂直统一型评价模式。

该模式下省对市、省对县（市）采用相同的评价指标体系，包括财政收入组织、财政支出保障、预算规范管理、财政可持续性、财政运行成效五个方面、30项具体指标，其中，财政可持续性、财政运行成效指标占权重的50%。这种统一型评价指标体系可以直观展现出市县经济发展和财政运行数据所处位置，确保被评价市县之间横向可衡量、可比较，如表8-1所示。

表8-1　　山东省对下财政运行综合绩效评价指标体系

一级指标	二级指标	三级指标
1.财政收入组织（15分）	1.1收入完成情况	1.1.1一般公共预算收入完成率
		1.1.2其他三本预算收入完成率
	1.2收入质量	1.2.1税收占比
		1.2.2主体税种税收贡献率
		1.2.3单位GDP税收贡献率

① 韩志毅，吴国昭，唐韶龙.地方财政运行综合绩效评价的实践与思考［J］.财政监督，2021（24）：53-56.

② 杨晓黎，吴国昭，唐韶龙.新形势下地方财政运行综合绩效评价研究——基于山东省预算绩效管理改革实践［J］.财政监督，2024,（03）：5-9.

续表

一级指标	二级指标	三级指标
2.财政支出保障（15分）	2.1支出执行情况	2.2.1财政支出进度
	2.2支出结构	2.2.1中央及省委省政府重大战略任务保障
		2.2.2“三保”支出保障
3.预算规范管理（20分）	3.1预算管理	3.1.1预算编制规范性
		3.1.2年初预算到位率
		3.1.3预算管理一体化系统建设
		3.1.4落实过“紧日子”要求
		3.1.5存量资金管理
		3.1.6支出标准体系建设
	3.2国库管理	3.2.1库款保障水平
	3.3预算绩效管理	3.3.1预算绩效管理改革推进情况
	3.4财政透明度	3.4.1预决算信息公开
4.财政可持续性（30分）	4.1财力保障水平	4.1.1财力均衡度
		4.1.2财力下沉程度
		4.1.3“三保”支出兜底情况
	4.2运转可持续性	4.2.1国库资金欠款情况
		4.2.2财政暂付款规模
		4.2.3财政自给率
		4.2.4土地收入依存度
		4.2.5政府债务管理
5.财政运行成效（20分）	5.1经济社会效益	5.1.1GDP增速
		5.1.2第二产业增加值增速
		5.1.3固定资产投资增速
		5.1.4人均可支配收入增速
	5.2其他	5.2.1财政运行取得的成绩和存在的问题

第二，“共性个性兼顾型”差异化评价模式。

按照“共性为主，彰显个性”的思路，考虑到不同评价对象在经济基础、产业优势、管理特色等方面的差异，设置出兼顾共性和个性化差异的评价指标体系。评价过程中简化工作流程、突出重点核心，既根据共性指标进行统一衡量和比较，又根据个性指标进行区别性评判，充分调动被评价方组织收入、推动发展的积极性。

以临沂市为例，2022年，该市将罗庄区作为财政运行综合绩效评价市区联动试点，将评价范围覆盖至辖区所有8个镇街，通过深入分析各镇街财政运行情况，研究设置“共性（90%）+个性（10%）”的评价指标体系，围绕城市建设、城乡环境综合治理、新旧动能转换、推动乡村振兴、促进城乡协调发展、改善群众生活质量等方面开展兼顾型评价。通过评价发现镇街财政管理问题主要集中在体制激励不强、财政财务管理不规范、财源建设成效不明显等方面。罗庄区根据评价结果制定出台了《关于完善镇街财政体制的意见》，从规范预算执行、提升财务管理水平、强化组织保障，建立联动机制等方面对基层财务管理进行了规范和提升；进一步明确划分区与镇街财政事权和支出责任，重新核定镇街收支基数，对土地使用税、车船使用税、交通运输业增值税等税源实行专项结算，充分调动镇街筹集财政收入的积极性，有效破解基层政府财政运行困局。其中，临沂市罗庄区共性、个性指标体系分别如表8-2、表8-3所示。

表8-2　临沂市罗庄区镇街财政运行综合绩效评价共性指标体系

一级指标	二级指标	三级指标
财政收入绩效	收入完成情况	财政收入精准度
		财政收入增幅
	收入质量	税收占比
		规上企业税收占比
财政支出绩效	财政支出结构	“三保”支出保障
		“三公”经费控制率
	支出保障水平	人均财政支出
		基本财力缺口
财政规范管理	预算管理	预算编制规范性
		预算执行有效性
	绩效管理	绩效管理质量与成效
	财政透明度	预决算公开规范性
	基层财政管理	基层财政规范化建设情况
财政可持续性	财政暂存暂付款项清理	清理压缩暂存款
		清理压缩暂付款
	财政供养人员规模	财政供养比
		编外聘用人员控制率
	财源建设	财源建设机制健全性
		规上企业增长比例
		“四新”“十强”产业增加值较上年提高幅度

续表

一级指标	二级指标	三级指标
财政运行成效	经济社会效益	主要经济社会指标情况
		经济发展综合效益
	其他	财政运行中取得的成绩和存在的问题

表8-3　临沂市罗庄区镇街财政运行综合绩效评价个性指标体系

一级指标	二级指标	三级指标
罗庄街道	城市建设	基础设施完成率
		违建巡查率
	城市品质提升	城市形象提升
		改善民生福祉
盛庄街道	拆迁征收工作	拆迁围子考核
		新项目启动
		新旧动能转换
		日常考核情况
高都街道	优质特色产业发展现状	优质产业贡献率
	特色产业发展规划	特色产业规划目标明确性
册山街道	优质产业发展现状	优质产业贡献率
	乡村振兴	乡村振兴产业示范性
傅庄街道	新旧动能转换	工业技术改造
	项目建设	招商引资
		闲置土地盘活利用率
褚墩镇	招商引资	招商引资项目落地率
	工商业发展	绿色转型示范园企业入驻率
沂堂镇	乡村振兴	农业产业化
		美丽乡村建设
		农村人居环境整治
	产业升级	淘汰落后产能
黄山镇	乡村振兴示范片区创建	乡村振兴示范片区建设
	绿色产业化	柳编产业发展
		文旅产业发展

威海市文登区以葛家镇为试点开展乡镇财政运行综合绩效评价试点工作，其指

标体系[①]如表8-4所示。

表8-4　威海市文登区葛家镇乡镇财政运行综合绩效评价指标体系

一级指标	二级指标	三级指标	权重	目标值
收入绩效（20分）	收入目标完成精准度（5分）	预算收入完整率	3	100%
		税收收入完成率	2	100%
	收入结构（5分）	税收增长速度	3	正向指标
		项目收入占比提升率	2	正向指标
	收入质量（10分）	税收占比的提高幅度	3	正向指标
		收入增幅	2	正向指标
		主体税种税收贡献率增幅	3	正向指标
		人均财政收入增长率	2	正向指标
支出绩效（15分）	支出目标完成精准度（5分）	预算支出完整度	3	100%
		项目支出结余结存率	2	100%
	支出结构（5分）	涉农资金支出占比	2	正向指标
		公共安全支出占比	1	正向指标
		城乡社区支出占比	1	正向指标
		公用经费占比	1	反向指标
支出绩效（15分）	支出质量（5分）	一般公共服务支出占比	2	反向指标
		人均民生支出比率增长率	2	正向指标
		项目支出比率增长率	1	正向指标
财政运行规范管理（10分）	预决算编制（3分）	一般公共预算收支年初预算到位率	2	≥100%
		预算收支平衡	1	0%
	预决算管理（2分）	开展预决算绩效管理	1	健全
		开展预决算公开公示	1	健全
	资产管理（3分）	资产利用率	2	反向指标
		资产使用超标	1	反向指标
	经费管理（2分）	五项经费控制率	2	反向指标

① 李伟，王伟.乡镇财政运行综合绩效评价指标体系建设探索——以山东葛家镇试点为例［J］.地方财政研究，2022，（11）：49-59.

续表

一级指标	二级指标	三级指标	权重	目标值
财政运行成效（45分）	全面从严治党（10分）	履行全面从严治党主体责任	2	正向指标
		思想建设	2	正向指标
		基层组织和干部队伍建设	2	正向指标
		“两委”换届工作	1	正向指标
		统一战线工作	1	正向指标
		落实党管武装和退役军人工作	1	正向指标
		政务服务和数字政府建设	1	正向指标
	突破先进制造业新旧动能转换（10分）	重点项目建设（招商引资）	2	正向指标
		项目服务保障（招商引资）	1	正向指标
		固定资产投资及结构优化	2	正向指标
		科技创新	2	正向指标
		经济发展质量	1	正向指标
		守牢安全生产底线	2	正向指标
	乡村振兴（8分）	乡村振兴	2	正向指标
		农业农民补贴发放	2	正向指标
		农业保险服务	2	正向指标
		撂荒地整治工作	2	正向指标
	对外开放（2分）	对外开放	2	正向指标
	精致城市建设（4分）	两收尾一突破	1	正向指标
		一村五场戏	1	正向指标
		社会信用体系建设	1	正向指标
		垃圾分类	1	正向指标
财政运行成效（45分）	民需民生发展（4分）	发放优抚补助	2	正向指标
		乡村公益性岗位完成率	2	反向指标
	群众满意度（7分）	防疫工作开展	2	正向指标
		信访工作开展	2	正向指标
		热线问题增长量	1	反向指标
		热线工作处理完成率	2	正向指标

续表

一级指标	二级指标	三级指标	权重	目标值
财政可持续性（10分）	财政暂存付款项（2分）	应收应付压缩率	2	≤0%
	财政供养人员规模（2分）	财政供养人员控制率	2	≤100%
	保障能力（3分）	基本财力缺口	1	0%
		“三保”支出保障	2	正向指标
	发展潜力	转移支付依赖度	1	反向指标
		负债率降低比率	1	反向指标
		招商引资提高率	1	正向指标

第三，“正向反向组合型”财政健康指数评价模式。

2023年，山东实施预算绩效管理“提质增效”行动，鼓励有条件的市县探索设立财政运行健康指数，为推动财政可持续运行和高质量发展提供借鉴。在指标值处理方面，地方财政运行综合绩效评价与健康指数编制根据需要分别采用不同的表征方式，如用正向指标反映“越大越好”、用负向指标体现“越小越好”、用平均差体现“越平稳越好”、用标准差反映“越平均越好”等。详见本章第二节内容。

从评价规模来看，德州市德城区、夏津县的评价工作覆盖了辖区所有 20 个镇街，“一把尺子量到底”，全面分析、比较、评价各镇街财政运行综合绩效情况；其他市选择 1—3 个县级或镇街开展试点评价。在探索评价路径的同时，将评价结果作为各级财政加强预算管理、推动机制创新、防范化解风险的重要参考，提升综合绩效评价效果。2023年，评价范围拓展到41个省直管县，评价结果为进一步深化预算管理制度改革、省以下财政体制改革提供了重要依据。滨州市滨城区实现了基层财政运行综合绩效评价全覆盖（见专栏8-1）。

▶ 专栏8-1 山东滨州滨城区：实现基层财政运行综合绩效评价全覆盖

2023年山东省滨州市滨城区对全区10个镇街全面开展“基层财政运行综合绩效评价”，突出“三化”实现“整县域”全覆盖，并成为山东省首个发布“基层财政运行健康指数”的县（市、区）。

第一，突出动态化，解决“评什么”的问题。将每个镇街的财政收入、财政支出、财政规范管理、风险控制、运行成效5个领域重点工作，细化为30项指标，打造滨城特色《评价指标体系》。该体系突出“两个变化”：由采集1年数据变为采集5年数据，由静态横截面式评价变为反映5年变化的动态趋势性评价。财政收入方面重点考察税源体系、收入质量趋势、自身造血功能和抗风险能力。财政支出方面重点考察收支结构偏离度和发展自主能动性，突出对“三保”以及“三公”经费、民生重点项目支出和专项转移支付情况的考核评价。财政管理规范性方面重点评价预算管理、绩效管理、财政透明度、资产管理及政府采购管理。风险控制方面重点分析对暂存（暂付）款项变动趋势。财政运行成效方面选取重点民生落实、重点项目推进、群众满意度作为评价重点。

第二，突出差异化，解决“怎么评”的问题。发展质量怎么样、成效好不好，由群众说了算、让数据说了算。将社会关注、群众关心的教育支出、人居环境、文体宣传、交通建设、基本公共服务等领域作为共性指标。在此基础上，统筹考虑地理区位、资源禀赋、发展定位、产业结构的不同，将全区10个镇街分为3组，对应设置3个差异化个性指标。中心城区的5个镇街，突出服务业的评价权重，城郊2个镇街突出特色现代农业的评价权重，其余的3个镇街突出对高端制造业的评价权重，避免“1个镇街感冒，10个镇街吃药”的问题，真正做到干什么、评什么，确保评得服气、评出差异、评出干劲，不吃“大锅饭”。

第三，突出实用化，解决“怎么用”的问题。强化评价结果运用，实现到“评价—反馈—整改—提升”的全过程闭环。财政部门把评价结果及时共享给各预算管理科室，为下年度预算安排提供依据，在2024年预算编制中，对10个镇街的28个项目的预算资金进行压减，共压减预算资金327.92万元，压减率达6.27%。财政部门在评价结束后，邀请发改、工信、农业、商务等11个部门召开专题研讨会，为各镇街共同出招会诊开方，针对性地给10个镇街出具高质量发展的工作建议69条，连同“基层财政运行健康指数”一并报送给同级人大和党委政府，努力为党委政府决策提供有效的参考和支撑。

资料来源：郝蕾，王丽丽.山东滨州滨城区：实现基层财政运行综合绩效评价全覆盖［J］.财政监督，2024，（10）：72。

二、济宁市W县Y街道财政运行综合绩效评价案例

（一）镇街概况

Y街道隶属于山东省济宁市W县，总面积57.57平方千米。截至2021年末，街道下辖29个行政村，常住人口3.38万人。主要以煤炭行业为主，共有煤炭加工企业65家。2021年规模以上企业总产值16.07亿元，增幅45.27%，增加值位列全县第一；实现地方一般公共预算收入8478万元，其中耕地占用税2363万元。

Y街道主要机构有党政办公室等7个党政工作机构和社会治理服务中心等5个事业单位。核定编制数共100名，其中：行政编制38名；事业编制62名。截至2021年12月，Y街道实际在职人员共有182人，其中：在编人员130人（行政编34人、事业编96人）；编外人员52人。实际在职事业编严重超出编制规定数。

街道近三年地方财政收入分别为12331万元（其中耕地占用税4502万元）、8264万元（其中耕地占用税13万元）、8478万元（其中耕地占用税2363万元），均为税收收入。其增减变动主要受耕地占用税影响（街道以煤炭产业为主，当煤矿开采导致塌方、村庄搬迁时，会产生耕地占用税，增加财政收入）。

Y街道当年决算收入合计5454万元，均为一般公共预算财政拨款。以收定支，收支平衡。当年支出合计5454万元，其中：基本支出1519万元，占27.85%（人员经费1219万元，占比80.25%；公用经费300万元，占比19.75%）；项目支出3935万元，占比72.15%。

（二）评价思路和过程

1.评价思路

首先根据三定方案对W县Y街道办事处职能进行梳理；其次根据预算、决算报告，对其财政收入、支出进行归纳总结，将各项财政投入与职能相对比，评价街道财政支出的效益，以此来评价财政运行的合理性和可持续性。

2.评价过程

整个流程包括评价准备、评价实施和结果报告等环节。本次评价工作由县财政局组织实施，Y街道财政所牵头，街道其他政府部门配合，第三方评价小组实时跟进指导，提出相关意见建议，最终归纳总结，出具评价报告。

（三）评价指标体系与得分情况

根据本次评价对象属性、特点及实际情况，结合“三定方案”、年度工作总结

报告、财政预决算报告等相关文件，与街道办事处各部门沟通，评价小组确定了本次指标体系，如表8-5所示。

表8-5　　W县Y街道2021年度财政运行综合绩效评价指标体系及评分标准

一级指标	二级指标	三级指标	指标解释	评分标准	权重	得分
财政收入绩效（20分）	财政收入完成情况（5分）	财政收入目标完成率	反映各镇街财政收入实际完成情况与目标值的差异情况，评价收入规模总量是否积极稳妥。 财政收入目标完成率=镇街财政收入实际完成值/镇街财政收入目标值×100%。	财政收入目标完成率达到100%的，得5分。在此基础上，完成率低于10个百分点以内的，扣1分；低于10个百分点（含）—20个百分点以内的，扣2分，以此类推，扣完为止。	5	4
	财政收入质量（8分）	税收收入占比	反映税收收入占一般公共预算收入比例，衡量财政收入质量的高低。 税收占比=税收收入/本级一般公共预算收入。	税收占比≥90%，得满分；税收占比＜60%，不得分；其他情况，指标得分=［（税收占比-60%）/30%］×指标分值。	4	4
		规模以上企业税收占比	主要考虑镇街规模以上企业税收贡献情况，评价镇街是否有优质的税源及多点支撑的税收贡献体系。	该指标设置60%基础分，剩余40%分值根据规模以上企业税收占比变动情况进行评分：规上企业税收占比同比去年持平或有所增长，得满分；同比降低则不得分。	4	2.4
	财源建设情况（7分）	工作机制建设情况	主要评价是否有财源建设的制度、措施和办法，相关制度、措施和办法是否能调动培植财源的积极性。	综合判断工作机制建设情况，分为三个档次，分别为“建设较完善”“建设但不完善”“未建设”。对应档次比例分别为100%、50%、0，本项得分=档次比例×本项分值。	3	1.5
		重点纳税企业增幅	反映纳税50万元以上企业在地区数量增长情况，用以反映地区招商引资带动税源增长现状。	纳税50万元以上企业数量较上年度增加或保持不变的，得满分；否则，数量每下降1个，扣0.3分，扣完为止。	4	4
财政支出绩效（35分）	财政支出结构（6分）	民生支出占比	通过镇街对教育、文体传媒、社会保障和就业、卫生健康、节能环保、城乡社区，农林水、交通，住房保障等支出情况，评价镇街对民生事业保障落实情况。	本指标设置60%基础分，剩余40%分值根据各镇街民生支出占比采用正向功效系数法计算。	3	2.88

续表

一级指标	二级指标	三级指标	指标解释	评分标准	权重	得分
财政支出绩效（35分）	财政支出结构（6分）	“三公”经费控制率	镇街本年度实际支出的“三公”经费总额与预算安排的“三公”经费总额的比率，用以反映和考核镇街对机构运转成本的实际控制程度。	“三公”经费控制率=（实际支出“三公”经费总额/预算安排“三公”经费总额）×100%。“三公”经费控制率≤100%，得满分；否则，每超出一个百分点，扣0.1分，直至扣完为止。	3	3
	财政保障水平（8分）	“三保”支出保障	反映“保工资、保运转、保基本民生”政策落实情况。	上级对街镇检查发现“三保”政策不落实等违规问题，发生“三保”保障不到位等风险事件，造成不良影响的，视情节轻重，每出现1起扣1分，扣完为止。对发生“三保”风险事件，特别是出现工资欠发问题，导致群体上访或者重大负面舆情的，该项不得分。	3	3
		人均财政支出	按常住人口测算的一般公共预算收支水平，用于综合分析和反映地方政府财政保障能力。 人均财政支出=一般公共预算支出/年末常住人口数。	本指标设置60%基础分，剩余40%分值根据各镇街人均财政支出水平，采用正向功效系数法计算。	2	1.44
		基本财力缺口	反映各镇街的基本支出需求满足情况，评价经常性可用财力对基本支出需求的满足程度。 基本财力缺口=基本支出需求-经常性可用财力。其中基本支出需求为镇街当年维持基本运转所需的人员经费、公共经费、急需处理的历史遗留问题和城乡管理等方面支出；经常性可用财力为纳入预算管理的体制结算收入（不含一次性补助收入等）。	不存在基本财力缺口的，得满分； 存在基本财力缺口的： （1）如果基本财力缺口≤可用财力，得分=（1-基本财力缺口/可用财力）×分值； （2）如果基本财力缺口>可用财力，本项不得分。	3	3

续表

一级指标	二级指标	三级指标	指标解释	评分标准	权重	得分
财政支出绩效（35分）	重点工作完成情况（21分）	新旧动能转换	反映镇街产业结构、技术水平、增长方式等方面的升级优化情况，评价国家新旧动能转换重大部署，镇街推进情况。	根据考核结果评分。 指标得分=镇街考核得分/本项考核满分×本项分值。	4	2.31
		乡村振兴	反映乡村产业、人才、文化、生态、组织等五个方面统筹推进的情况，评价国家乡村振兴重大部署，镇街推进完成情况。	根据考核结果评分。 指标得分=镇街考核得分/本项考核满分×本项分值。	3	2.75
		对外开放	反映镇街外贸经济发展情况。	根据考核结果评分。 指标得分=镇街考核得分/本项考核满分×本项分值。	3	2.19
		污染防治	反映镇街空气、土壤、水质改善情况，评价国家污染防治重大部署，镇街推进情况。	根据考核结果评分。 指标得分=镇街考核得分/本项考核满分×本项分值。	3	2.07
		安全底线	围绕提高镇街安全系数、抵御风险能力，评价群众安全感情况。主要从疫情防控、生产安全两个方面评价。	根据考核结果评分。 指标得分=镇街考核得分/本项考核满分×本项分值。	4	3.66
		地矿关系协调	反映镇街对于地矿关系协调处理情况。	对街镇该年度在地矿关系协调方面的资料进行查阅，根据关系协调情况分为三个档次，分别为“关系良好”“关系有待进一步改善”“关系较差”。对应档次比例分别为100%、50%、0，本项得分=档次比例×本项分值。	4	4
财政规范管理（15分）	预算管理（9分）	预算编制规范性	反映镇街是否严格按照相关规定编制预算，编制内容是否完整、编制程序是否规范、编制方法是否科学。	对当年预算编制资料进行抽查，获取相关审计检查报告。每发现一处不规范或审计检查报告披露的问题扣1分，直至扣完为止。	4	4
		预算执行有效性	评价镇街预算执行是否与预算编制内容相符；预算调整是否规范；是否存在无预算、超预算安排支出情况。	对当年预算执行资料进行抽查。每发现一处预算调整不规范或无预算、超预算安排支出问题扣1分，直至扣完为止。	5	5

续表

一级指标	二级指标	三级指标	指标解释	评分标准	权重	得分
财政规范管理（15分）	绩效管理（4分）	绩效管理规范性	反映镇街是否建立了完善、合理的绩效管理制度，评价本年度事前绩效评估、绩效目标、绩效监控、绩效自评、重点评价等工作的开展情况。	事前绩效评估、绩效目标、绩效监控、绩效自评、重点评价等工作，每项工作分值占本项分值20%，未建立相关工作机制的不得分。其中一项工作机制建立，该项工作得分=分数×20%×50%；其中一项工作机制得到执行，该项工作得分=分数×20%×50%。总得分=各项工作得分累计。	2	0.8
		结果应用有效性	反映本年度预算绩效评价结果运用情况。评价结果的应用分为两个部分：（1）将评价结果反馈至评价单位，要求被评价单位根据评价结果进行整改，并向上级主管部门或财政部门报送整改落实情况；（2）评价结果作为镇街安排预算、改进政策和完善管理的重要依据。	将评价结果应用于反馈、整改、落实的，得分=本项分值×40%；将评价结果应用于安排预算、改进政策和完善管理的，每应用一项，得分=本项分值×20%。总得分=两部分得分合计。	2	0.4
	财政透明度（2分）	预决算公开规范性	评价镇街预决算公开是否及时、准确、规范。（1）及时性：在批准后二十日内向社会公开预算信息；（2）准确性：公开内容是否涵盖“四本”预算，一般公共预算至少包括6张报表；（3）规范性：通过镇街政府门户网站进行公开，没有门户网站的应在其他公开媒体进行公开。	预决算信息按规定时间公开，且公开信息准确、规范的得满分，超出规定时间公开扣25%分数；如存在公开内容不准确或未公开的本项不得分。	2	0
财政可持续性（15分）	政府债务管理（6分）	政府负债率	反映街镇债务风险规模政府债务余额。政府负债率=政府债务余额/地方财政收入总额。	政府负债率在国家规定的标准（60%）之内得满分，每高于2个百分点，扣1分，直到扣完为止。	6	6

续表

一级指标	二级指标	三级指标	指标解释	评分标准	权重	得分
财政可持续性（15分）	财政暂存暂付款清理（6分）	暂存款压减率	反映镇街暂存款年度间变化情况。 暂存款压减率=（上年暂存款额-当年暂存款额）/上年暂存款金额×100%。	暂存款压减率≤0，该指标不得分； 暂存款压减率>0，设置60%基础分，剩余40%分值按如下标准进行评分： （1）当年暂存款压减率>上年暂存款压减率，得分； （2）当年暂存款压减率≤上年暂存款压减率，不得分。	3	3
		暂付款压减率	反映镇街暂付款年度间变化情况。 暂付款压减率=（上年暂付款额-当年暂付款额）/上年暂付款金额×100%。	暂付款压减率≤0，该指标不得分； 暂付款压减率>0，设置60%基础分，剩余40%分值按如下标准进行评分： （1）当年暂付款压减率>上年暂付款压减率，得分； （2）当年暂付款压减率≤上年暂付款压减率，不得分。	3	0
	财政供养人员规模（3分）	人员控制情况	反映镇街对行政人员、事业人员及编外人员成本的控制程度。	①行政人员控制率=（行政人员数/编制数）×100%。行政人员以12月份工资表为准，编制数以编办下达的编制数为准。目标值≤100%；达到目标值得1分，每超出1人扣0.2分，扣完为止； ②事业人员控制率=（事业人员数/编制数）×100%。事业人员以12月份工资发放人数为准，编制数以编办下达的事业人员数为准。目标值≤100%；达到目标值得1分，每超出1人扣0.2分，扣完为止； ③编外人员控制率=编外人员数/（行政人员编制数+事业人员编制数）×100%。编外人员以12月份工资发放人数为准，编制数以编办下达数为准。目标值≤10%；达到目标值得1分，每超出1人扣0.1分，扣完为止。	3	1

续表

一级指标	二级指标	三级指标	指标解释	评分标准	权重	得分
财政运行成效（15分）	经济社会效益（10分）	经济社会效益问卷调查满意度	反映镇街内受调群众对公共教育、社会保障、文化建设等方面的满意程度。	通过调查问卷，本项得分=本项分值 × 总体满意度。	10	9.69
	其他（5分）	财政运行中取得的成绩和存在的问题	反映乡镇财政工作取得的成绩，以及存在的问题。	①加分事项，2.5分。上级政府或财政部门给予的奖励表彰等事项，按照与财政运行的关联程度，进行综合评定赋分。 ②减分事项，2.5分。上级政府、财政部门以及审计、巡视发现的，除上述事项以外的问题的，根据问题数量和严重程度进行赋分。	5	4.5
合计					100	80.59

（四）评价结论

1.评价结果

评价小组在文字材料及基础数据分析及处理的基础上，从财政收入绩效、财政支出绩效、财政规范管理绩效、财政可持续性、财政运行成效五个方面，对Y街道财政运行综合绩效进行客观评价，综合得分80.59分，评价等级为“良”，具体得分情况如表8-6所示。

表8-6　Y街道政府财政运行综合绩效评价结果

指标	财政收入绩效	财政支出绩效	财政规范管理	财政可持续性	财政运行成效	合计
权重	20	35	15	15	15	100
得分	15.9	30.3	10.2	10	14.19	80.59
得分率	79.50%	86.57%	68.00%	66.67%	94.60%	80.59%

2.主要结论

（1）财政收入：Y街道财政收入总量在全县范围较为突出，税收占比合理。但财源建设机制不健全，重点税源企业效益不稳定，经济增长后劲不足，收入可持续性差。

（2）财政支出：Y街道支出结构合理，切实兜牢了“三保”底线，保障了民生事业建设；“三公”经费控制合理；可用财力能够满足基本支出需求；乡村振兴、对外开放、安全底线、地矿关系协调等工作完成情况良好。但该街道传统产业比重大，新旧动能转换、污染防治工作有待进一步提升。

（3）财政管理：Y街道预算编制科学、精准；预算执行到位。但街道对预算绩效管理的认识不够深刻，缺乏相应制度建设，各项预算绩效管理工作开展不完全；决算公开内容不完整。

（4）财政可持续性：Y街道政府负债规模、暂存款规模控制良好。但其暂付款规模不断扩大，财政资金盘活困难；对事业人员控制力度不足，实际在职事业编超出核定编制数。

（5）财政运行成效：Y街道能够充分发挥街道办事处的职能效益，在维持运转、完成上级安排任务的前提下保障民生。群众满意度调查结果显示街道财政运行成效良好。

（五）主要经验及做法

（1）多渠道增收，提高街道可用财力。

（2）优化支出结构，集中财力保障民生。

（3）规范农村财务管理，密切党群、干群关系。

（4）推进城乡建设，提升群众居住环境。

（六）存在的问题及原因分析

（1）财源建设机制不健全，重点纳税企业不稳定，财政增收可持续性差。

（2）环保工作落实不到位，存在非法晾晒煤泥情况。

（3）暂付款规模不断扩大，财政资金盘活困难。

（4）人员编制管控不到位，绩效管理、预决算公开管理规范性不足。

（七）意见建议

（1）做好重点税源管理工作，促进财政增收。

（2）规范传统产业生产的同时推动转型升级。

（3）实行暂付款“清理+预防”机制，提高资金使用效率。

（4）整改超配人员的同时健全管控机制，完善人员管理、绩效管理和信息公开管理。

▶ 第二节　县域财政运行“健康指数”探索

在对下级财政运行综合绩效评价探索实践中，山东省市财政部门发现其存在很大的局限：这种评价仅能反映一个年度的财政运行情况，要么“宽度”不够，要么“厚度”差强人意。因此，2023年4月6日，山东省财政厅发布《山东省预算绩效管理“提质增效”行动实施方案》，提出在全省开展预算绩效管理“提质增效”行动，鼓励有条件的市县探索设立财政运行“健康指数”，为推动财政可持续运行和高质量发展提供借鉴①。济宁、滨州两市作为第一批“吃螃蟹”者，通过探索形成各具特色的财政健康指数。本节对其财政健康指数的编制方法作一简要介绍。

一、济宁市县域财政运行健康指数

济宁财政以“争一流、争第一、争唯一”为目标，围绕政府财政运行综合绩效评价持续开展创新探索，在全省率先设立县域财政运行“健康指数”②，相关经验做法先后经财政部、中国财经报等刊文宣传报道，蹚出了一条财政运行综合绩效评价的“济宁路径”。

（一）县域财政运行“健康指数”创设背景

2021年，山东省财政厅启动财政运行综合绩效评价试点工作，济宁市成功获批县级政府财政运行综合绩效评价试点城市。市委改革办将其列入2021年重点改革项目清单，统筹谋划、一体推进，试点工作取得初步成效。

2022年山东省财政厅首次组织开展省对下级政府财政运行综合绩效评价试点工作，济宁市再次成功获批，成为全省2个试点市之一。在评价范围方面，该市主动将其扩展为上下通达的市、县、乡三级评价，同步部署实施。

2023年，针对县（市区）财政运行实际，济宁市从“收—支—平—管—效”

① 资料来源：http：//czt.shandong.gov.cn/art/2023/4/6/art_10559_10312589.html。

② 资料来源：https：//jicz.jining.gov.cn/art/2023/11/16/art_4983_2704326.html。

五个维度出发，建立了“共性+个性、固定+灵活”的财政运行综合绩效评价模式。根据该模式，通过选取关键性指标进行标准化处理，成功创设县域财政运行“健康指数”，用该指数对县（市区）财政运行情况“把脉问诊”，使各县（市区）对自己的财政健康状况“心知肚明”。

（二）济宁市县域财政运行“健康指数”创设过程

1. 先调研后创建

（1）通过调研确定思路。为顺利开展政府财政运行综合绩效评价试点，济宁市财政绩效评价中心通过开展县域财政运行专题调研，调查了解财政运行情况，分析存在的困难和问题，形成了解决该难题的基本思路。

（2）根据结果设计指标体系。针对县（市区）财政运行情况，首先采用量身定制方式先后筛选出60余项指标，邀请国内权威专家、第三方机构8人组成“智囊团”，先后5次开展专题研讨，就指数设置、数据口径、评分规则、测算方式等内容进行反复论证；之后又根据各项指数测算结果，反向论证指标设置的科学性、准确性和合理性，最终构建了涵盖“收入—支出—可持续性—债务—基本公共服务”5个维度、25个分项指数的财政运行指标体系（见表8-7），有效提升指数体系的科学性、严谨性。

表8-7　济宁市县域财政运行“健康指数”指标体系与权重分配

分指数名称	分项指标	定义
A. 财政收入合理健康指数（30%）	A1 人均财政收入（40%）	一般公共预算收入/常住人口数
	A2 人均可用财力（30%）	（一般公共预算财力+政府性基金预算财力+国有资本经营预算财力）/常住人口数
	A3 税收收入占比（20%）	税收收入/一般公共预算收入
	A4 主体税种占比（10%）	（增值税+企业所得税+个人所得税）/税收收入
B. 财政支出保障健康指数（25%）	B1 人均财政支出（40%）	一般公共预算支出/常住人口数
	B2 人均教育支出（10%）	教育支出/常住人口数
	B3 人均卫生健康支出（10%）	卫生健康支出/常住人口数
	B4 人均社保和就业支出（10%）	社会保障和就业支出/常住人口数
	B5 科技支出占比（10%）	科学技术支出/一般公共预算支出
	B6 环保支出占比（10%）	环保支出/一般公共预算支出
	B7 农林水支出占比（10%）	农林水支出/一般公共预算支出

续表

分指数名称	分项指数	定义
C.财政可持续性健康指数（20%）	C1 财政自给率（30%）	一般公共预算收入/一般公共预算支出
	C2机关养老保险基金盈余率（10%）	（各项基金当年收入－当年支出）/当年收入
	C3 城镇职工基本医疗保险基金盈余（10%）率	
	C4 城乡居民医疗保险基金盈余率（10%）	
	*C5 上级补助收入依存度（20%）	（一般性转移支付收入＋专项转移支付收入）/一般公共预算收入
	*C6 土地财政依存度（20%）	国有土地使用权转让收入/一般公共预算收入
D.政府债务风险健康指数（15%）	*D1政府负债率（40%）	地方债余额/GDP
	*D2 政府债务率（40%）	地方债余额/地方综合财力
	*D3新增地方政府债券增幅（20%）	（当年地方债余额－上年余额）/上年余额
E.政府主要经济社会发展健康指数（10%）	E1 人均可支配收入增长率（20%）	（当年人均可支配收入－上年人均可支配收入）/上年人均可支配收入
	E2 人均消费支出增长率（20%）	（当年人均消费支出－上年人均消费支出）－上年人均消费支出
	E3 每千人口卫生技术人员（20%）	卫生技术人员/常住人口数
	E4 中小学师生比（20%）	中小学教师人数/中小学学生人数
	E5 每千人口医疗卫生机构床位数（20%）	医疗卫生机构床位数/常住人口数

注：表内百分数为权重。

2. 资料搜集与数据分析

根据上述指标体系，他们多维度、多层次、广跨度地收集各县（市区）2020—2022年数据，共8000余项，涵盖①预算、国库、债务、社保等财政数据；②税收收入、主体税种等税务数据；③人口、医疗、教育等方面的统计数据。通过测算数据的变动趋势，全方位、多角度分析其与财政运行状态、经济发展状况的相关性、匹配性，为指数体系构建提供了坚实的数据支撑。

3. 从数据到模型

在数据测算方面，一方面采取量纲化处理，选择正向化和逆向化两种模式，并引入倒数理念，有效提升指数的实用性；另一方面采取中位数测算，修正极端值对指数结果的影响，以提升指数的针对性。在此基础上，对25个分项指数设定不同权重，开发出县域财政运行“健康指数”模型，在数据处理方面逐步实现了“数据采集→自动测算→指数生成”的规范化、标准化。

4.指数的生成与运用

根据上述模型生成的指数，编写县域财政运行“健康指数”报告，内容涵盖背景意义、目标定位、指数构成、计算方法、数据分析等。该指数符合济宁财政运行实际，已成为可比、可测的财政运行“体检标准”，成为县（市区）加强预算管理、推动机制创新、防范化解风险的重要参考，有效提升了地方财政运行的实效。

（三）济宁市“健康指数”的计算

1.分项指数计算方法

济宁版“健康指数”指标体系由五大健康指数、25个分项指数构成，各分指数所包含的分项指数差异性较大，最多的包含7个，最少的只有3个。以财政可持续性健康指数C为例，该指数包含6个分项指标，其中4个为正向指标（分别以C^a、C^b、C^c、C^d表示），2个为负向指标（C^e、C^f）。该指数的计算步骤如下：

（1）确定中位数C^{mid}：分别计算6个分项指标2020—2022年各县市区在各年度的中位数。

（2）计算各年度指数值。例如：

2020年度正向指标指数C_1^a=1/［（最大值–中位数）/极值］

2020年度负向指数C_1^e=1/［（中位数–最小值）/极值］

（3）确定指数区间：设各项指标权重分别为w_j与w_n，其中j为正向指标，共有k项（j=1，2，3，4）；n为负向指标，共有i项（i=1，2）；t为年度（t=1，2，3）。指数区间由其取值的上下限确定。

指数C的下限C^a等于6个指标三年之中的最小值加权之和，计算公式为：

$$C^a = \sum_{j=1}^{k} w_j \times \min\left(\frac{1}{(\max C(j_t) - \mathrm{mid}(j_t)) \div (\mathrm{range}(j_t))}\right) + \sum_{n=1}^{i} w_n \times \min\left(\frac{1}{(\mathrm{mid}(n_t) - \min C(n_t)) \div (\mathrm{range}(n_t))}\right) \tag{8-1}$$

指数C的上限C^b等于6个指标三年之中的最大值加权之和，计算公式为：

$$C^b = \sum_{j=1}^{k} w_j \times \max\left(\frac{1}{(\max C(j_t) - \mathrm{mid}(j_t)) \div (\mathrm{range}(j_t))}\right) + \sum_{n=1}^{i} w_n \times \max\left(\frac{1}{(\mathrm{mid}(n_t) - \min C(n_t)) \div (\mathrm{range}(n_t))}\right) \tag{8-2}$$

其中，maxC为最大值，minC为最小值，mid为中位数，range为极差。

2. 综合指数计算方法

综合指数由各分项指数加权平均计算获得。各指数权重采用德尔菲法经多轮征求有关部门和专家建议确定："财政收入合理健康指数"A权重为30%、"财政支出保障健康指数"B权重为25%、"财政可持续性健康指数"C权重为20%、"政府债务风险健康指数"D权重为15%、"政府主要经济社会发展健康指数"E权重为10%。

综合指数取值的区间范围与各分指数范围的确定方式一致。

设各分指数的下限分别为A^a、B^a、C^a、D^a、E^a，上限分别为A^b、B^b、C^b、D^b、E^b，则综合指数下限X^a、上限X^b的计算公式分别为：

$$X^a=A^a\times 30\%+B^a\times 25\%+C^a\times 20\%+D^a\times 15\%+E^a\times 10\% \quad (8-3)$$

$$X^b=A^b\times 30\%+B^b\times 25\%+C^b\times 20\%+D^b\times 15\%+E^b\times 10\% \quad (8-4)$$

3. 县市区指数计算方法

济宁市2022年度县市区健康指数计算方法与分指数计算类似，只是将分项指数公式中的中位数替换为县区数值。如2022年度i县（市，区）正向健康指数H_i计算公式为：

H_i=1/［（最大值–i县区指标值）/极值］

负向指数P_i=1/［（i县区指标值–最小值）/极值］

（四）济宁市县域财政运行"健康指数"等级划分

济宁市将"健康指数"状态分为三类：健康状态、亚健康状态与不良状态。综合指数与分项指标的区间具体如表8–8所示。

表8–8　济宁市财政运行"健康指数"取值区间

指标名称	指标类型	权重	不良状态	亚健康状态	健康状态
财政运行健康指数	综合指数	100%	X<1.54	1.54≤X≤2.34	X>2.34
财政收入合理健康指数	健康指数	30%	X<1.43	1.43≤X≤1.83	X>1.83
财政支出保障健康指数	健康指数	25%	X<1.35	1.35≤X≤1.80	X>1.80
财政可持续性健康指数	健康指数	20%	X<1.65	1.65≤X≤2.56	X>2.56
政府债务风险健康指数	健康指数	15%	X<1.59	1.59≤X≤3.14	X>3.14
政府主要经济社会发展健康指数	健康指数	10%	X<1.79	1.79≤X≤2.83	X>2.83

各分项指数同样划分为三个区间，根据其指数值确定其健康状态的类型。

（五）济宁市"健康指数"的功能与作用

"健康指数"将各县（市区）财政运行的健康状态以交通信号灯式的蓝黄红三

色标识出来。整体来看，2022年，11个县区中，处于健康状态的2个，亚健康状态的共9个，无不良状态县区。

通过三个层次的“健康指数”，既可以就五大指数进行横向对比（如图8–1所示），也可以对各区县财政运行在五个维度的表现分别进行“画像”，将经验和问题逐一揭示，并通过“一对一”的反馈机制提出解决思路和建议，以促进各县（市区）“补短板、提质效”，进一步提高财政资源配置效率、使用效益和财政政策实施效果，从而促进财政运行“健康”水平的全面提升，助推经济社会高质量发展。该指数符合济宁财政运行实际，已成为可比、可测的财政运行“体检标准”，成为县（市区）加强预算管理、推动机制创新、防范化解风险的重要参考，有效提升了地方财政运行的实效。

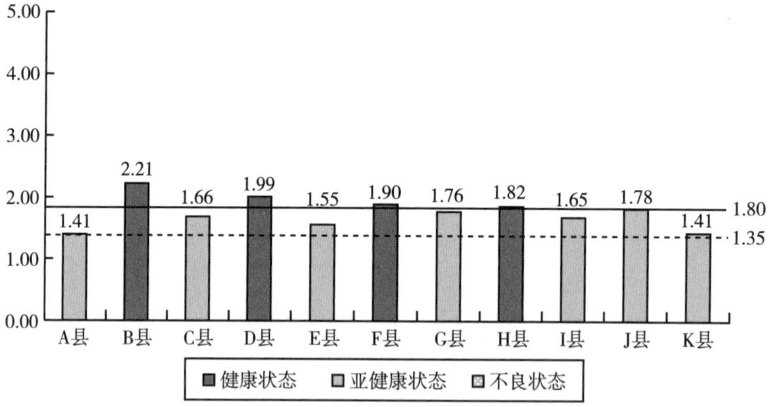

图8–1　济宁市县域财政支出保障健康指数

二、滨州市财政健康指数

滨州市根据山东省预算绩效管理“提质增效”的要求，将健康指数作为财政工作“体检表”，将指数编制作为推动全市财政健康可持续运行的重要手段。

（一）滨州版健康指数构建思路

1. 评价指标全面定量化

相比定性指标，定量指标是比较客观、有效的考核指标。在设置财政运行健康指数时，滨州市将指数计算的直观性作为首要目标，即可以直接通过对所分析数据的计算得出评价指标分析结果，不需要再进行二次转化和定义，实现评价指标的全面“量化”。

在评价标准制定方面，定量指标采用的方法一般有两种：一种是加减分法，另一种是规定范围法。财政运行健康指数是使用标准化数据处理方法计算直接得出分析结果的方法，但同时规定了分值范围为0—100，属于规定范围法的应用范畴，但从模式上又区别于一般方法。从试点来看，规定范围法是比较科学、合理的，因为用加减分法设计评价标准，一般都是线性函数，而在对财政运行综合绩效评价时，不同情形可能需要不同的激励效应函数，因此评价标准设计为指标在不同区间对应不同分数更具有合理性。

2.宽口径长周期分析数据

在试点工作中，财政运行综合绩效评价往往只分析1年的样本数据，最多延展至3年的数据进行纵向对比分析，或者对于具有比较意义的指标，进行单一指标、单一年度的数据对比。财政运行健康指数的样本数据来自于滨州市所有县级财政10年累积的管理数据，通过建立财政运行综合绩效管理数据库，形成管理数据资产的有效沉淀，使绩效评价和分析更具科学性。在积累数据年限的基础上，同时突破不同财政管理口径间的差异性，使用“系统”+“公开”的叠加数据模式，多口径汇总分析数据，直面分析不同口径间数据差异的现实情况，让评价结果真正发挥管理作用。

3.应用统计学数据处理方法，提高分析结果的科学性

在财政运行健康指数的构建过程中，滨州市借鉴统计学的指数计算方式，首次应用了极差法、平均差、标准差法进行数据处理。其中极差法是指使用数据组中的最大值减去最小值作为评价对象的分母，以评价对象的当前数据作为分子进行标准化处理，通过正负关系，作为反映“越大越好”和“越小越好”的指标数据。而平均差法是指将分母更换为总体各单位标志值对其算术平均数的离差绝对值的算术平均数，作为反映“越平稳越好”的指标数据。而标准差法是将分母替换为随机变量各个取值偏差平方的平均数的算术平方根，作为反映“越平均越好”的指标数据。

（二）滨州版“健康指数”体系的结构特征

1.整体结构：二级指数加权法

为保证财政运行健康指数设置的科学性和体系化，财政运行健康指数整体采用二级指数加权法设置，即将100分的权重按照重要程度的差异分为8个方面的指数，每个方面指数再按照指数结构和内容的差异细分为详细的分项指数，各个方面指数的分项指数权重之和皆为100%，而每个加权指数通过极差法、平均差法或标准差法进行数据处理后，其指数数据区间皆处于0—100，这就保证了每个分项指数、方面指数和财政运行健康指数区间在指数数值的直接反映程度上是相同的。

2. 指数设计

财政运行健康指数包括财政收入稳健指数、财政支出优化指数、财政助力高质量发展指数、债务可持续指数、社保基金可持续指数、预算管理规范指数、国有资本运行指数和基本公共服务指数8个方面指数。具体权重和定义见表8–9。

表8–9　　滨州版财政健康指数体系构成

指标名称	指数方向	权重	指标类别	定义
财政运行健康总指数	—	100%	总指数	—
1. 财政收入稳健指数	正向	20%	方面指数	各分项指标加权求和，反映县市区财政收入稳健程度和财政收入健康发展情况
2. 财政支出优化指数	正向	20%	方面指数	各分项指标加权求和，反映县市区财政支出优化和支出结构健康发展情况
3. 财政助力高质量发展指数	正向	15%	方面指数	各分项指标加权求和，反映县市区财政支持高质量发展的健康程度
4. 债务可持续指数	正向	15%	方面指数	各分项指标加权求和，反映县市区债务可持续状况，以反映财政健康程度
5. 社保基金可持续指数	正向	5%	方面指数	各分项指标加权求和，反映县市区统筹管理的社保基金情况，以反映财政健康程度
6. 预算管理规范指数	正向	5%	方面指数	各分项指标加权求和，反映预算管理规范情况，以反映财政健康程度
7. 国有资本运行指数	正向	5%	方面指数	各分项指标加权求和，反映县市区统筹管理的国有资本运行情况，以反映财政健康程度
8. 基本公共服务指数	正向	15%	方面指数	各分项指标加权求和，反映县市区基本公共服务情况，以反映财政健康程度

（三）滨州版财政指数解析

1. 财政收入稳健指数

该指数共包含6个分项指标：其中，人均财政收入为正向指标，占比40%；人均财政收入领先程度为正向指标，同时也是比较性指标，占比20%；税收收入占比为正向指标，占比10%；大税占比为正向指标，占比10%；土地出让收入平稳程度和土地出让收入占比为负向指标，各占比10%（见表8–10）。

表8-10　　　　滨州版财政收入稳健指数构成

指标名称	方向	权重	指标类别	定义
1. 财政收入稳健指数	—	100%	方面指数	—
1a-1 人均财政收入	正向	40%	分项指标	（一般公共预算收入+政府性基金收入）/人口
1a-2 人均财政收入领先程度	正向	20%	分项指标	（当年人均财政收入-最少区县人均财政收入）/人均财政收入全市平均水平
1b 税收收入占比	正向	10%	分项指标	税收收入/（一般公共预算收入+政府性基金收入）
1c 大税占比	正向	10%	分项指标	（增值税+企业所得税+个人所得税）/税收收入
1d 土地出让收入平稳程度	负向	10%	分项指标	（国有土地出让收入-前一年度国有土地出让收入）/前一年度国有土地出让收入
1e 土地出让收入占比	负向	10%	分项指标	国有土地出让收入/（一般公共预算收入+政府性基金收入）

2. 财政支出优化指数

该指数共包含三类8个分项指标：其中，①人均财政支出为正向指标，占比30%；②支出结构性指标分为判定性指标和结构分析指标两类，占比60%；其中判定性指标为对“三保”情况的判定，结构性指标包括教育、卫生、社会保障、绿色发展和行政管理五个指标。五指标中除行政管理为负向指标外，其他指标均为正向指标。五指标权重分别为：27%、27%、22%、12%和12%。③市内县区财政支出均衡化水平指标为负向指标，占比10%。详情如表8-11所示。

表8-11　　　　滨州版财政支出优化指数构成

指标名称	指数方向	权重	指标类别	定义
2. 财政支出优化指数	—	100%	方面指数	—
2a人均财政支出	正向	30%	分项指标	（一般公共预算支出+政府性基金支出）/人口
2b 判定性指标	—	60%	分项指标	当年度评价年度所在县区财政出现1次以上“三保”问题，该项指标分值为0，该年度所在县区财政“三保支出”占可用财力的比重超过90%时，控制该项得分系数为0.5，既指数计算结果加权汇总数乘以0.5。
2b-1教育支出占比	正向	27%	子分项指标	教育支出/（一般公共预算支出+政府性基金支出）
2b-2卫生支出占比	正向	27%	子分项指标	医疗支出/（一般公共预算支出+政府性基金支出）

续表

指标名称	指数方向	权重	指标类别	定义
2b-3社会保障支出占比	正向	22%	子分项指标	就业和社会保障支出 /（一般公共预算支出+政府性基金支出）
2b-4绿色发展支出占比	正向	12%	子分项指标	（环保节能支出+减碳固碳支出+环境改善支出）/（一般公共预算支出+政府性基金支出）
2b-5行政管理支出占比	负向	12%	子分项指标	一般公共服务支出 /（一般公共预算支出+政府性基金支出）
2c 市内县区财政支出均衡化水平	负向	10%	分项指标	[（当年财政支出总额 / GDP）-全市（当年财政支出总额 / GDP）平均值] / 全市（当年财政支出总额 / GDP）平均值

3. 财政助力高质量发展指数解析

该指数共包含4个分项指数：公共基础设施资产占比、公共基础设施投资占比、促进产业（企业）发展支出占比、地方可用于发展支出占比，皆为正向指标，各占比25%。详情如表8-12所示。

表8-12　　滨州版财政助力高质量发展指数构成

指标名称	指数方向	权重	指标类别	定义
3. 财政支持高质量发展指数	—	100%	方面指数	—
3a 公共基础设施资产占比	正向	25%	分项指标	公共基础设置资产年末总额 / 地方政府占有管理国有资产年末总额
3b 公共基础设施投资占比	正向	25%	分项指标	当年公共基础设置投资资金 /（一般公共预算支出+政府性基金支出）
3c 促进产业（企业）发展支出占比	正向	25%	分项指标	当年引导产业发展、促进企业发展的各类支出汇总金额 /（一般公共预算支出+政府性基金支出）
3d 地方可用于发展支出占比	正向	25%	分项指标	1-（当年三保支出金额 / 一般公共预算支出）

4. 债务可持续指数解析

该指数包含4个分项指标，其中显性债务率指数为负向指标，占比40%，一般债务利息负担率为负向指标，占比15%，专项债利息负担率为负向指标，占比15%，债务依存度为负向指标，占比30%。详情如表8-13所示。

表8-13　　　　　　　　滨州版债务可持续指数构成

指标名称	方向	权重	指标类别	定义
4. 债务可持续指数	—	100%	方面指数	—
4a 显性债务率	负向	40%	分项指标	地方政府一般债券与专项债券余额之和 /（地方一般公共预算收入+转移支付收入+地方政府性基金收入）
4b 一般债利息负担率	负向	15%	分项指标	一般债务付息支出 / 当年一般公共预算支出
4c 专项债利息负担率	负向	15%	分项指标	专项债务付息支出 / 当年政府性基金预算支出
4d 债务依存度	负向	30%	分项指标	当年地方政府债务收入 /（当年一般公共预算支出+当年政府性基金支出）

5. 社保基金可持续指数解析

该指数共包含3个方面指数，其中养老保险抚养比为负向指标，占比33.4%，养老保险基金盈余率和医疗保险基金盈余率分别为正向指标，各占比33.33%。详情如表8-14所示。

表8-14　　　　　　　　滨州版社保基金可持续指数构成

指标名称	指数方向	权重	指标类别	定义
5. 社保基金可持续指数	—	100%	方面指数	—
5a 养老保险抚养比	负向	33.40%	分项指标	企业职工基本养老保险参保人当中的退休人数 / 在职职工人数
5b 养老保险基金盈余率	正向	33.30%	分项指标	（企业职工基本养老保险基金当年收入－当年支出）/ 当年收入
5c 医疗保险基金盈余率	正向	33.30%	分项指标	（城镇职工基本医疗保险基金当年收入－当年支出）/ 当年收入

6. 预算管理规范指数解析

该指数只设置1个分项指数，财政支出预决算偏离幅度，为负向指标，占比100%。

预决算偏离幅度 =（一般公共预算支出决算数－预算数）/ 预算数

7. 国有资本运行指数解析

国有资本运行方面指数共包含3个方面指数，其中国有资本资产负债率为负向指标，占比40%，国有资本经营收益率为正向指标，占比40%，国有资本经营收入规模为正向指标，占比20%。详情如表8-15所示。

表8-15　　滨州版国有资本运行指数构成

指标名称	指数方向	权重	指标类别	定义
7. 国有资本运行指数	—	100%	方面指数	—
7a国有资本资产负债率	负向	40%	分项指数	地区国有资本负债总额 / 资产总额
7b国有资本经营收益率	正向	40%	分项指数	上缴国有资本收益利润收入 / 净资产
7c国有资本经营收入规模	正向	20%	分项指数	营业总收入增长率

8. 基本公共服务指数解析

该指数共包含8个分项指数，其中义务教育师生比、每千人口卫生技术人员、人均图书馆藏书量和每千人口民政机构床位数4个分项指数为正向指数，各占比15%，公路密度、每千人口公益性场馆面积和每千人口公园绿地设施面积3个分项指数为正向指数，各占比10%，基本公共服务市内领先水平为比较性指标，同时为正向指标，占比10%（见表8-16）。

表8-16　　滨州版基本公共服务指数构成

指标名称	指数方向	权重	指标类别	定义
8. 基本公共服务指数	—	100%	方面指数	—
8a义务教育生师比	负向	15%	分项指标	义务教育学生人数 / 义务教育老师人数
8b每千人口卫生技术人员	正向	15%	分项指标	卫生技术人员 / 人口数
8c人均图书馆藏书量	正向	15%	分项指标	人均公共图书馆藏书量
8d公路密度	正向	10%	分项指标	年末实有道路面积 / 行政区域土地面积 × 1000
8e 每千人口民政机构床位数	正向	15%	分项指标	民政机构床位数 / 人口数
8f 每千人口公益性场馆面积	正向	10%	分项指标	年末实有公益性场馆面积 / 人口数
8g 每千人口公园绿地设施面积	正向	10%	分项指标	年末实有公园绿地设施面积 / 人口数
8h 基本公共服务市内领先水平	正向	10%	分项指标	以上各个基本公共服务项目较全市最小值领先情况加权计算的和。参照人均财政收入领先指标计算，越大越好

三、“健康指数”应用展望

（一）构建财政智慧管理“大模型”

财政运行健康指数是一次将管理意愿直接转接成数据分析应用的实践探索过程，虽然还有很多需要进一步完善、细化和补充的内容，但是模型和思路已基本成型，可以进行简单的应用。为了应对更加复杂、多变的经济形式、社会问题，财政需要更加敏捷、更加智慧的管理体系和管理工具，而财政运行健康指数就提供了一个很好的思路。实践证明，通过构建财政管理行为和财政管理数据的逻辑关系，探索开发应用财政智慧管理的“大模型”，有助于实现财政管理的数智化。

（二）推动财政运行综合绩效多层次发展

财政运行综合绩效管理因其综合性和宏观性，无法完全仿照项目支出绩效管理模式，进行绩效目标的设置和事前绩效评估的开展，这样就导致了财政运行综合绩效评价应用，难以真正作用于一级政府的财政管理工作。通过构建财政运行健康指数，形成敏捷化数据分析体系，在结果分析的基础上，探索财政管理监测指标的预期估计和测算，为开展目标设置和改善、优化施政措施提供科学的财政意见。一旦这样的预测分析体系建设完成，财政运行综合绩效评价的发展会实现一步大的提升，助推财政运行综合绩效评价从单一的事后评价向运行监测和事前估计方向多层次发展，从源头发挥财政运行综合绩效的管理作用。

▶ 第九章
补齐短板——山东省成本预算绩效分析探索

内容提要

强调成本效益是预算绩效管理的基本要求，政府成本不仅仅是理论问题，更是现实问题。只有明晰政府活动的成本才能判断政府的财政投入是否产生绩效。“重投入、轻成本”是我国预算管理中长期存在的严峻问题，政府成本管理一直是我国预算管理最大的“短板”。山东省在借鉴兄弟省市改革经验的基础上，从培养成本意识入手，探索通过测算政府成本深化预算管理改革的途径，建立起“项目入库分析成本→预算编制细化成本→预算审核核定成本→预算执行控制成本→预算完成评价成本”的成本绩效分析模式，使预算绩效管理改革逐步进入“有本可依”的阶段，为预算管理走向科学化提供更加坚实的成本信息基础。

第一节 成本绩效分析概述

政府成本问题是迄今为止的经济学、管理学和公共财政理论从未正面研究的领域[①]。政府成本不仅仅是理论问题，更是现实问题。“重投入、轻成本”在我国预算管理中长期存在。正是预算绩效管理改革的深入推进才使我国各级政府的实践者和学者们深刻认识到：政府成本是我国预算管理中一直未引起足够重视的“短板”！只有明晰政府活动的成本才能准确测算政府财政投入的绩效，因为政府成本与预算投入是同一个问题，公共产品和服务的成本是包括政府财政等各类投入的货币表现。缺少成本信息，预算的经济性将无从谈起；离开成本谈绩效，无论占据传统主流的“3E”绩效还是后来居上的“4E”绩效均成无本之木。因此预算绩效改革欲向前深入推进，就必须补齐政府成本这个“短板”，必须探索通过测算、分析政府成本以寻求深化预算管理改革的途径，促进现代财政制度的建立和完善。

一、成本绩效分析的意义

（一）强调成本效益是全面实施预算绩效管理的要求

全面实施预算绩效管理要求“注重结果导向，强调成本效益，强化责任约束”，这里的“成本效益”是一个关键点和突破口，是实现预算绩效管理改革目标的前提和基础。2021年4月《国务院关于进一步深化预算管理制度改革的意见》针对财政资源统筹和可持续性等突出问题，要求“推进运用成本效益分析等方法研究开展事前绩效评估。”当年6月，全国人民代表大会财政经济委员会《关于2020年中央决算草案审查结果的报告》同样提出“探索运用成本效益分析，提高绩效评价质量”的要求。

公共产品和服务成本由部门或单位基于权责发生制会计原则进行核算，是围绕公共产品和服务提供而发生的全部耗费和支出。通过成本预算绩效分析，能够

① 何翔舟，政府成本论［M］.北京：北京大学出版社，2014：22.

全面了解、清晰掌握项目运行的全部成本，便于统筹研究政府收费价格标准、政府补贴水平、确定财政投融资机制等。在预算绩效管理中，要提高对政府成本的关注程度，在预算的编制、审批、执行和评价过程中始终贯彻成本理念，通过成本信息的科学测算和深度运用，实现公共产品和服务的成本、绩效同时关注、同步管理：（1）根据预期绩效测算应当投入的成本，建立成本定额标准体系；（2）依据核定的成本定额确定预算支出规模，有利于保障各方责任特别是政府托底责任的有效落实；（3）预算执行过程中既监控成本支出进度，又监控绩效目标的实现程度；（4）绩效评价过程中既核算分析成本，又评价项目绩效，实现对绩效与成本的“双评价”。

（二）进一步完善预算管理，提高财政资金配置效率

传统预算管理对预算资金的分配一般采用“基数 + 增长”的投入式预算模式，重点反映部门单位业务工作量，对于预算规模增长需求的判断也主要来源于预算部门财务人员的主观推算，缺乏基于客观测算的依据和基础，对预算需求的支撑性不足；同时由于成本意识淡薄，对所完成工作的成本重视不够，加上收付实现制会计核算制度下成本费用的确认与分配难以与会计期间匹配，预算部门单位难以测算预算需求，势必影响财政资源的配置效率。

成本预算绩效分析要求各政府部门单位将成本理念与方法贯穿于预算管理周期各环节，在合理设置预期绩效目标的前提下，运用成本效益分析法，科学测算、全面衡量各方对某项公共产品和服务投入的成本，以确定成本定额标准并使之与财政支出标准和公共服务标准相统一，是建立健全现代预算制度的应有之义。

通过成本绩效分析与事前绩效评估的结合，可以减少政府决策的随意性与可能出现的失误；同时可以有效地促进零基预算制度的推行，促进预算决策的科学化民主化，优化财政资源配置，提高财政资金使用绩效。

OECD国家的实践经验表明，采用成本预算绩效分析可以提高预算管理效率，节约财政资金。随着我国财政收支矛盾的不断加剧，财政支出基数固化、支出结构不合理等问题进一步凸显，迫切要求各级政府“花好纳税人的每一分钱”，成本绩效分析为有效地配置财政资源、切实提高财政资金使用绩效提供了一大利器。

（三）有助于政府部门压减低效无效支出，缓解财政收支矛盾

近年来，受国内外经济发展形势的影响和干扰，我国财政收支矛盾问题日益尖锐，财政支出压力持续加大。在财政收入方面，连续实施的减税降费政策、新冠

疫情导致的经济低迷使收入增长乏力甚至出现负增长；在财政支出方面，“城市化”进程加快导致的城市公共服务需求的急剧增加、人们美好生活相关需求的扩张伴随着国家基本公共服务保障水平的持续提高、公共部门人力成本的增加等因素均导致国家财政支出的刚性需求不断增强，由此导致政府财政收支矛盾日益突出、赤字水平日益扩大。

在增收乏力的情况下，解决财政收支矛盾的主要思路自然是削减无效支出、压缩低效支出。成本预算绩效分析的开展为判断低效支出和无效支出提供了理论方法与实践依据。通过深入开展成本绩效分析与研究，可将成本效益分析诸法用于政府部门的决策过程，从源头出发，掌握大量一手的、真实资料，开展准确的成本测算，寻求以最小成本获得最大收益的政策方案；通过测算需要政府予以补助和支持的项目成本，比较各备选项目的成本与效益，以确定各类项目预算支出的优先次序；同时筛选出无效和低效支出项目，核销无效支出，核减低效支出，缓解财政收支矛盾，真正把钱花到刀刃上。因此开展成本预算绩效分析，能够突显成本信息对预算决策的支撑性作用。

二、成本绩效分析常用方法

政府项目涉及城市运行、公共服务、产业发展等不同领域，相互之间差异性较大，按照公共财政原则，根据项目的公益属性和具体情况，成本绩效分析应因地制宜选择适合项目特征的、差异化的分析核算方法。其一，对于由政府全额提供公共服务的纯公益性项目（领域），采用最低成本法、动态比较法等方法，在保证达到基本公共服务绩效水平的前提下，以成本最小化为原则，遴选最优方案。其二，对于政府负担一定比例资金的公共服务类准公益项目（领域），可以选用作业成本法、成本效益法等方法。其三，对政府投入一定引导性资金的市场化程度高的项目（领域），可采用净现值法、因素分析法等方法。

（一）成本效益分析法

1. 成本效益分析法的概念

成本效益分析法，是指为了实现预算资金的绩效目标，通过计算项目或政策的全部成本和效益，对不同方案的成本和效益进行衡量比较，通过权衡每个方案的净效益，作出估计和评价，为科学决策提供有力依据。其基本思想是讲求净效益，即用一定的预算资金取得尽可能大的效益，或者在预期效益一定的情况下花费尽可能少的财政资金。

2. 成本效益分析法的产生与发展

19世纪以后，成本效益分析作为一种新兴的决策方法，在世界各国得到了长足的发展和应用。美国是将成本效益方法用于国家资源环境重大决策支持等方面最早、最系统、最全面的国家。20世纪初，成本效益分析即作为美国总统辅助决策的重要工具进入公众视野，其规范化的结果让成本效益分析逐渐从水利项目延伸到土地利用、公共安全、卫生健康、环境保护等领域。由于其契合了现代行政管理的绩效理念，成本效益分析逐渐被世界各国广泛推崇，成为西方国家绩效预算的重要内容。预算资金成本是指为实现预算绩效目标而投入的资源总量，涵盖所有财政性资金。预算资金效益是指运用预算资金投入而实现的产出及影响，包括经济效益、社会效益、生态效益、可持续影响、社会公众或服务对象满意度等。

预算资金效益包括可量化的效益和不可量化的效益。其中，可量化的效益包括能够用货币衡量的效益、用实物单位衡量的效益、以比率或指数形式体现的效益。对其度量的基本原则是能用货币衡量的尽量货币化，能够量化的尽可能量化，对于不可量化的效益则要求进行定性描述并充分论证。

适用成本效益法时，要对每个由公共预算资金支持的项目方案，分别厘清界限范围，实行独立核算，将一定时期内项目的总成本与总收益进行贴现后对比分析，比较不同方案的成本效益。对多个备选方案，一般优先采用净收益最大化的方案，而不是益本比最高的方案①，放弃成本超过效益的方案。应注意的是，该方法适用于成本和效益都能准确计量的项目，而不适用于以社会效益为主的支出项目。

3. 成本效益分析的基本步骤

（1）明确任务目标，测算成本。根据政府战略规划、部门职责、年度工作计划及事业发展需求，明确事业发展任务目标，确定相对具体细化的任务数量；归集需要耗费的人力、物力等全部成本费用，尽量做到成本费用结构优化、项目齐全，不缺项漏项；收集整理相关成本费用的支出标准。在此基础上，合理地测算各项成本费用的支出金额，形成总的资金投入需求。

（2）收集预期产出信息，预测效益。收集整理完成任务目标的产出信息，从经济、社会、环境、持续影响等方面，对产出效益作出测算估计。对于可以货币化的效益，要用货币形式表示；对于可计量但不能货币化的效益，要以实物量、比率、指数等形式表示；对于不可度量的效益，要以分级定性的形式描述。

（3）进行成本效益分析，优化决策。根据测算的资金投入和产出效益，运用成本效益分析方法进行对比选优。效益可以货币化的，采用净现值法、内部收益率

① Joseph. E.Stiglitz，Jay K.Rosengard.Economics of the public sector（Fourth Edition）[M].W.W.Norton & Company，Inc.New York.pp.303.

法、效益成本比等方法，进行项目选优，以同等预算资金而取得净效益最大者为最优。效益可以量化但不能货币化的，可采用成本—效用分析法以产生单位效益量所需要投入的资金与历史数据、行业标准、定额标准等进行比较，进行项目优化调整，以同等效益量而投入资金最少者为优。效益不可量化的，采用专家评估、公众测评等方法，进行分级定性和项目评定，以取得同等程度效益而投入资金最少者为优。

（4）运用结果，加强管理。运用成本效益分析结果，对预算资金投入进行优化调整，以此为依据编制部门预算，设立预算绩效目标。预算执行过程中，以绩效目标确定的成本效益分析内容为依据，加强对实际成本与预期效益的监控，保证预期效益的实现。预算执行完毕，以成本控制和预期效益实现程度为主要内容，做好绩效评价工作，加强评价结果的反馈和运用。

（二）作业成本法

1. 作业成本法的基本原理

作业成本法是以作业（活动）为核心，确认和计量耗用企业资源的所有作业，将耗用的资源成本准确地计入作业，然后选择成本动因，将所有作业成本分配给成本计算对象（产品或服务）的一种成本计算方法。作业成本法与传统成本法的根本差别在于：作业成本法确定资源及其成本、各项作业的资源消耗量，以及生产产品所需要的作业，在此基础上把间接成本追溯给产品、服务和客户。

作业成本法的基本原理，是按照“作业消耗资源，产品消耗作业”的思路，按照资源消耗的方式，通过成本动因将资源分配给各项作业，汇总计算出各项作业成本，然后再根据作业对产出的贡献程度和方式，通过作业成本动因将作业成本分配至各成本或服务对象，最终得到科学合理的产品或服务成本。例如，城区道路保洁项目主要包括人工清扫巡回保洁、机械化清扫、道路洒水、道路冲洗、高压冲洗、道路隔离护栏冲洗、空气抑尘、人行道清扫、果皮箱和垃圾桶人工保洁、果皮箱和垃圾桶电动清洗车保洁等作业，我们可以通过各项作业成本的归集、分配和汇总，最终计算出各种不同保洁项目的成本。以作业成本法实现相关业务活动全成本的归集与分析，是后续支出定额测算的基础与核心。

2. 作业成本法的基本特征

作业成本法是成本核算的一种方法，虽然最终实现的目的和传统成本法相同，但在具体核算方法和管理流程中有自己独到之处。主要表现在以下几个方面：

（1）成本核算数据更准确。与传统企业成本法中确定的单一分摊标准相比，采用作业成本法获取的企业成本核算数据更为准确。采用作业成本法的会计核算基本过程是先对成本核算对象的生产经营活动进行分类，确认每项活动所耗费的资源；然后再对成本核算对象中所包含的作业资源进行分类，形成合理的作业成本库；再确认每个作业所包含的资源动因；然后再针对导致作业变化的主要因素设定作业动因，将所有成本费用根据作业动因分摊至各个成本对象中；最后分析结果数据，通过使用作业成本法对整个过程进行总体成本核算得出的结论将更为具体准确。

（2）成本费用分配具有多样性。作业成本法核算的主要基础是资源动因以及作业动因。在作业中心内部归集了多种不同的资源，在作业中心内按照性质差异综合整理所消耗的资源，如人工费的资源动因可以是员工人数，其中，因为实际消耗资源的数量不同，所以对具体资源的分配标准也就产生了不同的差异，分配标准的多样性也随之体现，同时资源的特点也可成为分配准则；同理，由于针对不同资源分配的工作中心也不同，因此作业动因的种类也就会更加多样化，多样性的分配方法能够体现出更加清晰的核算结果，保证了成本的准确性。

（3）作业分配具有可追溯性。产品或服务所产生的某项成本费用，都可以通过作业成本法加以追踪。一般包括直接追踪和动因追溯两种方法：直接追踪即将与产品和服务有关的所有成本费用都直接按照产品或服务所产生的总成本费用进行计算；资源动因追溯指将没有必要直接计算产品或服务项目中的成本费用，这部分费用就必须通过成本动因加以界定，而性质上不同的成本费用又能够通过多层次的对成本动因采取不同的界定标准。就这样，如果通过资源动因对资源加以合理分配，所耗费的资源便可以直接与相关的生产作业相对应。另外，成本和成本动因之间还存在着密切的关联，这样就可以使商品或服务等项目的成本费用更加真实，同时达到了成本精细化的目标。

综上所述，作业成本法在成本管理上的优势主要体现在：可以明确成本耗费的原因，体现各项作业与成本动因的联系，设立合理的成本分摊率以优化资源配置，从而完成作业成本的科学分摊，提升总体成本管理水平。

作业成本法主要是依据政府保障范围、职责及行业标准，对范围清晰、标准明确的工作量进行标准化和量化，在“全成本”核算的基础上制定预期绩效目标和监督考核指标，并制定合理的财政投入保障机制。该方法目前在OECD国家已得到广泛采用，适用于范围清晰、标准明确、工作量化、政府与市场责任明确的项目。

（三）最低成本法

最低成本法是指在绩效目标确定的前提下，以成本最小者为优的方法，它适用于成本易于计算而收益难以量化的项目。例如，教育、卫生等公共福利事业项目，国防工程项目等。当需要证实在相互排斥的各种项目中哪个最为恰当时，这个方法最为有效。在比较效益基本相同的不同方案时，运用此法也有一定的价值。对财政全额拨款项目而言，最低成本法适用于满足政府部门职责范围内的一般公共服务项目。该类项目绩效标准比较固定，在达到基本公共服务绩效标准的前提下，将不同方案的总成本进行比较，以成本最小的为最优方案。

（四）净现值法

净现值法是评价投资项目方案的一种方法。该方法是利用净现金效益量的总现值与净现金投资量算出净现值，然后根据净现值的大小来评价投资项目方案。若净现值为正值，投资方案是可以接受的；若净现值为负值，则投资方案就是不可接受的。净现值越大，投资方案越好。净现值法是一种比较科学也比较简便的投资方案评价方法。在考虑物价指数的情况下，计算特定时期内某方案的效益现值与成本现值之差的总和。项目净现值计算公式如下：

$$NPV = \sum_{r=0}^{n} \frac{B_r - C_r}{(1+r)^t}$$

式中B为效益，C为成本，r为基准收益率，n为计算期。评价单一方案时，NPV>0，表示该方案的收益率不仅可以达到基准收益率的水平，而且尚有盈余，可以继续推行该方案；NPV=0，表示收益率恰好等于基准收益率；NPV<0，表示达不到基准收益率的水平，应该停止方案的实施。两方案（多方案）比较时，NPV大者为优。

净现值法简便易行，其主要的优点在于：第一，适应性强，能基本满足项目年限相同的互斥投资方案决策。第二，能灵活地考虑投资风险，净现值法在所设定的贴现率中包含投资风险报酬率要求，就能有效地考虑投资风险。第三，相比运用利润指标，直接使用项目所获得的现金流量指标进行评价，能够获得更加客观的结果，利润指标可能包含了许多人为因素的干扰。第四，净现值对现金流量进行了合理折现，充分考虑了货币的时间价值。

净现值法的缺点是所采用的贴现率不易确定，不适宜于对投资额差别较大的独立投资方案的比较决策，净现值有时也不能对寿命期不同的互斥投资方案进行直接决策。

净现值法适用于轨道交通、高速公路、公用事业补贴等城市管理类，以及产业发展类项目。即将当期、远期的成本和效益都按照一定的贴现率折合成现值，再制定可比较的多种实施方案组合，不同成本方案对应不同的绩效水平，在比较、分析、排序的基础上，遴选出最优方案。

（五）其他方法

1. 动态比较法

动态比较法就是对项目当期的成本、效益与历史各期数据进行动态比较，对不同地区、不同部门相同或近似的项目进行比较，计算各项目成本和效益，分析成本和效益差异，综合比较项目的优劣得失，从中遴选出最优方案。动态比较法适用于成本效益比较复杂的公益性项目。

2. 因素分析法

因素分析法是现代统计学中一种重要而实用的方法，首先要求把一组反映事物性质、状态、特点等的变量简化为少数几个能够反映出事物内在联系的、固有的、决定事物本质特征的因素，然后将影响成本和效益的各项因素分别罗列，计算“投入产出比”，再进行分析比较的方法，是多元统计分析的一个分支。因素分析法既可以全面分析各因素对某一经济指标的影响，又可以单独分析某个因素对经济指标的影响。

运用因素分析法的一般程序：①确定需要分析的指标；②确定影响该指标的各因素及与该指标的关系；③计算确定各个因素影响的程度数额。

因素分析法适用于成本效益十分复杂的市场化项目。

3. 标准成本法

标准成本法是通过对项目精确的调查、分析与技术测定而事先制定的一种预定的目标成本，它是根据项目目前的实施技术和服务水平，在有效的经营条件下可能达到的成本，也叫“应该成本”。

“标准成本”在实际工作中有两种含义：一种是指单位产品或服务的标准成本，它是根据单位产品的标准消耗量和标准单价计算出来的，又称为“成本标准”；另一种是指实际产量的标准成本，它是根据实际产品产量和单位产品成本标准计算出来的。一般来说，成本标准分为消耗标准和价格标准。消耗标准包括各种原料消耗标准、辅料消耗标准、燃料动力标准、人工标准和其他费用标准；价格标准分为物料价格标准、能源价格标准和人工价格标准，其可按成本补偿的原则制定。

确定项目制定标准成本时，应充分考虑项目在有效作业状态下所需要的各种消耗因素。标准成本的制定应有相关部门的人员参加，共同商定，标准的制定不能高不可攀，避免打消部门单位的积极性，但也不能门槛太低，失去成本管理的意义，真正的标准成本应该是切实可行的，是通过努力能够达到的，同时要注意定期对项目标准成本进行评审、维护和不断修订，以保持标准成本的先进性和稳定性。

三、山东成本预算绩效分析的规范化

（一）山东省成本预算绩效分析的规范化进程

在借鉴北京市等先行省市试点经验的基础上，自2021年起，山东省将成本绩效管理作为深入推进预算绩效化改革的重点。为确保改革工作顺利推进，山东省按照“试点先行、稳步推开”的思路，首先选择济南、淄博等10市和高青、临朐等14县（市、区）开展了全过程成本预算绩效管理试点，以探索切实可行的改革推进路径，实现预算管理流程再造①。先后共组织16个市、选取6大领域、50个项目开展成本绩效管理试点，在同等产出和效益水平下，实现了压实成本、节约投入的预期目标，有的延续性项目还提炼形成预算支出标准，促进预算编制更加科学高效②。

试点当年就取得显著成效。例如，东营市供热管理处通过对四种不同热源的成本运行分析，决定结合胜利发电厂“西热东送”工程，利用工业余热逐步替代燃气、燃煤锅炉房，降低维修和运行成本。仅东城集中供热区域就节约供热成本约1.7亿元，大大缓解了市级财政补贴支出压力③。

在总结试点经验的基础上，2022年5月，山东省出台《关于开展成本预算绩效管理的实施意见》（鲁财绩〔2022〕4号，简称《实施意见》），将“34号文”关于“强调成本效益”的要求具体落实为“项目入库分析成本→预算编制细化成本→预算审核核定成本→预算执行控制成本→预算完成评价成本”的成本绩效分析模式。

2023年，在全省预算绩效管理“提质增效”行动中，山东在省、市、县三级全面推开成本预算绩效管理，发布《山东省财政厅关于全面实施成本预算绩效管理的通知》（鲁财绩〔2023〕4号），并制定出台《山东省省级成本预算绩效管理工作规程》（鲁财绩〔2023〕6号），使山东版成本绩效管理模式具备操作性、可落地，引导部门单位规范开展成本预算绩效管理。当年各级财政部门组织完成了636个重点项目的成本效益分析；根据成本预算绩效管理成果，修订完善592项支出标准，核减预算63.44亿元，有效缓解财政支出压力，实现了预算资金的节本增效④。

---

① 资料来源：山东省财政厅 财政新闻 我省启动成本预算绩效管理改革（shandong.gov.cn）.

② 资料来源：山东省财政厅 财政新闻 山东省预算绩效管理改革进展与成效新闻发布会实录（shandong.gov.cn）.

③ 资料来源：《人民日报》刊文点赞山东深化预算绩效管理改革：算好成本账 下好效益棋_山东宣传网（sdxc.gov.cn）.

④ 资料来源：山东省财政厅 山东省预决算公开平台（shandong.gov.cn）。

（二）成本绩效管理“山东模式”的主要内容

通过上述《意见》和《规程》，山东省提出牢固树立成本与效益并重的理念，通过在预算编制阶段开展成本效益分析、在预算执行阶段对成本控制情况实施监控、在预算执行后对成本管控、成本与效益的匹配情况进行评价等措施，将成本理念深度融入预算管理全过程，实现预算支出项目在同等产出和效益情况下成本最小化的目标，以形成一批科学合理、动态调整的成本定额标准、财政支出标准和公共服务标准，构建了具有山东特色的“五步法”成本绩效管理模型，如图9–1所示。

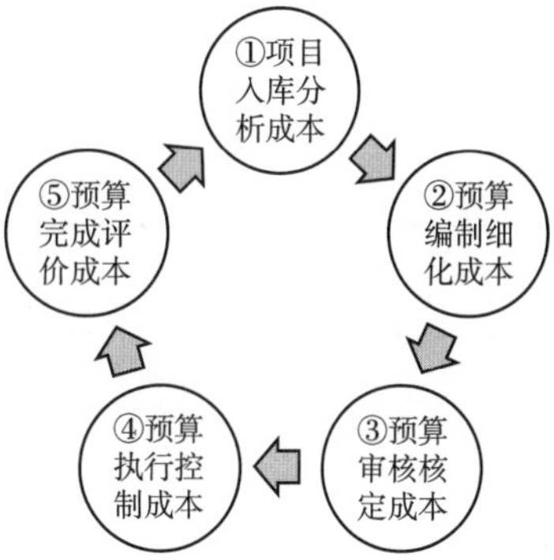

图9–1　成本绩效管理山东模式基本结构

第一步：项目入库分析成本。

部门单位应结合项目库动态储备，对财政支出项目开展成本效益分析并据此制定成本定额和财政支出标准，如图9–2所示。

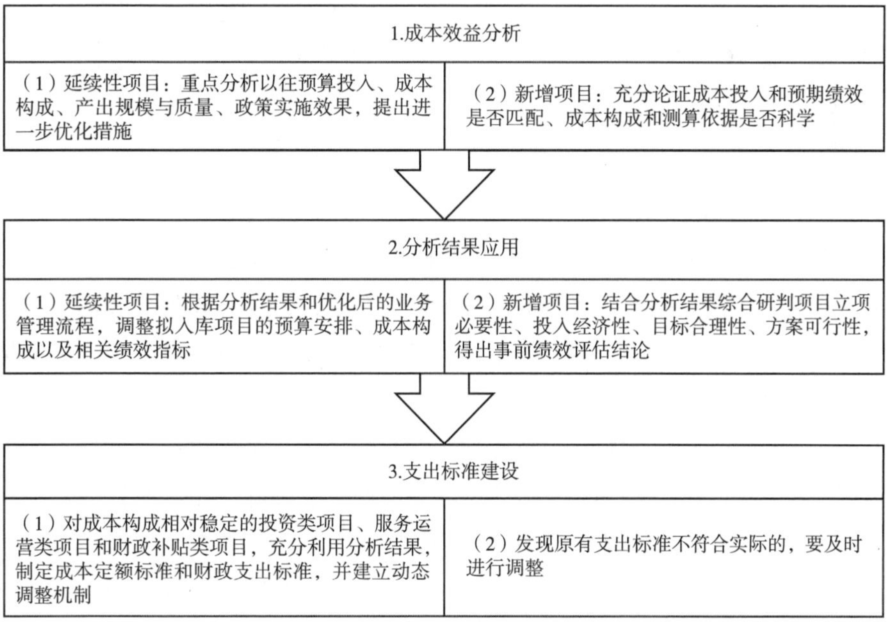

图9–2　项目入库成本效益分析步骤和要求

上述三个步骤之中，第一步成本效益分析具体包括四个环节：项目效益分析—项目方案及工作任务分析—项目成本分析—绩效目标编制。成本效益分析各环节的具体内容和要求如图9–3所示。

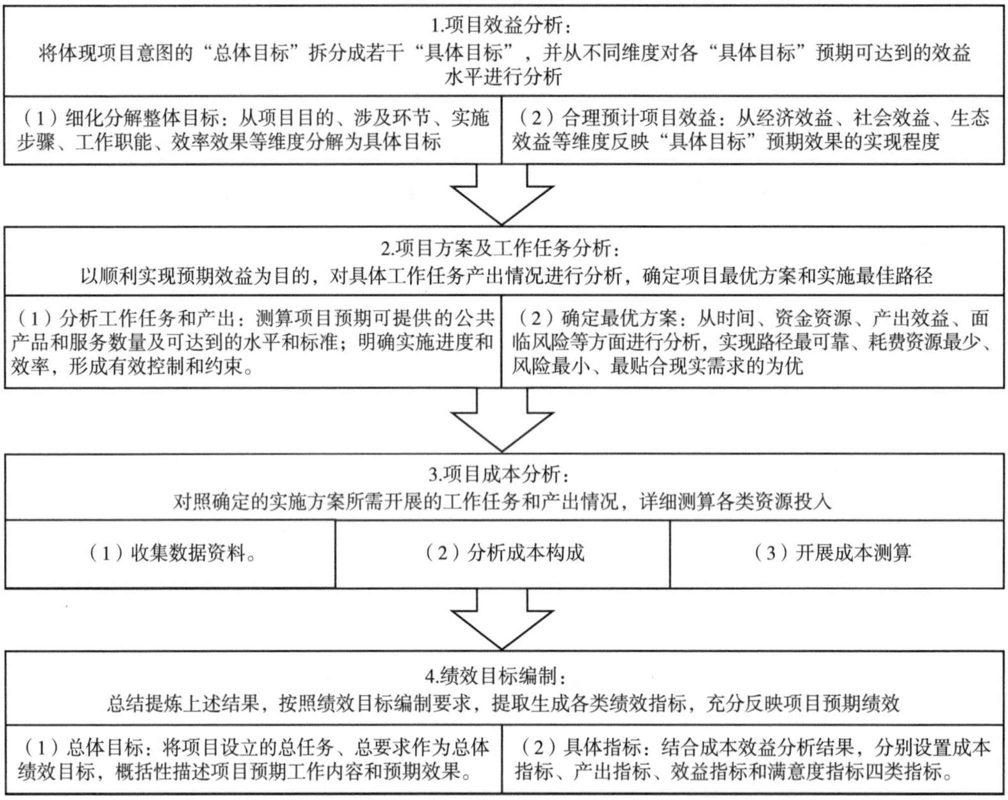

图 9-3　项目成本效益分析工作步骤

第二步：预算编制细化成本。

要求部门单位优化预算编制流程，推动预算编制与成本细化、绩效目标设定等业务实现一体化。在编制年度预算时，根据项目设立依据、事业发展需要、成本效益分析情况、财政承受能力、财政支出标准等，逐项细化预算成本构成，并同步编制形成绩效目标表。

（1）成本细化：预算部门、单位按照“总体目标—预期效益—预期产出—预计成本构成”的顺序，进行项目资金的测算，完成预算编制，并将项目成本构成逐项细化，为预算执行中进行成本控制提供依据。

（2）目标编制：预算部门、单位以成本效益分析为基础，科学设置成本绩效目标，充分反映预期提供的公共产品或服务所付出的成本。其中，经济成本应从总成本、单位成本和分项成本等方面进行细化；难以量化的社会成本和生态环境成本，可通过分级分档或变化对比的方式进行定性表述，便于衡量和评价。

需要特别指出的是，在绩效目标编制方面，为了凸显成本指标的地位和作用，“山东模式”将成本指标进行了“升级”：由产出指标的二级指标，调整提升为一级指标，在“绩效目标表”中单独列示。为此，要求各级预算部门、单位在成本效益分析的基础上，逐项填列“绩效目标表”中的成本指标，如实反映预算项目的总成本、单位成本和分项成本构成等情况。成本指标纳入“绩效目标表”后，随部门预算一并批复，并按规定向社会公开，进一步硬化其对预算执行的约束作用，将其作为实施成本控制和绩效评价的重要依据。

第三步，预算审核核定成本。

财政部门按照“零基预算”原则，对各预算部门、单位提报预算的必要性、可行性和经济性进行总体审核，根据财力情况核定项目预算，根据需要对部分项目开展重点分析。主要包括三个步骤如图9–4所示。

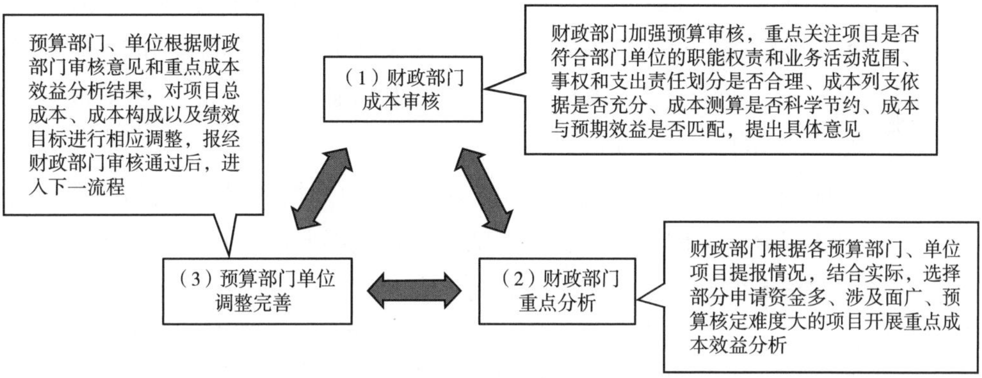

图9–4　预算审核阶段成本管理内容

第四步：预算执行控制成本。

要求预算部门、单位严格按照年初确定的成本指标实施项目，采取成本控制措施，加强运行监控，及时校准纠偏。主要包括：

（1）成本控制。要求预算部门、单位完善内部控制机制，加强项目支出管理，制定支出计划，严格执行支出标准，严控支出范围，按照预算批复的绩效目标和成本指标推动项目实施。

（2）运行监控。要求预算部门、单位加强对预算支出项目的绩效运行监控，重点关注成本控制、支出标准执行等情况，及时发现成本绩效目标偏离问题，主动采取成本控制措施。财政部门选取执行中与目标偏离度较大、党委、政府重点关注、社会影响度高的项目开展财政重点监控。

（3）结果应用。对部门监控和财政重点监控中发现的问题，要求及时处置。具体处置措施包括预警、调整或暂停三类：

①预警：对成本管控不到位、资金支出超范围的，预算部门、单位要及时提出预警并采取管控措施，确保成本支出与绩效目标相匹配；

②调整：对支出进度明显偏慢、绩效目标预计无法实现的，预算部门单位要按

程序调整预算，统筹资金用于其他重点支出。

③暂停：对严重脱离既定绩效目标、已经或预计造成重大损失浪费或风险情况的，财政部门要暂停项目实施，按照程序暂缓或停止拨付资金。

第五步：预算完成评价成本。

（1）单位自评。年度终了，业务主管部门要组织项目单位对项目成本控制和预算执行情况进行全面梳理和自检，对产出效益、预期目标实现情况进行客观评价，逐项分析比较既定指标值与实际完成值的偏离程度，对照年初设定的绩效目标，按照“评扣分标准”进行赋分，将结果填入《项目支出绩效自评表》。

（2）重点评价。在财政和部门重点评价中，要求将成本控制情况作为重要内容，科学设置指标权重，运用成本效益分析方法全面分析项目成本构成，研判成本列支依据是否充分、成本测算标准是否合理、控制措施是否有力；并针对成本管理中存在的问题，提出相关意见建议。

（3）结果应用。要求预算部门、单位对自评和部门评价中发现的超范围、超标准支出等问题认真分析原因，强化管理措施，堵塞制度漏洞；对因项目本身存在设计缺陷而导致的资金效益低下或闲置浪费的，要求积极采取措施，优化项目工作流程和预算编制，进一步控成本、提质量、促效益。财政部门要将财政评价结果及时反馈，督促落实整改，并将评价结果与下年度预算安排挂钩。

▶ 第二节 山东成本预算绩效分析典型案例

案例一、山东H市环卫保洁项目成本绩效分析

（一）项目概况

2023年H市环卫保洁项目实施单位为H市环境卫生管理服务中心，主要提供市直管区域内道路（含内环高架、大型桥梁）清扫保洁、生活垃圾转运处置服务，分别由甲、乙两公司承担。其中，甲公司主要承担市直管区域内道路、桥梁及内环高架的环卫保洁、20座生活垃圾转运站的日常运转工作，乙公司承担生活垃圾填埋相关的卫生填埋区运行维护、厂前道路保洁、地下水处理站运行维护等日常运转工作。

项目内容包括两类四项：一是市直管区域11条直管道路、7座大型桥梁的保洁工作；二是20座生活垃圾转运站的日常运转工作；三是生活垃圾填埋场涉及的卫生填埋区运行维护、厂前道路保洁、地下水处理站运行维护等日常运转工作。此外，2023年项目新增主城区内环高架的环卫保洁工作，总面积119万平方米，作业方式为机械清扫。

（二）项目投入

项目资金全部来自财政资金，2020—2023年共计投入25553.05万元，支出14162.57万元。项目资金来源与运用情况如表9-1所示。

表9-1　2020—2023年项目资金投入及支出情况　单位：万元

年份	项目名称	项目资金投入	项目资金支出
2020	道路保洁	6541.70	4823.14
	生活垃圾转运站		
	生活垃圾填埋场		

续表

年份	项目名称	项目资金投入	项目资金支出
2021	道路保洁	7064.56	4798.83
	生活垃圾转运站		
	生活垃圾填埋场		
2022	道路保洁	4823.14	4540.60
	生活垃圾转运站		
	生活垃圾填埋场		
2023	道路保洁	7163.25	—
	生活垃圾转运站		
	生活垃圾填埋场		
合计		25553.05	14162.57

（三）项目成本分析

1.保洁成本

（1）道路保洁成本测算：本次测算的根据为《山东省环境卫生作业计价定额》。

①道路保洁人工作业方式：人工清扫选取“一级道路”标准，按9874.61元/千平方米/年，清扫面积1309600平方米，人工清扫保洁费用12931789.26元/年。果皮箱清洁涉及1700只市管双体果皮箱，按照982.40元/只/年测定，清洁费用1670080元/年。

②道路保洁机械作业方式：机械化湿扫车辆平均额定载质量为2.80吨，选取“3吨车”标准即330.98元/10千米/工日测定，湿扫道路长度为61710.10米，每天4次，湿扫费用共5964034.53元/年。

机械化洒水作业：洒水车辆平均额定载质量9.58吨，选取“10吨车”标准——235.65元/10千米/工日计算，需机械化洒水的道路长度61710.10米，6次/天，洒水费用6369379.14元/年。

机械化冲洗：冲洗车辆平均额定载质量8吨，选取“8吨车”标准——266.47元/10千米/工日，道路长度为61710.10米，夏季每周1次即84[①]工日，费用共计38675.97元/年。

人行道冲洗：按照290.97元/10千米/工日测定，道路长度为56968米，同按84工日认定，冲洗费用共38986.70元/年。

① 夏季工作日按照6—8月共三个月予以认定，每月4周，每周7个工作日，故夏季工作日为84天。

雾炮抑尘：选取“射程100米以上”标准——2358.37元/10小时测定，夏季每天2次，每个工作日10小时，夏季工作日共84天，雾炮抑尘车共2辆，据此计算得出雾炮抑尘总费用396206.16元/年。在道路、桥梁、内环高架均开展作业的雾炮抑尘费用均按照雾炮抑尘总费用的1/3予以认定，即道路、桥梁、内环高架雾炮抑尘费用均为132068.72元/年。

此外，2020—2022年果皮箱维修费用均值为185190.15元/年。测算结果如表9-2所示。

表9-2　　市直管区域道路保洁成本测算结果　　单位：元/年

序号	道路保洁事项	认定金额
1	道路人工清扫保洁	12931789.26
2	果皮箱清洁	1670080.00
人工作业小计		14601869.26
3	道路机械化湿扫	5964034.53
4	道路机械化洒水	6369379.14
5	道路机械化冲洗	38675.97
6	道路人行道冲洗	38986.70
7	道路雾炮抑尘	132068.72
机械作业小计		12543145.06
道路保洁核定总金额		27145014.32
道路保洁总面积		3238036.40平方米
道路保洁单价		8.38元/平方米/年

（2）桥梁保洁成本：按照山东省环境卫生作业计价定额计算。

①人工作业方式：清扫面积18600平方米，人工清扫保洁费用183667.75元/年。

②机械作业方式：

湿扫费用：选取“3吨车”标准，湿扫道路长度为5900米，4次/天，湿扫费用570212.34元/年。

机械化洒水：选取“10吨车”标准，道路长度为2000米，6次/天，洒水费用206429.40元/年。

机械化冲洗：选取“8吨车”标准，道路长度为5900米，夏季每周1次，即按照84工日计算，冲洗费用共计3697.75元/年。

人行道冲洗：道路长度为4600米，按照84工日认定，人行道冲洗费用共计3148.06元/年。

雾炮抑尘方面，桥梁雾炮抑尘费用为132068.72元/年。

桥梁保洁总经费按照1099224.02元/年予以认定，具体结果如表9-3所示。

表9-3　市直管区域桥梁保洁成本测算结果　单位：元/年

序号	桥梁保洁事项	认定金额
1	桥梁人工清扫保洁	183667.75
人工作业小计		183667.75
2	桥梁机械化湿扫	570212.34
3	桥梁机械化洒水	206429.4
4	桥梁机械化冲洗	3697.75
5	桥梁人行道冲洗	3148.06
6	桥梁雾炮抑尘	132068.72
机械作业小计		915556.27
桥梁保洁核定总金额		1099224.02
桥梁保洁总面积		182500平方米
桥梁保洁单价		6.02元/平方米/年

（3）内环高架保洁：保洁总长度76700米、总面积1190000平方米，全部为机械化清扫。具体测算结果如表9-4所示。

表9-4　内环高架保洁成本测算结果　单位：元/年

序号	内环高架保洁事项	认定金额
1	内环高架机械化湿扫	6300846.40
2	内环高架机械化洒水	6729082.37
3	内环高架机械化冲洗	40860.15
4	内环高架雾炮抑尘	132068.72
内环高架保洁核定总金额		13202857.64
内环高架保洁总面积		1190000平方米
内环高架保洁单价		11.09元/平方米/年

2. 生活垃圾转运站日常运转成本

测算结果如表9-5所示。

表9-5　　生活垃圾转运站日常运转费用测算结果

序号	费用明细	认定金额（元）	嘉祥县垃圾年转运量（吨）	生活垃圾填埋场垃圾年转运量（吨）	生活垃圾年转运总量（吨）	垃圾清运单价（元/吨/年）
1	保洁劳务费	3841556.27	34486.75	173242.38	207729.13	46.19
2	垃圾车折旧费	856000.00				
3	生活垃圾转运站设备折旧费	511571.11				
4	燃油费	3590505.53				
5	水电费	796018.51				
合计		9595651.42	—	—	—	—

3. 生活垃圾填埋场日常运转成本测算

生活垃圾填埋场日常运转费用由卫生填埋区运行维护费、厂前道路保洁费、渗滤液处置费、地下水处理站运行维护费、环境检测费、防渗层破损检测费、土地租金及苗木补偿款等七部分费用构成。

（1）卫生填埋区运行维护费。测算结果如表9-6所示。

表9-6　　卫生填埋区运行维护费测算结果　　单位：元/年

序号	费用构成	费用明细	认定金额	
1	垃圾检查计量费	自动计量费	282753.81	414384.08
		人工计量费	131630.27	
2	卫生填埋区覆膜费	飞灰填埋区覆膜费	155067.04	312557.00
		生活垃圾填埋区覆膜费	157489.96	
3	沼气点燃费	沼气点燃费	47600.00	47600.00
4	防飞护网维护费	防飞护网维护费	29206.80	29206.80
5	灭蝇消杀费	灭蝇消杀费	225540.00	225540.00
6	调节池维护费	电费	151022.40	331022.40
		钢构膜折旧费	180000.00	
7	雨水沟清淤费	雨水沟清淤费	55000.00	55000.00
合计			1415310.28	1415310.28

（2）厂前道路保洁费。测算结果如表9-7所示。

表9-7　　　　　　　　　　厂前道路保洁费测算结果　　　　　　　　　　单位：元/年

序号	费用构成	认定金额
1	厂前道路机械化湿扫费用	23049.09
2	厂前道路机械化洒水费用	16534.46
3	厂前人行道清扫费用	17971.14
合计		57554.69

（3）地下水处理站运行维护费。地下水处理站主要是对20世纪90年代原简易填埋场周边污染的浅层地下水进行生态修复。地下水处理站运行维护费主要由药剂耗材费、过滤器滤芯更换费、反渗透膜清洗费、反渗透膜更换费、系统维修维护保养费、地下水处理站人员劳务费、系统电费7部分费用构成。该处理站每小时处理地下水30吨，每月处理地下水约10000吨，年处理地下水120000吨，运行成本约5.43元/吨。经计算，地下水处理站运行维护费为651600元/年。

（4）渗滤液处置费。渗滤液处理主要包括生化、深度处理以及中水提升两部分内容。生化、深度处理选取定额编号6–47"生化处理及膜处理"标准计算，即按照5074.76元/100吨测定。中水提升选取定额编号6–48"中水加压输送"标准进行计算，即按照48.95元/100吨测定。根据往年渗滤液产生量估算，每天约产生渗滤液40吨，每年渗滤液总产生量为14600吨。经计算，生化、深度处理费用为740914.96元/年，中水提升费用为7146.70元/年，渗滤液处置费共计按照748061.66元/年予以认定。

（5）防渗层破损检测费。根据《生活垃圾填埋场污染控制标准》（GB16889–2008）的规范要求，生活垃圾填埋场应每6个月进行一次防渗层完整性检测。由于项目单位仅提供防渗土工膜渗漏破损探测技术服务的三方报价单，防渗层破损检测合同、检测记录以及检测资金支出情况等相关材料均未提供，防渗层破损检测开展情况不明，故该部分资金不予认定，核减年检测费936000元。若防渗层破损检测为生活垃圾填埋场每年所必须开展的工作事项，建议项目单位单独申报经费，据实结算。

（6）土地租金及苗木补偿款。一是土地租金。乙公司、H市生活垃圾综合处理厂（生活垃圾填埋场）分别与BSZ村、BY村、BYZ村、DZY村签订土地租赁合同，年租金共计128760元/年。二是苗木补偿款。由于乙公司原生活垃圾自然填埋场一直未进行复挖处理，造成BY村所属的原生活垃圾填埋场土地无法正常耕种，引起多次纠纷。2013年该公司与BY村达成协议，租赁BY村约100亩原生活垃圾自然填埋场复垦地及周边临近土地，租赁费由市环卫中心拨付，用于补贴BY村村民的土地损失，租赁金额为150000元/年。综上所述，土地租金及苗木补偿款建议按照278760元/年予以认定，其中：土地租金128760元/年、苗木补偿款150000元/年。

（7）生活垃圾填埋场人员费用。生活垃圾填埋场共有工作人员22人，根据项目单位提供的资料，全年人员费用共计2180000元，建议据实认定。

（8）日常维修事项。由于厂前道路维修、外排管网维修等日常维修事项的发生具有不确定性，每年经费支出较难出具统一的费用标准，故建议该部分维修经费据实结算，遇维修事项时及时申请资金。

上述八项合计，生活垃圾填埋场日常运转总经费建议按照5331286.63元/年予以认定。具体如表9-8所示。

表9-8　生活垃圾填埋场日常运转费用测算结果　单位：元/年

序号	费用构成	费用明细	认定金额	
1	卫生填埋区运行维护费	垃圾检查计量费	414384.08	1415310.28
		卫生填埋区覆膜费	312557.00	
		沼气点燃费	47600.00	
		防飞护网维护费	29206.80	
		灭蝇消杀费	225540.00	
		调节池维护费	331022.40	
		雨水沟清淤费	55000.00	
2	厂前道路保洁费	厂前道路机械化湿扫费用	23049.09	57554.69
		厂前道路机械化洒水费用	16534.46	
		厂前人行道清扫费用	17971.14	
3	地下水处理站运行维护费	地下水处理站运行维护费	651600.00	651600.00
4	渗滤液处置费	渗滤液处置费	748061.66	748061.66
5	土地租金及苗木补偿款	土地租金	128760.00	278760.00
		苗木补偿款	150000.00	
6	生活垃圾填埋场人员费用	生活垃圾填埋场人员费用	2180000.00	2180000.00
合计			5331286.63	5331286.63

4.财政资金节约情况

2023年该项目财政资金共计投入71632500元。通过本次成本核算，环卫保洁项目总经费建议按照56374034.03元/年予以保障。经比较，本次成本分析预计节约财政资金15258465.97元，成本节约率达21.30%。

5.支出标准制定情况

通过对项目成本效益的系统分析，参照历史数据、行业标准、计价定额等关键信息，工作组给出市直管区域环卫保洁项目支出标准，共3大类、9小类。参照该支出标准，环卫保洁项目全年需投入财政资金56374034.03元，将此结果将与下年度预算安排挂钩，使财政资金投入与项目产出之间的对应关系一目了然，由此可以发挥预算绩效管理控成本、提质量、促效益的作用。

案例二、山东A市城市地下综合管廊运维费用成本绩效分析

（一）项目概况

A市作为较早开展地下综合管廊建设的城市之一，于2001年修建了第一条地下综合管廊。截至2021年底，已有4条旧管廊约26.227公里移交至A市交通工程建设保障中心运维，2021年管廊实际发生维护费用2183万元。2022年8月又有二环西路南延段4条新管廊约11.458公里完成移交并投入运营，本项目2023年“一上”预算数为2703万元。

（二）成本分析过程

总体思路：确定运维服务标准→核定运维成本定额标准→测算预算支出标准→完善运维服务考核标准和激励机制→发现问题并提出建议。

具体实施路径：以4条管廊2019年9月至2021年8月两年运维数据为基准，确定管廊维护作业内容及作业量，同时对比A市电气维修工、C证安全员等劳工市场价格及青岛、威海、厦门等地管廊运维单价，确定管廊维护各类作业单价及管廊运维综合单价。

分析方法：入户调研、数据收集、网络调查、电话咨询、召开座谈会、专家论证等。

（三）运维管理标准合理性分析

A市城市地下综合管廊运维工作主要参照《城市地下综合管廊运行维护及安全技术标准》（GB51354–2019）及山东省《城市地下综合管廊运维管理技术标准》（DB37/T5111–2018）执行，但在实际执行过程中，个别运维标准在上述标准的基础上有更高要求，如管廊日常巡检和结构定期检测。规制后地下综合管廊运维管理标准如表9–9所示。

表9-9　　　　　　地下综合管廊运维管理标准对比

序号	项目		运维管理标准	
			规制前	规制后
1	巡检和监测	廊内	1日1次	5年以内3日1次 6—10年2日1次 10年以上1日1次
		廊外	1日1次	
2	日常维修保养		符合《城市地下综合管廊运维管理技术标准》要求	
3	安全与应急管理		安全培训不少于3次；各类应急演练每年不少于6次	
4	管理用房运行		综合管廊展览馆向公众开放不少于10次	
5	检测	结构定期检测	每3年1次	每6年1次
6		沉降检测	每年1次	
7		渗漏水检测	每季度1次	
8		消防和照明系统检测	每年1次	
9	大中修		符合《城市地下综合管廊运维管理技术标准》要求	

（四）成本定额标准规制

依据规制后的运维管理标准，管廊巡检频次下降，导致人工成本、运维用电成本下降，人工成本每公里减少1.40万元，运维用电成本平均每公里下降3.83万元；结构定期检测频次降低，平均每公里检测成本降低1.39万元；考虑到大中修后的保修期，日常维修保养成本每公里下降7.50万元；对比2021年项目所有运维成本，平均每公里管廊运维费用减少17.67万元。规制后项目运维成本变动情况如表9-10所示。

表9-10　　　　　　地下综合管廊运维成本规制情况对比

序号	项目	单位	规制前	规制约束值	备注
一	直接运维成本				
1	人工费	万元/公里	18.07	16.67	
	人均用工成本	元/人	78286	78750	
	每公里用工人数	人	2.31	2.14	
	（1）工资总额	万元			总量控制，规制与实际取低
	定岗人数	人	70	64	部分岗位可以互通

续表

序号	项目	单位	规制前	规制约束值	备注
1	其中：管理人员	人	8	8	
	维修人员	人	10	10	
	安全、消防、监控人员	人	26	20	
	巡检人员	人	26	26	
	平均工资	元/人	49100	49400	
	（2）五险一金	万元		职工工资总额的45.5%	按规定
	（3）其他相关人工费	万元		不超过职工工资总额的14%	按规定
2	电费	万元/公里	11.02	7.19	
3	维修材料机械费	万元/公里	13.24	5.74	
4	安全应急管理费用	万元/公里	3.42	0.91	
5	其他运维费用	万元/公里	3.50	2.43	
二	期间费用	万元/公里	3.12	1.98	
	其中：管理费	万元/公里		直接运维成本 ×6%	规制与实际取低
三	其他成本				
1	检测费	万元/公里	5.81	4.42	规制与实际取低
	（1）管廊主体检测费用				
	其中：常规定期检测费用	万元/公里		0.18	
	结构沉降检测费用	万元/公里		0.70	
	渗漏水检测费用	万元/公里		0.55	
	（2）附属设施检测费用				
	其中：定期检测费用	万元/公里		1.64	
	专业检测费用	万元/公里		1.35	
2	安全预备费等	万元/公里	0.38	1.55	规制与实际取低
四	合计	万元/公里	58.56	40.89	

（五）支出标准建议

1.包含大中修情况下的支出标准建议

根据运维计划，2023年地下综合管廊运维里程合计41.79公里，参照分年限地下综合管廊运维支出标准核定结果，1—2年内管廊运维费用为每公里26.87万元，3—5年管廊运维费用为每公里36.38万元，6—10年管廊运维费用为每公里41.44万元，10年以上管廊运维费用为每公里46.64万元。管廊大中修费用由于各年度维修项目不同，按照2021年大中修实际支出费用确定暂估金额500万元。规制后2023年41.79公里地下综合管廊运维费用合计2185.18万元，对比2023年“一上”预算金额2703万元，减少517.82万元，减少19.16%。其中，2021年以前投入运行的管廊中，2021年运维费用发生2182.47万元，按规制标准测算金额为1740.19万元，减少444.74万元，减少20.38%。

2.剔除大中修情况下的支出标准建议

如果管廊大中修项目单独立项，与管廊日常运维分离，则41.79公里管廊运维费用规制值为1685.18万元。规制结果如表9-11所示。

表9-11　　2023年地下综合管廊运维支出测算结果

管廊类型	费用类型	管廊名称	长度（公里）	投入使用年份	规制标准（万元/公里·年）	测算金额（万元）	2021年实际发生金额	变动情况（万元）
旧管廊（30.33公里）	日常运维费用	旧管廊①	3.00	2003	46.64	139.93	169.85	−29.92
		旧管廊②	4.80	2008	46.64	223.88	259.86	−35.98
		旧管廊③	6.00	2013	41.44	248.64	305.67	−57.03
		旧管廊④	4.11	2022	26.87	110.34	—	—
		旧管廊⑤	12.43	2019	36.38	451.97	667.46	−215.49
		其他费用（管理房租赁费、地上绿地绿化养护费等）				62.97	89.63	−26.66
		小计				1237.73	1492.47	−254.74
	大中修费用					500.00	690.0	−190.00
	合计					1737.73	2182.47	−444.74
新管廊（11.46公里）	日常运维费用	新管廊	11.46	2022	23.87[①]	273.46	新增内容	
	专业工程费用[②]					174.00		
	合计					447.46		
总计						2185.18		

① 2023年新移交4条管廊由于距离较近，管理员、资料员、消防人员等运维人员配置标准低于旧管廊，故新管廊人员费用按1—2年管廊运维人员费用的70%计算，确定运维费用为23.87万元/公里。

② 主要为新管廊管理用房的装修，以及办公设备设施采购等。

▶ 第十章

绩效信息运用——山东省预算绩效公开与协同治理

内容提要

本书将预算绩效管理周期各环节所产生的数据、报告、结果、结论等统称为预算绩效信息，是预算绩效管理活动的“产出”。绩效目标、事前评估、绩效监控和绩效评价等环节产生的绩效信息构成信息供给；预算编制、预算审批、预算执行和审计等预算周期各环节不断产生对绩效信息的需求，或用于提高预算决策科学性，或用于完善政策与管理，提升资金绩效。因此，两种力量相互促进、相互加强，成为推动预算绩效管理持续发展的内生动力。绩效公开是绩效信息运用的一种形式，源自预算绩效自身的内生性，同时也是实现绩效监督的前提条件。不过，完整的、与预算周期完全对应的、包含人大预决算绩效审批的预算绩效活动已超出通常所指的预算绩效管理的范畴，是一种国家治理过程，我们称之为“预算绩效治理”，“绩效共治”是其鲜明特色，表现为各种形式的协同治理，是绩效信息运用的另一种形式。它是助推绩效化改革持续深入、不断创新的重要保障。从山东实践来看，绩效协同的典型模式以同级主体之间的横向协同为主，同时，在财政与各预算部门纵向之间、与第三方机构和各类专家之间形成复杂多样的纵横双向协同模式。本章首先对山东省级预算绩效公开情况进行汇总展示，其次对“绩效共治”的各种形式进行概括总结，以反映绩效信息的两种具体应用方式。

▶ 第一节 山东预算绩效信息透明度调查报告

一、山东省预算绩效信息公开概况

规范透明是现代预算制度的基本特征，也是全面预算绩效管理改革的基本原则。34号文明确要求“大力推进绩效信息公开透明，主动向同级人大报告、向社会公开，自觉接受人大和社会各界监督”；山东省2号文进一步要求“各部门各单位要随部门单位预决算草案向同级人大报告重大政策和项目绩效目标、绩效自评情况和重点绩效评价结果，并按要求主动向社会公开。”通过建立绩效信息公开机制，将绩效目标和绩效评价结果，尤其是一些社会关注度高、影响力大的民生项目和重点项目支出绩效情况，通过社会公开、接受社会监督，有助于同时发挥内、外部双重监督力量的作用，促进全社会绩效意识的普及和绩效责任的强化。

（一）山东省预算绩效信息公开的规范化进程

2015年6月28日，山东省首次就预算绩效信息公开出台专门文件《山东省省级预算绩效评价信息公开办法（试行）》（鲁财绩〔2015〕1号），对绩效信息的公开原则、公开内容、公开方式、责任分工、公开时间等作出明确规定。其中，公开内容除绩效评价管理制度外，主要包括四类绩效评价报告（项目支出、转移支付、财政政策、财政管理）与年度预算绩效评价总体情况；公开渠道包括两类：向社会公开以省直部门官网为主，内部通报以会议通报、文件通报方式为主。

2020年12月21日，山东省出台《山东省省级预算绩效管理结果应用暂行办法》（鲁财办发〔2020〕36号），将绩效信息公开的范围扩展为“事前绩效评估、绩效目标管理、绩效运行监控以及绩效评价工作[①]中形成的数据、报告、结果、结论等”，并将绩效信息的报告与公开作为预算绩效管理责任主体[②]利用绩效信息的基本方式之一。绩效信息向社会公开的方式为：省级部门单位应将部门整体以及政策和项目绩效目标随同预算向社会公开，将政策和项目绩效自评和部门评价结果及部门整体自评结果，随同决算向社会公开；省财政部门应当将重点部门整体绩效评价、重点政策和项目绩效评价结果向社会公开，本书将其简称为“随预决算公开”。

由此可见，山东省预算绩效信息公开的内容主要包括三大类：绩效管理制度类、绩效目标类、绩效评价类，其与公开渠道等关键信息可表示为图10–1。

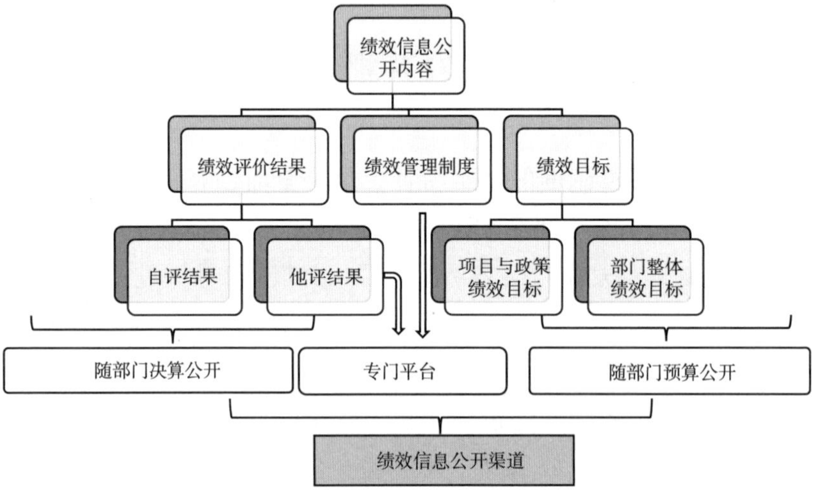

图10–1　绩效信息社会公开内容与渠道

（二）山东省预算绩效信息公开主要平台

目前山东省预算绩效信息主要通过财政厅“预决算信息公开”与“预算绩效信息公开”集中发布。同时，各部门通过部门预决算在其官网同步公开。

1.预决算信息公开平台

山东省预决算信息公开平台[③]启用于2014年1月，最早公开的一条信息是“关于山东省2013年预算执行情况和2014年预算草案的报告”。该平台公开的信息包括五大板块：山东省政府预算、山东省政府决算、省直部门预算、省直部门决算和专

① 包括对下级政府财政运行情况综合绩效评价、部门整体绩效评价、政策和项目绩效评价。

② 包括省财政部门、省级部门单位与市县财政部门。

③ 山东省财政厅：山东省预决算公开平台（shandong.gov.cn）。

项资金信息，主界面如图10-2所示。

图10-2 山东省预决算公开平台结构

在“山东省政府预算”板块，信息公开的内容主要包括两大部分：预算部分包括四类报告：①上年预算执行情况；②当年预算草案；③当年“三公经费预算”；④预算调整方案；另一部分则是公开的绩效目标信息。自2019年起，重大政策和重点项目绩效目标被纳入信息公开范围，如“2019年重大政策和重点项目绩效目标”包括乡村振兴战略资金、农业政策性补贴和粮食风险基金、养老和养老服务业发展资金等“两重”绩效目标信息①。

2.预算绩效信息公开专用平台②

该平台始建于2015年初，发布的第一条信息是《关于印发〈山东省省级预算绩效管理委托第三方机构评价管理第三方机构评价管理办法（试行）〉的通知》；其发布的第一条绩效评价信息则是《关于2015年省财政重点支出项目第三方绩效评价结果的公告》，公开的第一份项目绩效评价报告为《2015年保障性住房奖补引导资金绩效评价报告》③。

① 资料来源：山东省财政厅：2019年重大政策和重点项目绩效目标（shandong.gov.cn）。

② 山东省财政厅：预算绩效信息公开（shandong.gov.cn）。

③ 山东省财政厅：预算绩效信息公开 2015年保障性住房奖补引导资金绩效评价报告（shandong.gov.cn）。

（三）山东省预算绩效信息公开的基本特征

图10-3　山东省预算绩效信息公开平台

近年来，山东省预算绩效信息公开主要呈现出两个基本特征：

1. 公开数量稳步增长

截至2024年，山东省预算绩效信息公开专栏已公开预算绩效信息418条，其中2023年公开信息43条，2022年公开信息45条。

2. 公开范围稳步扩大

目前山东省预算绩效信息公开范围涵盖相关政策文件、项目绩效评价、部门整体绩效评价、财政重点绩效评价、政策绩效评价及社会保险基金绩效评价报告等。

二、山东省预算绩效信息透明度调查结果

为全面了解山东省级预算绩效公开情况，本书选择山东省45个业务部门作为样本，就其2022年项目支出绩效自评[①]和2024年预算绩效目标公开情况[②]进行统计、分析。

上述平台公开的预算绩效信息以绩效目标信息为代表。本节以2024年预算绩效目标公开情况为例对其进行分析。

① 资料来源：http：//czt.shandong.gov.cn/col/col10578/index.html。

② 资料来源：http：//czt.shandong.gov.cn/col/col10577/index.html。

（一）山东省级预算绩效信息公开情况调查范围与结果

1. 抽样范围

2023年，通过山东省部门预算公开平台进行绩效公开的部门共有110个。我们从中抽取45个业务部门作为调查对象进行统计分析，样本部门数占部门总数的40.9%；样本部门预算资金规模占部门预算资金总额的91.7%，满足大样本调查的要求，所选样本足以代表总体的特征。

2. 样本部门预算绩效目标信息公开情况

2023年，山东省级部门预算对项目预算绩效目标信息的公开率达到100%。45个样本部门中，有32个部门预算绩效目标信息公开项目数在10个以内，占样本部门的71.1%；有8个部门绩效目标信息公开数在11—20个，占样本部门的17.8%；有5个业务部门绩效目标信息公开数在21—30个，占样本部门的11.1%，如图10–4所示。

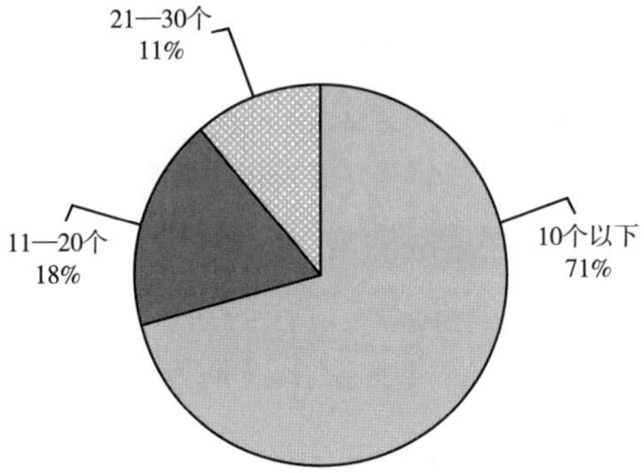

图10–4　山东省部门绩效目标信息公开情况

这里，我们将绩效公开项目数作为衡量部门预算绩效信息透明度的基本指标。据此，我们将样本部门预算绩效公开程度粗略地划分为低、中、高三大类，分别列入表10–1。

表10–1　　样本部门预算绩效信息公开情况

绩效公开程度	绩效公开项目数	绩效公开部门
绩效公开程度偏低	10个以下	山东省信访局、山东省福利彩票发行中心、中共山东省委网络安全和信息化委员会办公室、山东省财政厅、山东省体育彩票管理中心、山东省能源局、山东省医疗保障局、山东省地方金融监督管理局、山东省地震局、山东省发展和改革委员会、山东省高级人民法院、山东省地质矿产勘查开发局、山东省统计局、山东省人民政府国有资产监督管理委员会、山东省气象局、山东省交通运输厅、山东省审计厅、山东省科学院、山东省大数据局、山东省民政厅、山东省住房和城乡建设厅、山东省商务厅、中共山东省委宣传部、山东广播电视台、山东省公安厅、山东省司法厅、山东省海洋局、山东省粮食和物资储备局、山东省畜牧兽医局、山东省煤田地质局、山东省退役军人事务厅

续表

绩效公开程度	绩效公开项目数	绩效公开部门
绩效公开程度中等	10—20个	山东省残疾人联合会、山东省科学技术厅、山东省人力资源和社会保障厅、山东省工业和信息化厅、山东省应急管理厅、山东省市场监督管理局、山东省文化和旅游厅、山东省体育局、山东省农业农村厅
绩效公开程度高	20—30个	山东省生态环境厅、山东省水利厅、山东省自然资源厅、山东省卫生健康委员会

（二）山东省预算绩效信息透明度

1. 预算绩效信息透明度衡量指标

对部门预算而言，绩效目标是预算绩效信息公开的主要载体。因此，我们采用绩效目标公开项目所申请预算资金额度占部门预算的比重来衡量该部门的预算绩效公开程度，简称预算绩效透明度。计算公式为：

预算绩效信息透明度T^{f}=绩效目标公开项目预算申请数/部门预算数 ×100%

2. 山东省级部门预算绩效信息透明度

利用预算绩效信息透明度计算公式，我们可以计算得出各部门预算绩效透明度，并根据其透明度降序排列，结果如表10-2所示。

表10-2　　样本部门预算绩效信息透明度

预算绩效信息透明度	部门名称
90%以上	山东省科学技术厅、山东省体育彩票管理中心、山东省福利彩票发行中心
80%—90%	山东省退役军人事务厅、山东省应急管理厅、山东广播电视台、山东省水利厅
70%—80%	山东省残疾人联合会、山东省科学院、山东省海洋局、山东省审计厅、中共山东省委宣传部、山东省自然资源厅
60%—70%	山东省交通运输厅、山东省卫生健康委员会
50%—60%	山东省文化和旅游厅、山东省市场监督管理局、山东省生态环境厅、山东省煤田地质局、山东省农业农村厅、山东省教育厅、山东省工业和信息化厅、山东省体育局、山东省气象局、山东省地震局、山东省地质矿产勘查开发局
40%—50%	山东省高级人民法院、山东省发展和改革委员会、山东省商务厅、山东省人力资源和社会保障厅、山东省畜牧兽医局、山东省地方金融监督管理局、山东省住房和城乡建设厅、山东省粮食和物资储备局、山东省民政厅、山东省人民政府国有资产监督管理委员会

续表

预算绩效信息透明度	部门名称
30%—40%	山东省医疗保障局、山东省财政厅、山东省统计局
20%—30%	山东省能源局
10%—20%	山东省司法厅、山东省信访局、山东省大数据局
10%以下	山东省公安厅、中共山东省委网络安全和信息化委员会办公室

样本部门中，绩效信息透明度在50%以上的有26个部门，其中最高的为山东省科学技术厅，达到了97.97%；山东省体育彩票管理中心和山东省福利彩票发行中心也达到90%以上。绩效目标信息公开比重较低的部门如山东省公安厅、中共山东省委网络安全和信息化委员会办公室、山东省大数据局、山东省信访局、山东省司法厅等与涉密项目较多有关，根据国家保密法律法规和有关保密事项范围的规定，部分涉密事项在预算公开时予以剔除。

如果以部门绩效透明度为变量，上述结果可表示为图10–5。

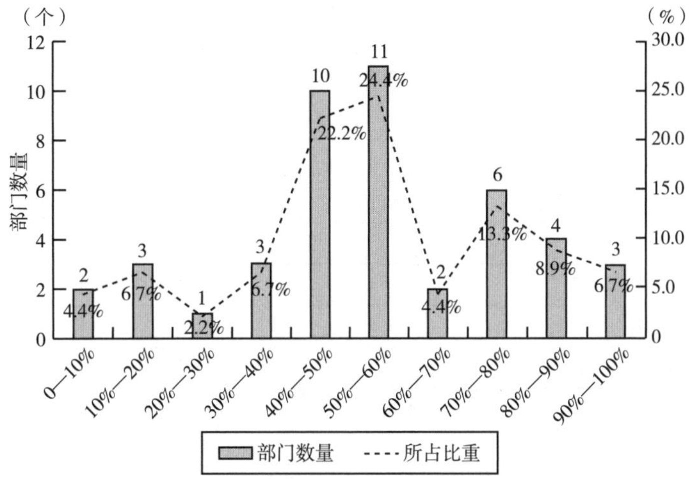

图10–5 2024年山东省部门绩效目标信息公开比重

可见，山东省部门预算绩效信息透明度基本呈现正态分布：绩效透明度在一半左右的部门最多；绩效透明度在50%以下的部门占样本总体的42.2%，在60%以上的部门占样本总体的33.3%。从样本整体来看，山东省级部门预算绩效透明度为60.45%。可见，这些部门在绩效信息透明度的提升方面仍然存在着较大潜力。

三、山东省决算绩效透明度调查结果

决算绩效信息包括绩效自评结果与绩效他评结果两大类，分别由预算部门和财政部门进行公开。本节对其公开情况分别调查分析。

（一）绩效自评信息公开情况

绩效自评结果包括项目和政策绩效自评结果、部门整体绩效自评结果两部分。不过，由于部门整体绩效自评结果资料不可获得，本章仅报告项目绩效自评结果公开情况。

山东省2022年部门决算报告显示，45个业务部门全部实现了项目支出绩效自评结果的公开。不过，在公开程度方面，部门间存在较大差别。

1. 绩效自评汇总结果公开率100%

除涉密项目以外，各部门决算均提供了《项目支出绩效自评情况汇总表》（以下简称“汇总表”）。汇总表包含本部门预算项目名称、资金使用单位、金额、自评得分和自评等级信息。如山东省科学技术厅，2022年度项目支出绩效自评情况汇总表如图10–6所示。

序号	项目名称	资金使用单位	自评得分	自评等级
省本级支出项目绩效自评				
1	国家黄河三角洲农业高新技术产业示范区	山东省科学技术厅	100	优
2	海外高层次人才工作站	山东省科学技术厅	100	优
3	山东能源研究院	山东省科学技术厅	100	优
4	重大科技创新工程	山东省科学技术厅	100	优
5	省级平台项目	山东省科学技术厅	100	优
6	重大科技创新工程（节水农业和水肥一体化关键技术）	山东省科学技术厅	100	优

图10–6　2022年山东省科学技术厅项目支出绩效自评情况汇总

2. 项目绩效自评公开程度大小不一

通过对预算部门所提供的《省级预算项目支出绩效自评表》（以下简称“项目自评表”）进行统计，结果显示，45个样本部门中，仅山东省住房和城乡建设厅等6个部门提供的项目自评表在10个以上，其他39个部门提供的项目自评表均不超过10个（见表10–3）。

表10-3　　　　　　　　样本部门项目绩效自评公开情况

绩效自评公开程度	绩效自评公开项目数（个）	绩效自评公开部门
公开程度偏低	≤5	山东省信访局，山东省司法厅，山东省高级人民法院，山东省交通运输厅，中共山东省委网络安全和信息化委员会办公室，山东省煤田地质局，山东省人民政府国有资产监督管理委员会，山东省福利彩票发行中心，山东省公安厅，山东省体育彩票管理中心，山东省大数据局，山东省科学院，山东省地震局，山东省审计厅，山东省统计局，山东省能源局，山东省财政厅，山东省气象局，山东省粮食和物资储备，山东省地方金融监督管理局，山东广播电视台，山东省地质矿产勘查开发局
公开程度中等	6（含）—10	山东省发展和改革委员会，山东省民政厅，中共山东省委宣传部，山东省工业和信息化厅，山东省残疾人联合会，山东省退役军人事务厅，山东省畜牧兽医局，山东省体育局，山东省海洋局，山东省市场监督管理局，山东省应急管理厅，山东省文化和旅游厅，山东省生态环境厅，山东省商务厅，山东省医疗保障局，山东省水利厅
公开程度高	≥10	山东省人力资源和社会保障厅，山东省农业农村厅，山东省自然资源厅，山东省住房和城乡建设厅，山东省教育厅，山东省卫生健康委员会

3. 绩效自评结果及其分布情况

从各部门公开的绩效自评汇总表来看，自评等级以“优”为主，各等级分布情况（见图10-7）。各部门绩效自评得分均值为96.13分，处于优等，绩效自评结果显然偏高。

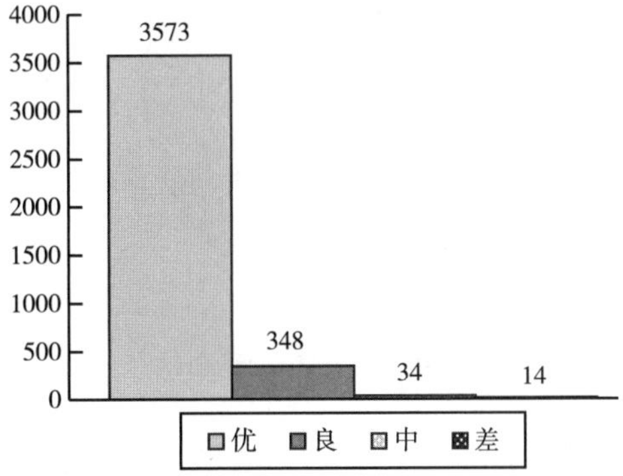

图10-7　部门绩效自评结果分布情况

（二）绩效他评信息公开情况

预算部门实施的重点项目绩效评价一般委托第三方机构进行；财政部门大多设

有专职绩效评价机构（一般称为××绩效评价中心，以下简称“评价中心”），承担重点项目与重大政策绩效评价工作。如果评价力量不足，评价中心也会委托第三方机构或者与其联合进行。这两种绩效评价方式对于被评价对象而言都是外部力量，统称为“绩效他评”，以区别于绩效自评。

1. 部门重点评价项目结果公开情况

预算部门对其组织实施的重点项目绩效评价结果公开同样采用随决算公开的方式。由于部门情况不同，重点项目千差万别，每年公开的项目绩效评价结果也各有不同。以2022年为例，根据决算公开的项目绩效信息，可以将45个样本部门分为四类，如图10–8所示。

A类：公开3个项目绩效评价报告：该类部门只有一个，如山东省工业和信息化厅公开了食盐储备工作项目、重大技改贷款贴息项目与5G 基站建设及用户发展补贴项目的绩效评价报告，占比2%。

B类：公开2个项目绩效评价报告：共有7个部门：山东省人力资源和社会保障厅、山东省农业农村厅、山东省文化和旅游厅、中共山东省委宣传部、山东省地质矿产勘查开发局、山东省自然资源厅、山东省大数据局，占比16%。

C类：公开1个项目绩效评价报告：如山东省教育厅等31个部门，占比69%[①]。

D类：未公开此项信息，共有6个部门，占比13%。

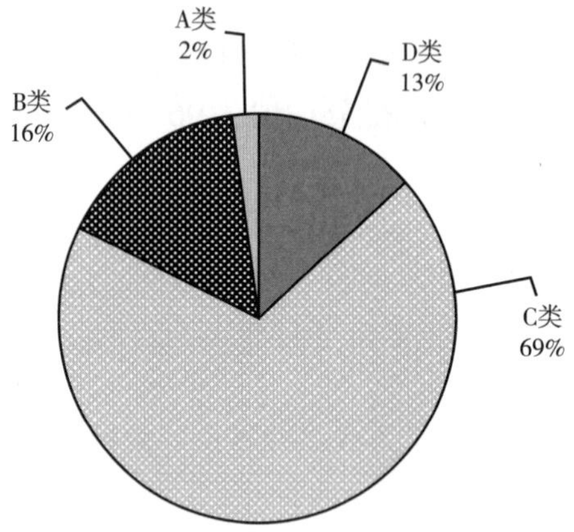

图10–8　2022年部门重点评价结果公开情况

ABC三类合计，上述39个部门共公开了46个重点项目绩效评价结果。各项目评价得分与绩效等级如表10–4所示。

① C类部门中，山东省广播电视台“2022年度《问政山东》运行经费补助项目”、山东省委宣传部“国家电影事业发展专项资金”仅公布了项目资金信息，未公开绩效评价结果；山东省信访局信访信息系统建设二期项目的公开信息中缺少项目资金信息，在下文计算整体均值时剔除（剔除后均值部门均值为92.52）。

表10-4　　　2022年山东省部门重点评价项目绩效评价结果

项目名称	财政投入（万元）	绩效得分	绩效等级
2022年省级食盐储备工作项目	999.98	93	优
山东省重大技改贷款贴息项目	6612.25	91.52	优
山东省工业和信息化厅5G基站建设及用户发展补贴项目	3200	89.5	良
2022年度科教融合新建大学专项建设项目（山东第一医科大学）	98381.38	93.51	优
2022年度省科学院科教产融合创新试点补助经费项目	20000	98.09	优
2022年度法制建设工作经费项目	219.97	95.8	优
2022年度审计资金项目	3726.79	99	优
2022年度第七次人口普查经费项目	304.31	98	优
山东工程技师学院技工优质校建设补贴项目	391.7	96.87	优
2022年度城乡公益性岗位省级补助资金项目	29.84	86.52	良
2022年度食品药品安全及重大环境污染防治工作经费项目	296.29	85.55	良
济南铁路运输中级法院2022年度信息系统维护及网络线路租赁经费项目	244.82	92.58	优
2022年度残疾人托养项目	3608.24	91.61	优
2022年度医疗卫生领域重点建设项目	212994.5	99.39	优
天然气储气能力建设省级补助资金转移支付	1389.15	100	优
山东省发展改革委数字机关建设项目	132.21	92.58	优
2022年度山东省财政厅“财政评审评价经费”项目	403.14	90.13	优
2022年度人工影响天气业务专项经费项目	807.31	98.21	优
2022年度普通国省道大中修资金	348456.1	92.52	优
2022年全省畜禽遗传资源保种场（区、库）保护项目	996.55	92.19	优
省外重点媒体合作项目	1375.56	99	优
农作物救灾备荒种子储备项目	538.36	94.89	优
高标准农田建设资金全周期跟踪问效报告	386613	80.44	良
2022年山东省农村供水工程维修养护项目	3406.04	91.17	优
2022年度应急管理科普宣传项目	1000	95.48	优
金融稳定宣传推广与处置项目	40.96	95.7	优
2022年度训练场馆运转经费	7089.686	94.28	优
2022年省级养老管理和服务培训	297.56	94	优
2022年度山东省图书馆藏书及配套设备购置经费项目	1499.38	86.58	良
山东省国有景区门票减免优惠政策	3000	75.42	中
“送电影进福利机构”公益电影放映活动	699.88	98	优
2022年度应急救援仓储中心运转维护项目	535.8	91	优

续表

项目名称	财政投入（万元）	绩效得分	绩效等级
2022年度山东省国资委事业单位改企转制补助资金项目	584	95	优
胶东黄金深部找矿科技创新基地项目	4308.53	97	优
2022年重点装备购置项目	20673.76	98.33	优
2022年度海域海岛资源监管项目	812.3557	90.17	优
2022年度山东核电辐射环境监测监控系统管理运行维护项目	451.92	93.47	优
2022年度省级基础测绘项目	11860.77	91.1	优
2022年度自然资源调查监测项目	4035	82.2	良
2022年度渠道建设、印制及物流管理支出项目	7574	89.18	良
2022年度劳务派遣及其他发行业务支出	629.36	92.14	优
2022年度中央和省级财政城镇棚户区改造补助资金	78687	93.47	优
2022年度山东省政务信息系统项目综合管理平台升级经费项目	89.3	94.17	优
2022年度智慧城市建设资金	2112.99	81	良
2022年价格监督和反不正当竞争执法工作经费项目	128.92	93.73	优
山东省信访局信访信息系统建设二期项目		95	优
合计/均值	1132045	92.56	优

上述46个公开项目的绩效平均得分为92.56分，处于“优”等。

2. 财政重点评价项目结果公开情况

从财政重点绩效评价项目公开情况来看，2022年山东省财政厅共公开17个重点项目与政策绩效评价结果，具体如表10–5所示。

表10–5　2021年山东省重点项目、政策财政部门绩效评价结果

项目名称	财政投入（万元）	绩效得分	绩效等级
“好客山东”品牌纳入央视2021“品牌强国工程”宣传推广资金政府购买服务项目	7340.53	92.95	优
2018—2020年省级人力资源服务业发展扶持资金全周期跟踪问效绩效评价	5974	86.86	良
2021年度公共体育场馆免费低收费开放补助资金	3499	88.29	良
2021年国家电影事业发展专项资金	7039.1	89.07	良
2021年度环境监控系统运行维护资金	6247	91.92	优
2021年度山东省就业补助资金	152330.7	87.9	良
2021年度山东省新康监狱政府采购项目	1250	89.63	良
2021年度涉农资金统筹整合	948	91.7	优

续表

项目名称	财政投入（万元）	绩效得分	绩效等级
2021年航空应急救援体系资金项目	14800	82.98	良
2021年山东省“高水平大学和高水平学科”建设项目	162750	87.62	良
2021年自然资源统一确权登记项目	3710	87.19	良
高标准农田建设资金	1838247		良
山东省2021年首批次新材料保险补偿资金	5702	88.25	良
山东省清洁取暖补助资金	185500	85.8	良
山东省新闻中心建设资金	2130	80.74	良
省区域应急救援中心建设	28600	76.4	中
阳信县雁洲湖水库建设工程项目	34627.62	81.85	良
合计/均值	41968.15	86.82	良

3. 部门整体绩效评价结果公开情况

从部门整体绩效评价来看，截至2023年末，山东省财政厅预算绩效信息公开专栏公开了9个部门（占省级部门比重12.6%）的整体绩效评价结果，平均得分85.25分，处于“良好”等级。详细结果如表10-6所示。

表10-6　　2021年度山东省部门整体绩效评价结果

报告名称	决算支出（万元）	绩效得分	绩效等级
山东省红十字会部门整体支出绩效评价报告	1711.15	76.31	中
山东省能源局整体支出绩效评价报告	37207.48	86.88	良
山东省生态环境厅整体支出绩效评价报告	96104.99	87.48	良
山东省水利厅部门整体支出绩效评价报告	776580.87	91	优
山东省药品监督管理局整体支出绩效评价报告	80586.52	88.69	良
山东省住房和城乡建设厅部门整体支出绩效评价报告	54597.35	85.4	良
山东省作家协会整体支出绩效评价报告	2986.53	82.57	良
中国致公党山东省委员会部门整体支出	649.15	85.85	良
山东省社会主义学院部门整体绩效评价报告	4356.65	83.08	良
合计/均值	1054780.69	85.25	良

可见，与部门评价相比，财政重点评价结果整体上下调一个等级，客观性和可信度相对较高。

（三）预决算绩效公开结果比较

从样本部门的调查结果来看，预算绩效信息公开方面，2024年山东省级预算绩效透明度总体上达到60.45%；四成以上的部门预算绩效目标透明度在50%以上。

决算绩效信息公开方面，2022年度各部门均公布了绩效自评汇总情况，自评得分平均达到96.13分，但项目绩效自评信息公开程度不一，透明度较高的只有6个部门。绩效他评方面，共有39个部门公开了46个重点项目绩效评价结果，绩效得分平均为92.56分。由财政部门实施的绩效评价中，17个重点项目与政策绩效平均得分86.82分，9个部门整体绩效平均得分85.25分。显然，部门评价得分均高于财政评价。四类绩效评价结果对比情况如图10-9所示。

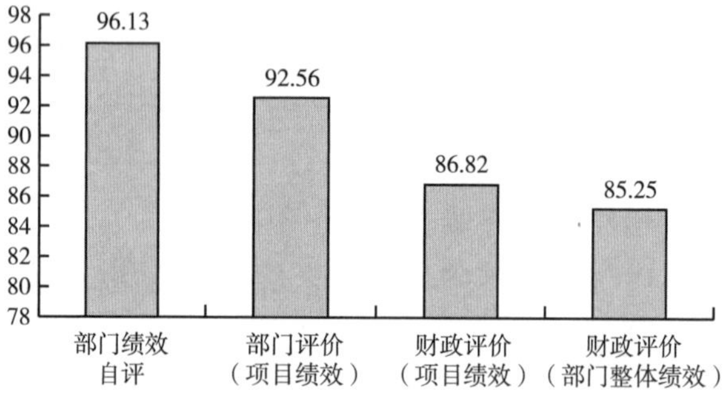

图10-9　决算绩效信息公开情况比较

第二节 预算绩效协同“山东模式”的结构与特征[①]

一、预算绩效共治的必然性与客观性

预算资金是维持政府各部门正常运行的“血液”，绩效水平代表着政府的生机。预算资金的周期性运行从预算决策（包括预算编制和人大审批）开始，到预算执行和监督，涉及财政部门、预算部门单位、人大审计、社会媒体和公众等诸多主体（本书称为预算绩效相关者），相继产生预算决策绩效、预算执行绩效、预算监督绩效[②]。可以说，预算绩效是公共部门运用预算资金、通过各种形式合作生产的结果[③]。高绩效政府处处生机勃勃，知民意、得民心，赢得较高的公信力、并可换得执政地位的持续，是政府绩效化改革的目标所在。

可见，预算绩效化改革如果靠财政部门“单兵突进”，必然“孤掌难鸣”；只有通过各级财政与人大、政协、审计等部门之间有效的合作与协同，才能充分发挥其各自的比较优势，促进改革目标的实现。为此，就需要一种能够将各类主体“粘”在一起的工作机制；当然，改革的推进也离不开理论研究、政策宣传、方法技术等方面的支持。因此，高等院校、科研院所、专业机构作为第三方提供的绩效服务是促进改革目标达成的重要助力。因此，在全面预算绩效管理改革大潮中，各级政府、人大政协、部门单位与第三方机构组成了一个庞大的“绩效协同治理网”，成为推进改革不可或缺的保障机制。

本章从国家治理的视角出发，将预算绩效治理视为国家治理的基本手段，简称“绩效共治”。在推进全面预算绩效管理改革过程中，“绩效共治”在山东各地相继

① 本章内容发表于《财政监督》2024年第6期，个别文字有修改。

② 晁毓欣，张廷松，黄见田等.财政监督绩效化转型研究——以山东省沂水县为例［J］.公共财政研究，2023(1)：54-68.

③ 王学军，牟田.合作生产绩效及其影响因素：以政府和公众合作为视角［J］.行政论坛，2021，28（2）：116-125.

涌现出形式多样的实践模式，引人注目。本书试图对其典型模式进行概括并对其基本特征作出简要总结。

二、预算绩效共治的典型模式

由于“绩效共治”涉及主体众多，结构尤为复杂。为便于理解，我们将其还原到基本构成，将公共部门同级主体之间的绩效共治称为“横向协同”；将上下级政府部门之间的“绩效共治”称为“纵向协同”；将同级各部门之间及其与上下级之间的综合型“绩效共治”称为“双向协同”。绩效共治机制汇聚政、产、学、研各方合力，是保障预算绩效化改革持续推进的强力“粘合剂”。在山东实践中，绩效共治的典型模式表现为以下两大类。

（一）横向协同模式

横向协同根据参与主体数目的不同，主要表现为双主体协同与多主体协同两类。其中，双主体协同包括“财政—审计协同”“财政—人大协同”两种，构成多主体协同的基础与核心；多主体协同以财政—人大—审计“三主体协同”为基础，先后向四主体、五主体、六主体协同拓展。

1.财政—审计协同模式

在山东改革实践中，财政—审计协同模式是双主体协同最常见的形式，构成绩效共治的基本模式。

（1）审计监督：财审协同的“催生符”。2020年，青岛市审计局在审计中发现，部分专项资金存在绩效评估评价不及时、结果运用不充分、资金闲置、项目利用率低等问题。对此，该局向市委市政府提出整改建议；财政部门组织存在问题的部门和单位研究具体整改措施，并采纳审计建议，先后印发《青岛市市级专项资金预算绩效管理结果应用办法（试行）》《市级项目支出部门绩效评价操作规程》，进一步规范和强化市级专项资金预算绩效信息的应用，提高财政资金、资产、资源的配置绩效，推进全面预算绩效管理改革走深走实①。

（2）省级协同《方案》：财审协同的规范化。为发挥财政、审计部门各自的职能优势，2021年5月，山东省财政厅、山东省审计厅联合出台《财政审计协同联动推进全面预算绩效管理实施方案》，使两部门从偶然性合作走向规范化共治。该《方案》坚持三项原则——问题导向、优势互补、资源共享，以计划共商、信息共

① 杨杰，高山.青岛市推出健全市级专项资金预算绩效管理结构应用措施［N］.中国审计报，2020-11-02.

享、成果共用、整改共促为基本特色。同时，为有序推进协同联动工作，《方案》还明确建立协调机制、强化责任落实、注重宣传引导的保障措施，推动在全省范围内形成“重绩效、讲绩效、抓绩效、用绩效”的良好氛围①。

（3）《三年行动计划》：描绘绩效审计改革路线图。2021年9月，山东省委审计委员会办公室、省审计厅发布《山东省政策绩效和财政绩效审计三年行动计划（2021—2023年）》，提出要加大对重大政策措施落实情况和财政资金使用经济性、效率性和效果性审计力度，力争用3年时间基本建成全方位、全过程、全覆盖的绩效管理审计体系，推动重大政策更好落实落地，促进财政资金充分发挥效益②。省审计厅以部门和单位预算绩效审计为重点，聚焦部门单位政策制定、项目论证、资金分配、预算执行、项目建设、过程监控、绩效自评绩效目标实现情况等进行重点审计，对省委、省政府确立的重大政策、重点专项资金以及重大财政支持项目，实行全周期全覆盖跟踪审计，及时发现资金使用中存在的问题和绩效目标执行中的偏差，促进钱花在刀刃上、紧要处。2023年，两部门又联合制定了部门整体绩效审计评价指标体系，省审计厅对18个部门单位实施整体绩效评价，并将结果与财政厅共享。

（4）财政审计深度融合、共建财会大监督。2023年8月，为做好新时代财会监督工作作出顶层设计，山东省出台《关于进一步加强财会监督工作的实施方案》，提出建立财会监督与其他各类监督贯通协调机制的要求，通过监督计划协调共商推动财政—审计深度融合，通过监督成果资源共享促进财审互动；把审计结果作为完善政策措施的参考，通过系统施治，共同扎紧制度笼子③。

2.财政—人大协同模式

2021年7月，山东省人大常委会预算工作委员会印发《关于建立四项机制加快推动预算绩效管理的意见》，与省财政厅联合建立的协同推进机制由定期报告、定期会商、跟踪监督、能力提升四模块组成。其中，定期会商机制重点围绕落实省委重大决策部署以及人大代表和人民群众关注的热点焦点等领域，对绩效管理过程中发现的突出问题开展会商分析与研判，研究解决措施；跟踪监督机制重点选择预算绩效管理改革“中梗阻”等问题，联合开展跟踪监督；为更好发挥人大代表监督作用，择机组织人大代表参与重大投资项目和支出政策绩效管理。在能力提升方面，通过联合培训和联合调研、积极推进人大预算联网监督系统绩效管理模块建设等方式实现数据共享，提升预算绩效治理的信息化水平（唐韶龙，2021）。

---

① 资料来源：https：//www.audit.gov.cn/n4/n20/n524/c145206/content.html。

② 资料来源：山东省审计厅：山东发布《山东省政策绩效和财政绩效审计三年行动计划（2021—2023年）》（shandong.gov.cn）。

③ 资料来源：https：//baijiahao.baidu.com/s?id=1773803565176960352&wfr=spider&for=pc。

3. 三方协同"济宁模式"

济宁市结合"十四五"时期改革发展要求，2021年底出台了《关于建立全面实施预算绩效管理工作协同联动机制的意见》，构建起人大、财政、审计深度融合的预算绩效监督体系，成为三主体协同的典型模式。

"济宁模式"坚持人大主导、财审联动、结果导向三项原则，由事前绩效评估联审等六项联合工作机制构成（见图10-10）。其中，全周期跟踪问效机制根据人大预算监督工作重点，围绕重大政策和重点专项资金，以第三方为主实施全周期跟踪问效，对政策落实、资金管理机制及政策实施效果等情况进行跟踪评估，推动政策实施、调整与预算安排的有机融合；绩效信息共享机制由财政、审计两局采取座谈交流、文件抄送、情况通报等方式，交流预算执行、预算绩效管理和政策跟踪审计情况和财政监督检查工作情况，共同研究对策，督导任务落实；同时，共同推动人大预算联网监督平台、预算管理一体化平台、审计大数据系统中预算绩效信息的互联互通，以预算绩效信息共享方式降低协同成本、提升协同合力。

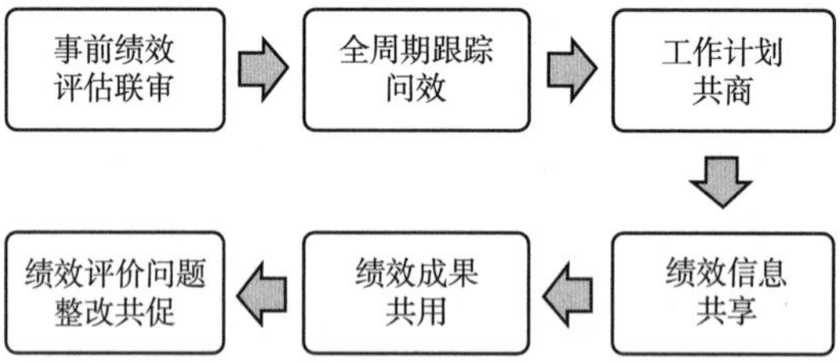

图10-10　绩效共治三方协同"济宁模式"工作机制

为保证协同机制的有效运行，"济宁模式"通过联席会议制度、细化协同联动机制内部责任分工、多媒体多渠道推介改革经验等手段进行落实，逐步培养和强化"讲绩效、用绩效、重绩效"的改革环境，以凝聚改革合力、促进改革不断深化[①]。

4. 四方协同工作机制

2019年，山东省财政、组织、编制、审计等四部门通过《省级全面实施预算绩效管理三年行动方案》，将各部门任务列示于一张清单之上，逐项落实到具体责任部门，并明确各部门完成任务的时间表，形成各司其职、齐抓共管的改革合力，构成四方协同的典型模式。

同时，在事前绩效评估、项目绩效评价等环节，除第三方机构经常性接受财政部门和预算部门的委托实施评估外，来自不同行业的专家、人大代表、政协委员等主体对这些环节的参与力度在不断提高，参与形式日益多样，使预算绩效共治的成

① 资料来源：济宁市着力完善预算绩效监督机制－新华网山东频道（news.cn）。

效愈加显著。

5.“五方协同精准联控”济南模式

为有效推进预算绩效管理工作，2019年，济南市率先提出建立由党委领导、人大、纪检监察、组织部、财政、审计等部门协调配合的“五方协同精准联控”工作机制①，形成齐抓共管的工作合力②，构建绩效共治“济南模式”。

首先，明确各方工作职责，如图10-11所示。

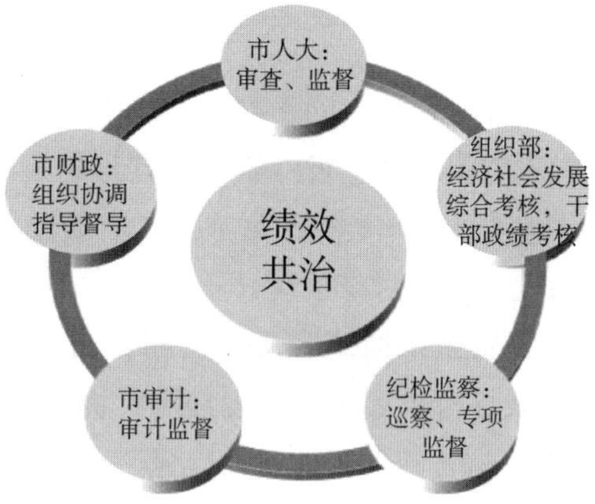

图10-11　绩效共治“济南模式”职责分工

其次，建立联席会议制度，督促各职能部门相互支持，密切配合，共同推进预算绩效管理工作。联席会议由分管市领导牵头，在市财政局设立办公室，定期调度、通报工作开展情况，研究部署推进相关工作。

最后，搭建信息共享平台。统筹使用市人大预算联网监督系统、市纪检监察系统监督体系、市委组织部政府绩效考评体系、市财政业务综合管理平台、市审计监督体系等绩效信息资源，搭建绩效“专网平台”，打破“信息孤岛”和“数据烟囱”，实现信息共享，逐步构建覆盖全面、业务协调、上下贯通、开放共享的大数据应用格局，以信息化保障预算绩效化改革的深入推进③。

6.六方协同“平阴模式”

在“济南模式”的基础上，济南市平阴县建立了由县人大、县纪委监委、组织、审计、编办、财政六部门的绩效管理协调联动机制，实施对预算部门整体与项目绩效评价结果的监督问责，使预算绩效管理从财政部门的“独角戏”转变为多部门齐抓共管的“绩效大合唱”。

① 李文彬，卢琳静.预算绩效管理多主体联动协同的路径、实践及优化［J］.公共治理研究，2023，35（1）：5-13.

② 李忠峰.向绩效管理要财力［N］.中国财经报，2019-11-14（007）.

③ 肖家鑫.拧紧水龙头 花钱问绩效［N］.人民日报，2019-11-29.

（二）纵向协同模式

在绩效评价工作开展初期，山东省对财政分级投入或转移支付类项目实行省、市、县三级联动模式，通过“干中学”增强各级财政部门绩效意识，提高财政干部业务水平，培养绩效管理专业人才，是纵向协同模式的典范。

（三）双向协同模式

1.纵横协同型绩效评价

由财政部门实施的绩效评价，既不同于第三方机构实施的独立型绩效评价，也不同于预算部门对其下属单位实施的上级评价，具有自身独有的特色。在近年来的评价实践中，山东省财政绩效评价中心逐渐形成三种有效的协同工作模式[①]：

第一，横向协同式绩效评价：对常规性评价项目，该中心采取“中心+第三方机构”模式，由评价中心负责组织协调和质量控制，第三方机构提供人员与技术支持[②③]。菏泽市将这种绩效评价模式进一步发展为“捆绑式”：将评价项目按照类型分组，评价中心人员分头参与到项目之中，为第三方机构提供服务、监督和保障[④]。这种融管理与服务一体化的工作方式既提高了绩效评价的覆盖面，也锻炼了财政部门的绩效评价队伍。

第二，上下联动式绩效评价：在绩效评价工作开展初期，山东省对财政分级投入或转移支付类项目实行省、市、县三级联动模式，通过“干中学”增强各级财政部门绩效意识，提高财政干部业务水平，培养绩效管理专业人才。

第三，多主体协同式评价：对资金量大、业务复杂、持续时间长的项目或政策，由省、市、县三级财政部门、行业专家、第三方机构、业务主管部门、研究机构等各方主体分工协作、联合开展。通过协同合作，评价中心与第三方机构成为携手共进的“战友”，同时不断整合各类专家资源，三股力量拧成一股绳，使绩效共治在国家治理中的作用愈加强大。

2.纵横协同型绩效管理：菏泽模式

在预算绩效管理体系建设方面，菏泽市充分利用后发优势，通过“预算绩效管理年”活动，成立市级“预算绩效管理服务”工作专班，采用“绩效管理科+第三方机构+项目主管部门+绩效评价中心”的四方联合互动方式，构建起“市县财政联动、财政预算部门贯通、绩效评价中心与第三方机构深度融合”的纵横双向协同

---

① 李忠峰，刘泰然.探索创新 追求“绩效的绩效”[N].中国财经报，2020-02-08（007）.

② 孔进，赵云亮，孙旭玉.山东力推第三方评价提质增效[N].中国财经报，2020-08-08（007）.

③ 指“山东省预算绩效评价中心”。2021年改为“山东省财政绩效评价中心”。

④ 李忠峰，刘泰然.探索创新 追求“绩效的绩效”[N].中国财经报，2020-02-08（007）.

模式，不仅建立起“三维一体”的预算绩效管理体系，还打造出以绩效引领为显著特点的财政管理新模式[①]。这种模式既发挥了第三方机构的优势，又在实践中培养锻炼了财政干部队伍，为起步较晚的市县绩效管理改革的快速推进提供了典范。

三、从山东实践看预算绩效共治的主要特征

上述分析表明，山东预算绩效管理改革中涌现的绩效共治机制具有主体多元化和协同方式多样化特征。自然，预算绩效相关者在绩效共治中承担着不同的角色、具有多种多样的动机。

（一）参与主体多元化

总起来看，参与绩效共治的主体类型很多，主要包括四个方面：

1. 政府部门

包括承担预算配置责任和绩效管理组织责任的财政部门、承担支出责任的预算部门单位。

2. 监督部门

包括承担预算监督责任的各级人大、审计部门，还有承担其他监督责任的党政部门，如纪检监察、组织部门、编办等。

3. 绩效服务供给商

包括承担专业绩效服务的第三方机构和各类专家，他们对绩效报告的质量负有主要责任；各级财政部门承担绩效评价相关业务的预算绩效评价中心一般属于事业单位，可将其视为准三方机构。

4. 社会公众

他们既是公共产品和服务的需求者，也是支出项、政策的受益人（也有可能是受害人），在绩效管理活动中既可能是直接的受访人或调查对象，也可能是绩效报告的阅读者。

（二）参与者角色与动机多样化

上述四类主体分别以不同的角色参与预算绩效管理活动，具有各自不同的协同动机：

① 贺莉娟.倾力打造“菏泽模式”——山东省菏泽市财政局开展“预算绩效管理年”活动综述［N］.中国财经报，2021-12-16.

1. 财政部门的角色与协同动机

财政部门承担预算资源配置的职能，一直是我国预算绩效化改革的主要推动者。之所以如此是因为该部门对预算资源分配可循之证具有非常强烈的需求，将预算分配与绩效挂钩是其追求的主要目标。因此，财政部门对绩效信息的需求最强，它既是绩效共治的发起者、预算绩效化改革的组织者，更是推动改革不断深入的主力军。其协同动机体现为明确的资源配置理性化动机。

2. 预算部门的角色与协同动机

预算部门单位承担着公共品供给责任，其履职能力是决定预算绩效水平的主要因素，因此预算单位是绩效责任的承担者，也是协同活动的主要参与者。他们扮演的角色具有双重性：

首先，预算部门承担着专项资金的分配职能，对于预算单位的绩效信息具有与财政部门类似的强烈需求，此类协同动机也可归为资源配置动机。

其次，作为预算资金的使用者，预算部门、单位承担各类公共产品与服务的供给责任，其供给能力和国家结果决定着绩效水平的高低，是绩效责任的具体承担者，在协同活动中一般处于被动地位，其协同动机可视为遵从动机。

最后，部门领导人的绩效意识极大地影响着其参与绩效管理的主动性和积极性，因此不同部门单位之间的遵从动机强弱不均；随着外部监督压力的作用下，较弱的遵从动机有可能得到强化，这就为监督部门的协同活动提供了必要。

3. 审计部门的角色与协同动机

审计部门在国家治理中具有预防、揭示和抵御功能，是国家治理体系的“免疫系统”。财政审计是国家审计机关根据国家法律和行政法规的规定，对国家财政收支的真实性、合法性和效益性实施的审计监督，是国家审计的法定职责、永恒主题和首要任务[①]。因而预算绩效是财政审计的基本内容，绩效评价发现的问题可以为财政审计提供线索和方向；审计查出问题及其整改情况既要向人大报告、又要向社会公开，回应社会关切，丰富决算报告内容。因此可以说，财—审协同可以在基本不增加成本的条件下实现“双赢”。因此审计部门不仅是绩效协同的主要“伙伴”，具有较强的监督动机。

4. 人大的角色与协同动机

各级人大承担着预算审查和监督职责。2018年、2021年先后出台的《关于人大预算审查监督重点向支出预算和政策拓展的指导意见》《全国人民代表大会常务委员会关于加强中央预算审查监督的决定》均提出人大对支出预算和政策开展全口径审查和全过程监管的要求，绩效目标及其实现情况成为预决算审查的重点内容。各级人大的重视和主动参与大大增强了绩效管理改革的权威性，规范化的协同机制

① 审计署财政审计司．财政审计［M］．北京：中国时代经济出版社，2016：1-2.

也有助于人大更好地履行预算审查监督职能，因此具有较强的监督动机①。

5. 人民政协的角色与协同动机

人民政协是社会主义协商民主的重要渠道和专门协商机构，是国家治理体系的重要组成部分（刘丹，2021）②。参与事前绩效评估、项目绩效评价是政协委员参政议政的有效方式，在协同活动中具有较强的参与动机。

6. 其他部门的角色与协同动机

纪检监察、组织、编制等部门通过对参与预算资金的分配、使用之人的约束、规范与监督而作用于预算绩效，其参与绩效共治有助于提高部门领导人对绩效管理工作的关注度。不过，随着参与主体的增加，在协同机制权威性得到强化的同时也会大幅提高协同活动的成本，这也是五方协同、六方协同模式难以普及的主要原因。

7. 第三方机构的角色与协同动机

第三方机构是绩效管理专业服务的供给者，财政部门、预算部门是绩效服务的购买者，二者之间通过政府采购或直接委托等方式建立委托—代理关系。提供专业服务的第三方机构大部分以盈利为目的，他们积极主动参与绩效管理，在协同活动中具有很强的盈利动机。

8. 社会公众的角色与协同动机

作为公共产品和服务的需求者，社会公众有着较强的需求表达动机；作为具体政策或项目的受益人，他们对于公共品供给效果最有发言权，对于关系切身利益的满意度调查等绩效管理活动一般都会积极配合，在协同活动中既有很强的受益动机，也有较强的监督动机。

总之，在绩效共治过程中，上述四类主体分别出于五种动机参与预算绩效治理活动，其主体角色与行为动机的关系可以表示为图10–12。

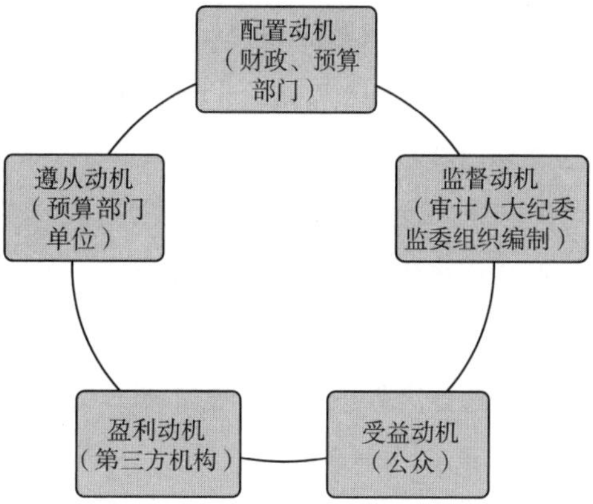

图10–12　绩效共治的主体角色与行为动机

① 马蔡琛，桂梓椋. 探索预算绩效监督的中国模式：基于国际比较视角［J］. 经济纵横，2022（1）：102–109.

② 刘丹. 读《从统一战线人民政协到协商民主》的点滴体会［J］. 湖北政协，2021（5）：45–46.

参考文献

[1] Quinn M. Evidence based or people based policy making?: A view from Wales [J]. *Public Policy and Administration*, Vol.17, No.3, 2002, pp.29–42.

[2] Sanderson I. Making sense of 'what works': evidence based policy making as instrumental rationality? [J]. *Public Policy and Administration*, Vol.17, No.3, 2002, pp. 61–75.

[3] Joseph. E.Stiglitz, Jay K.Rosengard.Economics of the public sector (Fourth Edition) [M].W.W.Norton & Company, Inc.New York.pp.303.

[4] 艾少彬.浅谈第三方机构参与全面预算绩效管理的困境及对策 [J].商讯，2020（27）.

[5] 鲍静，李春.第三方参与财政专项资金绩效评估的理论基础与制度设计 [J].行政论坛，2014（6）.

[6] 财政部预算司.中央部门预算编制指南（2020）[M].北京：中国财政经济出版社，2019.

[7] 曹堂哲.重大政策、项目事前绩效评估的若干问题探讨 [J].中国财政，2020（9）.

[8] 晁毓欣，张廷松，黄见田，等.财政监督绩效化转型研究——以山东省沂水县为例 [J].公共财政研究，2023（1）.

[9] 晁毓欣.论政府绩效评价的动力机制——政府绩效信息供需螺旋互动模型 [J].山东财政学院学报，2012（5）.

[10] 晁毓欣.政府预算绩效评价TSE模型及应用——基于公共品生命周期的研究 [M].北京：社科文献出版社，2016.

[11] 成丽莉.基于"物有所值"理念构建中央部门项目预算评审体系 [J].中国财政，2020（9）.

[12] 甘信厚.新形势下的财政预算评审机制建设 [J].中国财政，2018（7）.

[13] 高权.公共财政预算项目评审方法研究 [M].北京：北京交通大学出版社，2013.

[14] 高权.基于不完全信息静态博弈模型的公共财政中科技项目预算评审研究 [J].生产力研究，2009（18）.

[15] 耿平.探索建立财政部门项目支出预算事前评审机制 [J].财政研究，2008（10）.

[16] 韩志毅，吴国昭，唐韶龙.地方财政运行综合绩效评价的实践与思考 [J].财政监督，2021（24）.

[17] 何翔舟.政府成本理论[M].北京：北京大学出版社，2014.
[18] 贺莉娟.倾力打造“菏泽模式”——山东省菏泽市财政局开展“预算绩效管理年”活动综述[N].中国财经报，2021-12-16.
[19] 湖南省财政厅.湖南财政审计联动破解绩效管理难题[N].中国财经报，2020-01-18.
[20] 李方旺.积极谋划新常态下的预算评审工作[J].中国财政，2015（22）.
[21] 李和森.财政投资评审的重新定位[J].山东社会科学，2009（4）.
[22] 李名渊.财政投资评审：实现预算绩效管理目标的有效途径[J].预算管理与会计，2014（4）.
[23] 李文彬、卢琳静.预算绩效管理多主体联动协同的路径、实践及优化[J].公共治理研究，2023（35）.
[24] 李文彬，欧阳晨浩.预算绩效管理激励约束机制优化探究[J].财会通讯，2022（4）.
[25] 李忠峰，刘泰然.探索创新 追求“绩效的绩效”[N].中国财经报，2020-02-08.
[26] 李忠峰.定责任明导向 立规矩成方圆[N].中国财经报，2021-02-09.
[27] 李忠峰.向绩效管理要财力[N].中国财经报，2019-11-14.
[28] 刘丹.读《从统一战线人民政协到协商民主》的点滴体会[J].湖北政协，2021（5）.
[29] 刘晗.关于加强财政投资项目事前绩效评估的探讨[J].财经界，2019（20）.
[30] 刘家义.论国家治理与国家审计[J].中国社会科学，2012（6）.
[31] 刘尚希、李成威、杨德威.财政与国家治理：基于不确定性与风险社会的逻辑[J].财政研究，2018（1）.
[32] 刘兴云，等.公共财政评审研究[M].北京：经济科学出版社，2013.
[33] 卢晓文.成本效益分析法在财政项目评审中的应用研究[J].经济研究参考，2017（51）.
[34] 骆小宁.新常态下如何完善预算管理中预算评审的作用[J].中外企业家，2016（24）.
[35] 马蔡琛，桂梓椋.探索预算绩效监督的中国模式：基于国际比较视角[J].经济纵横，2022（1）.
[36] 潘青锋.浅析开展财政预算评审与事前绩效评价有机结合的重要性[J].山西财税，2019（11）.

[37] 彭润中，赵敏.国际金融组织贷款项目绩效评价若干问题的研究［J］.财政研究，2011（6）.
[38] 齐小乎.预算绩效管理改革取得阶段性成效［N］.中国财经报，2021-03-17.
[39] 山东：财政审计协同联动推进全面预算绩效管理［J］.审计月刊，2021（7）.
[40] 山东青岛：财政审计协同合力推进预算绩效管理［J］.审计月刊，2021（10）.
[41] 山东泰安岱岳区：扎实推动预算绩效管理工作［J］.中国财政，2023（7）.
[42] 商淼.地方政府预算管理第三方绩效评价工作的探索——基于山东省莒县的创新实践［J］.财政监督，2019（4）.
[43] 审计署财政审计司.财政审计［M］.北京：中国时代经济出版社，2016.
[44] 施青军，马文竭.我国开展重大政策事前绩效评估的思考［J］.财政监督，2019（20）.
[45] 苏州市财政投资评审中心课题组.新时代财政改革背景下地方财政评审发展研究［J］.中国财政，2020（6）.
[46] 王学军，牟田.合作生产绩效及其影响因素：以政府和公众合作为视角［J］.行政论坛，2021（2）.
[47] 王学军，王子琦.从循证决策到循证治理：理论框架与方法论分析［J］.图书与情报，2018（3）.
[48] 王泽彩.为第三方机构参与预算绩效管理把舵定向［N］.中国财经报，2021-02-06.
[49] 吴晶，杜艳瑞.事前绩效评估管理探析［J］.财政监督，2019（18）.
[50] 肖家鑫.拧紧水龙头 花钱问绩效［N］.人民日报，2019-11-29.
[51] 徐双敏.政府绩效管理中的“第三方评估”模式及其完善［J］.中国行政管理，2011（1）.
[52] 杨杰，高山.青岛市推出健全市级专项资金预算绩效管理结构应用措施［J］.中国审计报，2020-11-02.
[53] 杨奎江，黄琦.论事前绩效评估和预算评审的关系［J］.中国财政，2020（20）.
[54] 杨晓黎，吴国昭，唐韶龙.新形势下地方财政运行综合绩效评价研究——基于山东省预算绩效管理改革实践［J］.财政监督，2024（3）.
[55] 张绘，赵聪睿.全面实施绩效管理背景下的第三方预算绩效评价——基于比较研究视角下的独立性［J］.财会月刊，2019（15）.

[56] 张伟.关于项目投资财政评审中的风险防控机制的思考[J].科技信息，2012(4).
[57] 赵敏，彭润中.国际组织绩效评价的比较研究及启示[J].财政研究，2010(8).
[58] 赵早早.中国地方政府财政部门购买第三方机构预算绩效评价服务研究：模式演进与未来发展[J].财政研究，2019(10).
[59] 周光辉.当代中国决策体制的形成与变革[J].中国社会科学，2011(3).
[60] 周志忍，李乐.循证决策：国际实践、理论渊源与学术定位[J].中国行政管理，2013(12).

▶ 附 录

附录1　山东预算绩效管理改革调查报告（2020年版）

A 山东预算绩效管理改革进展调查问卷

说明：填报范围：①山东省16个设区市；②县（市/区，不含高新区、经开区、度假区等功能区）。信息时间范围：预算与绩效类信息以2019年决算为依据；其他信息截止时间为2020年10月20日。所报信息内容要求与财政厅《关于做好市县预算绩效管理模拟考核工作的通知》（鲁财绩便函〔2020〕6号）一致并相互补充。

1.基本信息：（　　）财政厅/局。联系人姓名（　　），电话（　　）。[填空题][①]

单位级次（　　）[单选题]

选项	小计	比例
A.省级	0	0%
B.市级（设区市）	16	12.03%
C.县级（市/区）	117	87.97%
本题有效填写人次	133	

2.预算绩效管理机构名称（　　），成立时间（　　），人员编制（　　）人，实际从事预算绩效管理工作专职人员（　　）人。其中男性（　　）人，女性（　　）人；30岁以下（　　）人，30—40岁（含）（　　）人，40—50岁（含）（　　）人，50岁以上者（　　）人；硕士研究生以上（　　）人，本科（　　）人，专科及以下（　　）人。[填空题]

3.本级财政已经出台的预算绩效管理制度有（　　）。[多选题]

① 填空题数据需通过下载问卷星相关数据获取，下同。

选项	小计	比例
A.预算绩效管理办法	125	93.98%
B.绩效目标管理办法	116	87.22%
C.绩效评价管理办法	118	88.72%
D.事前绩效评估管理办法	122	91.73%
E.绩效监控管理办法	124	93.23%
F.绩效评价结果应用管理办法	67	50.38%
G.第三方机构参与事前绩效评估、绩效评价等环节的管理办法	70	52.63%
H.其他制度，如（　　）（请列示文件名称、文号；网上公开发布的请列出有效链接）	22	16.54%
本题有效填写人次	133	

4.贵市/县已经开展的预算绩效管理工作包括（　　）。[多选题]

选项	小计	比例
A.重点项目、重大政策事前绩效评估	121	90.98%
B.基建投资绩效评估	45	33.83%
C.绩效目标编制与审核	133	100%
D.向人大报送绩效目标并向社会公开	127	95.49%
E.绩效运行监控	131	98.5%
F.绩效自评与结果报送	131	98.5%
G.重点项目/重大政策绩效评价	129	96.99%
H.部门整体绩效评管理	118	88.72%

5.贵市/县预算绩效管理工作已经覆盖的资金范围包括（　　）。[多选题]

选项	小计	比例
A.一般公共预算	133	100%
B.政府投资基金	64	48.12%
C.主权财富基金	4	3.01%
D.政府和社会资本合作（PPP）项目	53	39.85%
E.政府采购资金	66	49.62%
F.政府购买服务	65	48.87%
G.政府债务项目资金	77	57.89%
H.政府性基金	92	69.17%

续表

选项	小计	比例
I.国有资本经营预算	72	54.14%
J.社会保险基金预算	71	53.38%
本题有效填写人次	133	

6.本级人大在（　　）方面已经发挥了应有的作用。[多选题]

选项	小计	比例
A 事前绩效评估	52	39.1%
B 事中事后绩效评价	83	62.41%
C 在预决算审查时重视绩效目标与评价结果等信息的作用	112	84.21%
D 对预算执行与绩效目标实现程度进行定期监督	72	54.14%
E 对预算绩效管理工作进行专题调研或咨询	66	49.62%
F 其他方面，如（　　）	6	4.51%
本题有效填写人次	133	

7.贵市/县最近一次预算绩效管理专门培训的范围包括（　　）。[多选题]

选项	小计	比例
A 财政局工作人员	128	96.24%
B 部门财务人员	123	92.48%
C 部门单位主要负责人	47	35.34%
D 部门业务负责人	89	66.92%
E 政府主要领导	21	15.79%
F 其他人员，如（　　）	12	9.02%
本题有效填写人次	133	

8.贵市/县目前比较迫切的预算绩效管理培训内容为（　　）。[多选题]

选项	小计	比例
A.预算绩效管理政策解读	80	60.15%
B.绩效目标管理	80	60.15%
C.事前绩效评估	109	81.95%
D.项目绩效评价	77	57.89%
E.政策绩效评价	81	60.9%
F.部门整体绩效管理	120	90.23%

续表

选项	小计	比例
G.绩效运行监控	75	56.39%
H.预算法及实施条例解读	59	44.36%
I.其他内容，如（　　）	7	5.26%
本题有效填写人次	133	

9.贵市/县开展预算绩效管理的特色或亮点在于（　　）。[填空题]

10.参与贵市/县预算绩效管理的第三方机构中，业务水平较高的有（　　）（市级请列出前五位，县级请列出前三位）。[表格文本题]

11.事前绩效评估对预算部门所起的作用有（　　）[矩阵单选题]

题目\选项	A非常有效	B比较有效	C基本有效	D基本无效	E无益有害	F不清楚
改变预算资源配置固化格局	54（40.6%）	50（37.59%）	23（17.29%）	1（0.75%）	0（0%）	5（3.76%）
从源头上防范预算资金配置偏误与滥用	58（43.61%）	50（37.59%）	22（16.54%）	0（0%）	0（0%）	3（2.26%）
决策民主性	52（39.1%）	54（40.6%）	22（16.54%）	1（0.75%）	0（0%）	4（3.01%）

12.绩效运行监控对预算部门起到的作用有（　　）。[矩阵单选题]

题目\选项	A非常有效	B比较有效	C基本有效	D基本无效	E无益有害	F不清楚
促进预算绩效一体化	55（41.35%）	58（43.61%）	20（15.04%）	0（0%）	0（0%）	0（0%）
及时矫正对绩效目标的偏离	56（42.11%）	59（44.36%）	18（13.53%）	0（0%）	0（0%）	0（0%）
预算与绩效目标调整规范化	54（40.6%）	61（45.86%）	18（13.53%）	0（0%）	0（0%）	0（0%）

13.绩效评价起到的作用有（　　）。[矩阵单选题]

题目\选项	A非常有效	B比较有效	C基本有效	D基本无效	E无益有害	F不清楚
完善绩效目标	66（49.62%）	54（40.6%）	13（9.77%）	0（0%）	0（0%）	0（0%）
改进预算管理	64（48.12%）	53（39.85%）	16（12.03%）	0（0%）	0（0%）	0（0%）
完善相关政策	60（45.11%）	53（39.85%）	20（15.04%）	0（0%）	0（0%）	0（0%）
促进科学决策	59（44.36%）	57（42.86%）	16（12.03%）	1（0.75%）	0（0%）	0（0%）

14.绩效公开起到的作用有（　　）。[矩阵单选题]

题目\选项	A非常有效	B比较有效	C基本有效	D基本无效	E无益有害	F不清楚
改进管理	63（47.37%）	55（41.35%）	15（11.28%）	0（0%）	0（0%）	0（0%）
完善政策	62（46.62%）	53（39.85%）	18（13.53%）	0（0%）	0（0%）	0（0%）
实施问责	55（41.35%）	51（38.35%）	25（18.8%）	2（1.5%）	0（0%）	0（0%）

15. 贵市/县在预算绩效管理方面形成的可复制推广的经验有（　　）。[填空题]

16. 贵市/县在预算绩效管理改革中遇到的困难和阻力主要表现在（　　）。[多选题]

选项	小计	比例
A 绩效意识尚未普及	84	63.16%
B 尚未引起主要领导重视	48	36.09%
C 专门人员配备不足	100	75.19%
D 第三方专业机构比较缺乏	87	65.41%
E 相关制度体系尚未健全	44	33.08%
F 预算绩效管理方面的专业知识比较缺乏，需要加强培训	98	73.68%
G 预算部门积极性不高	90	67.67%
H 预算绩效管理需要政府各部门之间的协调配合，目前还缺少有效的协同机制	100	75.19%
I 其他方面，如（　　）	5	3.76%
本题有效填写人次	133	

17. 贵市/县对下一步预算绩效管理改革的意见和建议有（　　）。[填空题]

B 山东预算绩效管理改革进展调查问卷（三方机构版）

说明：填报范围：近三年来在山东省各级政府从事预算绩效管理相关业务的第三方机构。内容范围：所填报信息截止时间为2020年10月26日。填报方式：打开微信，扫码进入问卷星，网上填写。填报截止时间：2020年11月6日。

1. 基本信息：机构名称（　　），成立时间（　　），注册地（　　），开展绩效评价与管理类业务起始时间（　　）。负责人电话/手机（　　）。[填空题]

2. 本机构实际从事预算绩效评价与管理工作的专职人员共有（　　）人：其中，男性（　　）人，女性（　　）人；30岁以下（　　）人，30—40岁（含）（　　）人，40—50岁（含）（　　）人；50岁以上者（　　）人。学历方面，硕士研究生以上（　　）人，本科（　　）人，专科及以下（　　）人。[填空题]

3. 本机构已经开展的绩效管理类业务内容包括（　　）。[多选题]

选项	小计	比例
A. 绩效目标设置辅导	96	66.67%
B. 项目 / 政策绩效评价	135	93.75%
C. 专项转移支付绩效评价	81	56.25%
D. 部门整体绩效评价	106	73.61%
E. 绩效自评辅导	106	73.61%
F. 绩效运行跟踪监控	77	53.47%
G. 事前绩效评估	88	61.11%
H. 绩效目标审核	101	70.14%
I. 预算评审	70	48.61%
J. 地方财政运行绩效评价	42	29.17%
K. 政府债务项目绩效评价	36	25%
L. 政府购买服务绩效评价	66	45.83%
M. 政府引导基金绩效评价	34	23.61%
N. PPP 项目绩效评价	52	36.11%
O. 其他业务，如（　　）	13	9.03%
本题有效填写人次	144	

4. 据您所知，预算部门绩效目标设置工作的主要模式为（　　）。[多选题]

选项	小计	比例
A 财务部门单独负责	60	41.67%
B 业务部门单独负责	49	34.03%
C 财务与业务部门一起研究设立	127	88.19%
D 主要领导直接组织协调	50	34.72%
E 其他模式，如（　　）	6	4.17%
本题有效填写人次	144	

5. 2020 年度本机构开展的绩效评价项目共有（　　）个。[单选题]

选项	小计	比例
A.10 个以下	49	34.03%
B.11—30 个	49	34.03%
C.31—50 个	17	11.81%
D.51—80 个	17	11.81%

续表

选项	小计	比例
E.81—100个	2	1.39%
F.100个以上	10	6.94%
本题有效填写人次	144	

6.评价对象所在级次与项目数分别为（　　）（某层级无项目者用0表示）。A 中央级（　　）个；B 省级（　　）个，其中山东省（　　）个；C 市级（　　）个，其中属于山东省的（　　）个；D 县级（　　）个，其中属于山东省的（　　）个。[填空题]

7. 2020年度本机构绩效管理类营业收入共有（　　）万元。[单选题]

选项	小计	比例
A.100万元以下	98	68.06%
B. 100万（含）—500万元	37	25.69%
C.500万（含）—1000万元	3	2.08%
D. 1000万（含）—2000万元	3	2.08%
E. 2000万（含）—3000万元	1	0.69%
F 3000万元（含）以上	2	1.39%
本题有效填写人次	144	

8. 2020年度本机构绩效管理类业务收入占标的比率平均为（　　）%。[填空题]

9. 本机构的业务优势在于（　　）（按照优势强弱排序，不超过5项）。[多选题]

选项	小计	比例
A 绩效目标设置辅导	71	49.31%
B 项目绩效评价	139	96.53%
C 重大政策绩效评价	42	29.17%
D 部门整体绩效评价	90	62.5%
E 绩效自评辅导	72	50%
F 绩效运行监控	49	34.03%
G 事前绩效评估	57	39.58%
H 绩效目标审核	70	48.61%
I 其他业务，如（　　）	10	6.94%
本题有效填写人次	144	

10.本机构认为山东省预算绩效管理特色较为突出的市/县有（　　）；其工作特色与亮点表现为（　　）。[表格文本题]

11.本机构接受的绩效管理业务委托方主要来自（　　）。[多选题]

选项	小计	比例
A 财政部门	143	99.31%
B 预算部门	88	61.11%
C 地方人大	9	6.25%
D其他部门，如（　　）	19	13.19%
本题有效填写人次	144	

12. 本机构认为地方人大在（　　）方面已经发挥了应有的作用。[多选题]

选项	小计	比例
A 参与事前绩效评估	62	43.06%
B 参与事中事后绩效评价	62	43.06%
C 在预决算审查方面重视绩效目标与评价结果等信息的作用	102	70.83%
D 对预算绩效管理工作进行专题调研或咨询	74	51.39%
E 对预算执行与绩效目标实现程度进行定期监督	69	47.92%
F.其他方面，如（　　）	7	4.86%
本题有效填写人次	144	

13. 本机构认为预算绩效评价在山东省起到的作用有（　　）。[矩阵单选题]

题目\选项	A非常有效	B比较有效	C基本有效	D基本无效	E无益有害	F不清楚
完善绩效目标	87（60.42%）	39（27.08%）	16（11.11%）	0（0%）	0（0%）	2(1.39%)
改进预算管理	73（50.69%）	45（31.25%）	23（15.97%）	0（0%）	0（0%）	3(2.08%)
完善相关政策	74（51.39%）	39（27.08%）	27（18.75%）	1（0.69%）	0（0%）	3(2.08%)
促进科学决策	73（50.69%）	40（27.78%）	26（18.06%）	2（1.39%）	0（0%）	3(2.08%)

14. 本机构认为事前绩效评估在山东省的影响主要表现在（　　）。[矩阵单选题]

题目\选项	A非常大	B比较大	C有影响	D不明显	E无益有害	F不清楚
重大政策、重点项目决策科学性	69（47.92%）	41(28.47%)	21（14.58%）	6（4.17%）	0（0%）	7(4.86%)
改变预算资源配置固化格局	55（38.19%）	45(31.25%)	31（21.53%）	6（4.17%）	0（0%）	7(4.86%)
从源头上防范预算资金配置偏误与滥用	67（46.53%）	37(25.69%)	30（20.83%）	3（2.08%）	0（0%）	7(4.86%)

15. 本机构认为绩效运行监控在山东省起到的作用有（　　）。[矩阵单选题]

题目\选项	A非常有效	B比较有效	C基本有效	D基本无效	E无益有害	F不清楚
促进预算绩效一体化	65（45.14%）	51（35.42%）	22（15.28%）	3（2.08%）	0（0%）	3（2.08%）
及时矫正对绩效目标的偏离	66（45.83%）	46（31.94%）	27（18.75%）	2（1.39%）	0（0%）	3（2.08%）
预算与绩效目标调整规范化	68（47.22%）	47（32.64%）	24（16.67%）	2（1.39%）	0（0%）	3（2.08%）

16. 本机构认为市/县在预算绩效管理改革中遇到的困难和阻力主要包括（　　）。[多选题]

选项	小计	比例
A 绩效意识尚未普及	106	73.61%
B 尚未引起主要领导重视	59	40.97%
C 专门人员配备不足	94	65.28%
D 第三方专业机构比较缺乏	31	21.53%
E 相关制度体系尚未健全，目前急需出台的有（　　）	53	36.81%
F 预算绩效管理方面的专业知识比较缺乏，需要加强培训	89	61.81%
G 预算部门积极性不高	52	36.11%
H 预算绩效管理需要政府各部门之间的协调配合，目前还缺少有效的协同机制	87	60.42%
I 其他方面，如（　　）	4	2.78%
本题有效填写人次	144	

17. 在绩效管理业务方面，目前困扰本机构发展的主要因素有（　　）。[多选题]

选项	小计	比例
A 参与高水平业务培训的机会较少	99	68.75%
B 专业人员招聘困难	60	41.67%
C 市级预算部门单位对工作支持配合力度有限	29	20.14%
D 县级预算部门单位对工作支持配合力度有限	31	21.53%
E 缺少行业管理规范，同行间竞争有失公平	93	64.58%
F 其他，如（　　）	8	5.56%
本题有效填写人次	144	

18.本机构对下一步深入推进预算绩效管理改革的意见和建议有（　　）。[填空题]

C 部门 / 单位预算绩效管理改革进展调查问卷

1.部门/单位所在区域（　　）。[单选题]

选项	小计	比例
A 山东省	45	93.75%
B 其他省市	3	6.25%
本题有效填写人次	48	

2.部门/单位级次（　　）。[单选题]

选项	小计	比例
A 省级	10	20.83%
B 市级	11	22.92%
C 县（市/区）级	22	45.83%
D 镇街	5	10.42%
本题有效填写人次	48	

3.本人所处工作岗位类型（　　）。[单选题]

选项	小计	比例
A 财务部门	21	43.75%
B 业务部门	23	47.92%
C 其他部门	4	8.33%
本题有效填写人次	48	

4.本部门/单位负责绩效管理工作的领导为（　　）。[单选题]

选项	小计	比例
A 主要领导	20	41.67%
B 分管财务的领导	16	33.33%
C 分管业务的领导	7	14.58%
D 尚未明确分管领导	5	10.42%
本题有效填写人次	48	

5.本部门/单位从事预算绩效管理相关工作的人员有（　　）人。[单选题]

选项	小计	比例
A 0	3	6.25%
B 2 人以下	17	35.42%

续表

选项	小计	比例
C 5人以下	19	39.58%
D 6人以上	9	18.75%
本题有效填写人次	48	

6. 本部门/单位已经开展的绩效管理类业务主要包括（　　）。[单选题]

选项	小计	比例
A 绩效目标设置	11	22.92%
B 项目绩效外部评价	2	4.17%
C 项目绩效自评	15	31.25%
D 部门整体绩效评价	11	22.92%
E 绩效运行监控	4	8.33%
F 绩效目标公开	0	0%
G 项目/政策事前绩效评估	2	4.17%
H 其他业务，如（　　）	3	6.25%
本题有效填写人次	48	

7. 本部门/单位的绩效目标设置工作自（　　）年开始。2020年度预算中，项目预算设立绩效目标的规模为（　　）万元，覆盖率为（　　）%。部门整体预算绩效目标的设置自（　　）年开始（尚未设置的以"NA"表示）。[填空题]

8. 本部门/单位的项目绩效目标设置工作方式为（　　）。[单选题]

选项	小计	比例
A 财务部门单独负责	12	25%
B 业务部门单独负责	9	18.75%
C 财务与业务部门一起研究设立	24	50%
D 尚未设立	0	0%
E 不清楚	3	6.25%
本题有效填写人次	48	

9. 本部门/单位的整体绩效目标设置工作方式为（　　）。[单选题]

选项	小计	比例
A 财务部门单独负责	10	20.83%
B 业务部门单独负责	5	10.42%
C 财务与业务部门一起研究设立	28	58.33%
D 尚未设立	5	10.42%
本题有效填写人次	48	

10.本部门/单位的绩效自评工作自（　　）年开始。2020年度预算中，项目预算实行绩效自评的规模为（　　）万元，覆盖率为（　　）%。部门整体预算绩效自评自（　　）年开始（尚未实行自评的以“NA”表示）。[填空题]

11.自开展预算绩效管理工作以来，本部门/单位委托第三方实施绩效评估/评价的项目或政策共有（　　）个，金额共有（　　）万元。实施评价的三方机构中认真负责的高水平机构有（　　）（按照业务水平排序，不超过3个）。[填空题]

12.本部门/单位直接或通过财政部门已经向本级人大提交的预算绩效信息包括（　　）。[多选题]

选项	小计	比例
A 绩效目标	35	72.92%
B 项目绩效评价结果	32	66.67%
C 部门整体绩效评价结果	23	47.92%
D 事前绩效评估报告	17	35.42%
E 绩效自评报告	23	47.92%
F 绩效运行监控报告	20	41.67%
G 其他绩效信息，如（　　）	6	12.5%
H 尚未提交任何绩效管理方面的资料	5	10.42%
（空）	5	10.42%
本题有效填写人次	48	

13.预算绩效管理对于本部门/单位管理工作产生的影响（　　）。[单选题]

选项	小计	比例
A 非常有效	17	35.42%
B 比较有效	18	37.5%
C 基本有效	10	20.83%
D 基本无效	0	0%
E 无益有害	0	0%
F 不清楚	3	6.25%
本题有效填写人次	48	

14.预算绩效管理对于本部门/单位相关政策完善产生的影响（　　）。[单选题]

选项	小计	比例
A 非常有效	19	39.58%
B 比较有效	16	33.33%

续表

选项	小计	比例
C 基本有效	7	14.58%
D 基本无效	0	0%
E 无益有害	0	0%
F 不清楚	4	8.33%
（空）	2	4.17%
本题有效填写人次	48	

15. 预算绩效管理对于本部门/单位预算资金分配产生的影响（　　）。[多选题]

选项	小计	比例
A 已实现预算绩效与部门/单位预算可得资金挂钩	23	47.92%
B 已实现部门/单位内部预算绩效与预算资金分配的挂钩	25	52.08%
C 已实现预算绩效与工资的挂钩	10	20.83%
D 尚未实现预算绩效任何形式的挂钩	9	18.75%
E 不清楚	5	10.42%
（空）	2	4.17%
本题有效填写人次	48	

16. 本人对于预算绩效管理政策的了解程度为（　　）。[单选题]

选项	小计	比例
A 非常熟悉	8	16.67%
B 比较熟悉	24	50%
C 熟悉	14	29.17%
D 略知一二	0	0%
E 不太了解	2	4.17%
本题有效填写人次	48	

17. 本部门/单位在预算绩效管理工作中遇到的主要困难和问题包括（　　）。[多选题]

选项	小计	比例
A 绩效意识尚未普及	26	54.17%
B 尚未引起主要领导重视	17	35.42%

续表

选项	小计	比例
C 专门人员配备不足	31	64.58%
D 第三方专业机构比较难找	13	27.08%
E 相关制度体系尚未健全，目前急需出台的有（　　）	11	22.92%
F 预算绩效管理方面的专业知识比较缺乏，需要加强培训	23	47.92%
G 预算绩效管理需要内部各部门之间的协调配合，目前还缺少有效的协调机制	26	54.17%
H 其他方面，如（　　）	2	4.17%
本题有效填写人次	48	

附录2　重点项目事前评估与预算评审融合问卷调查结果（2020年版）

1. 您的工作单位属于（　　）。[单选题]

选项	小计	比例
A 财政部门	146	32.96%
B 预算部门单位	63	14.22%
C 高校或研究机构	68	15.35%
D 从事绩效评价的第三方专业机构	107	24.15%
E 其他，如（　　）	59	13.32%
本题有效填写人次	443	

2. 您的工作单位级次为（　　）。[单选题]

选项	小计	比例
A 中央	14	6.7%
B 省级	40	19.14%
C 地市	63	30.14%
D 县区	79	37.8%
E 镇街	13	6.22%
本题有效填写人次	209	

3. 贵省（市）启动重点项目事前评估的时间为（　　）年（　　）月；相关文件出台的时间为（　　）年（　　）月。[填空题]

4. 您对预算评审的了解程度为（　　）。[单选题]

选项	小计	比例
A 毫不了解	15	3.91%
B 略知一二	88	22.92%
C 基本了解	66	17.19%
D 比较了解	59	15.36%
E 非常熟悉	156	40.63%
本题有效填写人次	384	

5. 根据您的理解，项目预算评审的内容应该包括项目的（　　）。[多选题]

选项	小计	比例
A 真实性	242	86.12%
B 合理性	241	85.77%
C 准确性	241	85.77%
D 完整性	228	81.14%
E 必要性	208	74.02%
F 可行性	202	71.89%
G 其他，如（ ）	12	4.27%
本题有效填写人次	281	

6. 您对预算绩效事前评估的了解程度为（ ）。[单选题]

选项	小计	比例
A 毫不了解	6	2.14%
B 略知一二	31	11.03%
C 基本了解	63	22.42%
D 比较了解	50	17.79%
E 非常熟悉	131	46.62%
本题有效填写人次	281	

7. 根据您的理解，重点项目事前评估的内容应该包括项目的（ ）。[多选题]

选项	小计	比例
A 立项必要性	217	87.85%
B 绩效目标合理性	220	89.07%
C 投入经济性	214	86.64%
D 筹资合规性	208	84.21%
F 实施方案可行性	204	82.59%
G 其他，如（ ）	23	9.31%
本题有效填写人次	247	

8. 您认为预算评审与事前评估是否存在融合的必要？（ ）[单选题]

选项	小计	比例
A毫不了解，无法判断	1	0.4%
B略知一二，但对是否需要融合不太清楚	9	3.64%
C基本了解，感觉似乎有必要	27	10.93%
D比较了解，感觉有必要融合	66	26.72%
E非常熟悉，感觉非常必要融合	136	55.06%
F其他，如（　　）	8	3.24%
本题有效填写人次	247	

9.贵省（市）项目预算评审机构是否承担事前评估职能？（　　）[单选题]

选项	小计	比例
A是	205	83%
B否	24	9.72%
C不清楚	18	7.29%
本题有效填写人次	247	

10.贵省市是否已建立人大代表参与事前评估的工作机制？（　　）[单选题]

选项	小计	比例
A是，已实现人大代表参与事前评估的法制化	121	48.99%
B是，已建立人大代表参与事前评估的常态化工作机制，尚未达到法制化高度	49	19.84%
C是，已具备人大代表参与事前评估的制度条件，有待实现常态化、法制化	34	13.77%
D否，尚未建立此种机制	22	8.91%
E其他，如（　　）	2	0.81%
F不清楚	19	7.69%
本题有效填写人次	247	

11.贵省市是否已建立政协委员参与事前评估的工作机制？（　　）[单选题]

选项	小计	比例
A是，已实现政协委员参与事前评估的法制化	129	52.23%
B是，已建立政协委员参与事前评估的常态化工作机制，但尚未达到法制化高度	35	14.17%

续表

选项	小计	比例
C是，已具备政协委员参与事前评估的制度条件，有待实现常态化、法制化	33	13.36%
D否，尚未建立此种机制	25	10.12%
E其他	5	2.02%
F不清楚	20	8.1%
本题有效填写人次	247	

12.贵省市是否已实现重点项目绩效事前评估与预算评审的融合（或一体化融合）？（　　）[单选题]

选项	小计	比例
A是	182	73.68%
B否	44	17.81%
C不清楚	21	8.5%
本题有效填写人次	247	

13.贵省市是否已出台具有地方法规性质的《预算绩效管理办法》?（　　）[单选题]

选项	小计	比例
A是	212	85.83%
B否	24	9.72%
C不清楚	11	4.45%
本题有效填写人次	247	